W0409075

HANS HENNY JAHNN

LIEBE IST QUATSCH

BRIEFE AN ELLINOR

Herausgegeben von
Jan Bürger und Sandra Hiemer

Hoffmann und Campe

1. Auflage 2014
Copyright © 2014 by Hoffmann und Campe Verlag, Hamburg
www.hoca.de
Satz: pagina GmbH, Tübingen
Gesetzt aus der Albertina
Einbandgestaltung: Katja Maasböl, Hamburg
Druck und Bindung: Friedrich Pustet, Regensburg
Printed in Germany
ISBN 978-3-455-40505-7

HOFFMANN
UND CAMPE

Ein Unternehmen der
GANSKE VERLAGSGRUPPE

Liebesbeweis, Tagebuch, Beichte: Hans Henny Jahnn und seine Briefe an Ellinor

Jupiter auf dem Bierfass

Korrespondenzen waren Hans Henny Jahnn wichtig. Tausende Briefe schickte er in die Welt, und von den meisten bewahrte er Kopien, Durchschläge oder Entwürfe über viele Jahre hinweg sorgfältig auf. Auch dies macht seinen Nachlass zu einem der bedeutendsten der deutschen Literatur des 20. Jahrhunderts. Schriftlich tauschte sich Jahnn mit Berühmtheiten wie Bertolt Brecht, Alfred Döblin, Gustaf Gründgens, Klaus Mann und Anna Seghers aus. Briefe waren das Hauptinstrument in seinem schier unermüdlichen Kampf um Anerkennung: Als Agent in eigener Sache lancierte er Orgelaufträge, Theateraufführungen und den Druck seiner Werke. Mit Briefen warb er für seine vielfältigen Ideen, er argumentierte, appellierte und predigte, und häufig erbettelte er sich mit ihnen das nötige Geld für die Umsetzung seiner nicht immer bescheidenen Pläne oder zur Bewältigung des Alltags. Schulden schreckten ihn selten. Zeitzeugen erinnerten sich an einen großen Nagel in der Wand von Jahnns Küche, auf den die unbezahlten Rechnungen einfach aufgespießt wurden. Besonders aufschlussreich allerdings sind Jahnns private Briefe – wobei es ihm auch gegenüber Kollegen und Geschäftspartnern so gut wie unmöglich war, seine öffentliche Rolle als Schriftsteller, Orgelbauer, Musikverleger und Akademiepräsident von persönlichen Angelegenheiten zu trennen. Denn im Grunde gehörten für ihn das Private, das Künstlerische, seine mitunter dilettantisch betriebenen Forschungen und das Politische zusammen: die Ausschweifungen seiner literarischen Figuren und die Suche nach dem vollkommenen Klang, die Harmonik und die Hormone, der Tierschutz und der Kampf gegen den »Atomtod« ebenso wie der Protest gegen eine verlogene Sexualmoral.

Stets wollte Jahnn alles gleichzeitig denken und alles zusammenbringen. Dieser universelle Ansatz und seine vehemente Kritik an der modernen »Auswahlgelehrsamkeit« haben sicher einiges dazu beigetragen, dass sich um seine Person in Hamburg wenig schmeichelhafte Legenden rankten. Am stärksten provozierten Jahnns vergleichsweise offenes Bekenntnis zur Homosexualität, seine fundamentale Ablehnung des Christentums, seine eigentümlichen und überaus fragwürdigen Hormonexperimente und sein Pazifismus. Zeitweise waren die Anekdoten über Jahnns vermeintlich so exzentrische Lebensweise, seine unkonventionellen Ansichten und öffentlichen Auftritte wesentlich bekannter als seine Werke. Die übelsten Unterstellungen wurden bezeichnenderweise Anfang 1933 in Umlauf gebracht. Damals wurde seine Wohnung zum ersten Mal von »Hilfspolizisten« durchsucht, woraufhin er Deutschland vorsichtshalber verließ.

Hubert Fichte hat Jahnn in dem Schlüsselroman *Versuch über die Pubertät* mit der Figur des Dichters und Sektengründers Werner Maria Pozzi ein abstoßendes und zugleich faszinierendes Abbild geschaffen, indem er die vielen Gerüchte, die in den fünfziger Jahren kursierten, zu einer Art Monstrum zusammensetzte. Charakteristisch ist die Schilderung einer Begegnung des jugendlichen Ich-Erzählers mit jenem *Enfant terrible* im Deutschen Schauspielhaus, die, wie Jahnns Briefe aus dem April 1949 belegen, bis in Details hinein einem realen Erlebnis folgt:

In der Pause winkt Pozzi mich mit einer weißen Hand an die Brüstung seiner Loge.

– Ist er nicht widerlich? zischle ich meiner Mutter zu, ehe ich in diesen Ablauf »Heranwinken«, »Musterung«, »Bescheidenes Abwarten« eintrete.

Ich hatte den fuchtelnden Mann in der Musischen Oberschule nicht widerlich gefunden. Aber als dann sein Name und seine Gerüchte im Sitzen neben ihm her zu laufen beginnen, glaube ich es meiner Mutter schuldig zu sein, zu zischeln:

– Ist er nicht widerlich?

Er fragt nach meinem Namen. Er stellt sich noch immer nicht vor. Er sagt:

– Ich habe dich gesucht. Dich. Dich habe ich gesucht. Denn du hast das Hormon, das ich brauche. Das heilt und bekräftigt. Das Omegahormon. Das Nebennierenrindenhormon. Ist das deine Mutter?

Beim Mäntelholen und beim Hinübergehen in den Hauptbahnhof äußern sich meine Mutter und Pozzi kontrovers zur modernen Dramatik.[1]

Bei aller Ambivalenz, bei allem Schwanken in der Beurteilung Pozzis bleibt Fichtes Roman letztlich doch vor allem eine Abrechnung mit seinem wichtigsten Lehrer, mit dem letzten großen »Beeinflusser« seiner Jugend.[2] 1974, anderthalb Jahrzehnte nach Jahnns Tod, war das für ihn offenbar eine überfällige Form von literarischem Exorzismus, die in ihrer Schärfe auch einen gemeinsamen Freund wie den Juristen Herbert Jäger erschreckte. »Da ärgerte mich am Rande«, sagte Jäger viele Jahre später in einem Interview, »dass Hubert Fichte Dinge aus meiner Lebensgeschichte eingebaut hatte, aber mich ärgerte noch viel mehr seine Abrechnung mit Hans Henny Jahnn, die ich als vollkommen unfair empfand und als eine unangenehme Form der Auseinandersetzung mit einem Menschen, der schließlich eine große Rolle in seinem Leben spielte. Ohne Hans Henny Jahnn wäre Hubert Fichte vermutlich nicht Schriftsteller geworden. Das ist eine Hypothese, die ich nicht beweisen kann. Das hatte ich ihm ziemlich deutlich geschrieben und da gab es wieder eine gewisse Funkstille zwischen uns.«[3]

Fichtes Aggressivität lässt vermuten, dass die Nähe zu dem gut vierzig Jahre älteren Jahnn für ihn geradezu traumatische Folgen hatte. Das ist nicht unbedingt überraschend: Fast alle Berichte über Jahnn zeugen davon, wie sehr der persönliche Umgang mit ihm verunsichern und überfordern konnte, vor allem, weil für ihn die meisten gesellschaftlichen Übereinkünfte kaum eine Rolle zu spielen schienen und er seine eigenen Maßstäbe auf fast beispiellose Weise absolut setzte. Auch Peter Rühmkorf hat mehrfach über die Irritation berichtet, die der erste Kontakt mit seinem späteren »Idol« bei ihm hinterließ, und hierzu habe nicht allein der »während des Gespräches kredenzte Stutenurin« beigetragen. Rühmkorfs Verunsicherung habe sich erst aufgelöst, als der Kontakt zu Jahnn ein paar Jahre später kollegial und sachlicher wurde. »So war er gelegentlich Gast in unserem Jazz- und Literaturkeller ›Anarche‹ und schaute sich das jugendliche Treiben jupiterhaft von einem Bierfaß aus an«, erinnerte sich Rühmkorf 1995.[4]

Jahnns spezifisches Amalgam aus genialem Eigensinn, übertriebenem Geltungsbedürfnis und ansteckendem Enthusiasmus wurde manchmal sogar für diejenigen zum Problem, die fast alles mit ihm teilten, so wie sein früh verstorbener Jugendfreund und Partner Gottlieb Friedrich Harms. Nicht anders erging es Ellinor Jahnn, die den beiden Freunden Ende 1919 erstmals begegnete, kurze Zeit später zu ihnen in die Lüneburger Heide zog und Jahnn am 16. November 1926 offiziell heiratete. Ihr Mann könne überhaupt nicht für sich selbst sprechen, schrieb sie dem Verleger Willi Weismann 1949, der die erste Ausgabe von *Fluß ohne Ufer* herausbrachte, über eine der

Hauptschwierigkeiten im Umgang mit Jahnn. Wo er erscheine, wirke »er viel zu pompös«, und das sogar dann noch, wenn er am Hungertuch nage und von »Schulden oder Almosen« existiere.[5]

Quer und queer

»Jahnn berührt uns – und er berührt uns peinlich«, hat Adolf Muschg 1994 in seiner Rede auf Jahnns 100. Geburtstag festgestellt.[6] Grundsätzlich ging das Zeitgenossen offenbar nicht anders als nachgeborenen Lesern. Besonders peinlich kann Jahnn ohne Frage in seinen intimsten und schutzlosesten Botschaften wirken: in den Briefen an jene Frau, die ihm vier Jahrzehnte lang verbunden blieb, an die Mutter seines einzigen Kindes. Was aber macht diese Peinlichkeit aus?

»Unerschrocken war er nur im Beschreiben dessen, was er sich wünschte, ohne es zu erreichen«, konstatierte der lange mit Jahnn befreundete Schriftsteller Werner Helwig nicht ohne Verbitterung.[7] Entsprechend wenig hat Jahnns Peinlichkeit mit Schamlosigkeit oder bewussten Tabubrüchen zu tun. Vielmehr scheint sie darauf zu beruhen, dass er in seinen Werken und Briefen »Kugelblasen des Unterbewußten« aufsteigen lässt, wie er es selbst 1929 angesichts der Romane von James Joyce und Alfred Döblin formuliert hat.[8] Hartnäckig bringt er Verschüttetes und Verdrängtes zur Sprache, dem wir ansonsten allenfalls in Träumen oder bei Grenzerfahrungen begegnen. Damit verbunden ist sein Versuch, sich von den meisten Vorstellungen loszusagen, auf die sich die westlichen Gesellschaften stützen, allen voran vom Fetisch der Zweckrationalität. Stattdessen macht er mit seiner Forderung nach »Freiheit des Denkens und Fühlens« radikal ernst, zumindest in seinen Werken.

Jahnn fasziniert, berührt und verstört, indem er den eigenen

Weihnachten 1919 in Eckel bei Harburg. V.l. Heiner Hoppen, Franz Buse, Hans Henny Jahnn, Senta Arlt, unbekannt, Gottlieb Harms, Ellinor Philips

Gefühlen und Intuitionen stärker vertraut als den Erkenntnissen und Gewohnheiten vorangegangener Generationen. Dabei nimmt er bewusst in Kauf, sich durch seine »Querstellung zur Umwelt« gelegentlich lächerlich zu machen.[9] In seinen Augen hat er ja auch gar keine andere Wahl gehabt: Die ihm eigene Radikalität und Kompromisslosigkeit begründet sich schließlich dadurch, dass ihm sehr früh bewusst wurde, nicht anders als *queer* leben zu können, im positiven Sinne verstanden. Bereits als Zwanzigjährige verteidigten er und Gottlieb Harms ihren homosexuellen Lebensbund erfolgreich gegen die Angriffe der Eltern, Geschwister und Schulkameraden. Gleichsam im Windschatten des Ersten Weltkriegs wurde das Paar wenig später ernsthaft auf die Probe gestellt: Zu zweit widersetzten sich Jahnn und Harms dem deutschen Hurra-Patriotismus, um 1915 nach Norwegen zu entkommen und dort als Autodidakten die entscheidende Phase ihrer intellektuellen Entwicklung zu erleben.

So wie viele andere Künstler und Intellektuelle nutzten sie die allgemeine Verunsicherung nach dem Krieg zur Erprobung neuer Lebensformen. Ihre Reaktion auf die erodierte kaiserliche Ordnung war die Gründung der weltlichen Glaubensgemeinde Ugrino, einer im Kern homo- oder genauer gesagt omnierotischen Sekte, die der Vision folgte, das Diesseits in weltlichen Tempeln und durch Kunstwerke zu feiern, allen voran mit der Musik barocker Meister wie Vincent Lübeck, Samuel Scheidt und Dieterich Buxtehude, deren Werke in der hierfür eigens gegründeten Verlagsabteilung neu herausgegeben wurden.

In Eckel in der Lüneburger Heide bildeten Jahnn und Harms zusammen mit dem jungen Bildhauer Franz Buse für kurze Zeit den Mittelpunkt eines esoterischen Kreises, bis der intime Dreierbund auf unvorhergesehene Weise auseinanderfiel. Der Auslöser war Buses Liebesverhältnis zu Senta Arlt, das die Eckeler Künstlergemeinschaft in ihren Grundsätzen erschütterte. Ende 1919, als die Konflikte überhand zu nehmen drohten, beschloss Jahnn, eine Freundin Senta Arlts um Hilfe zu bitten. Daher begab er sich eines Tages nach Hamburg und besuchte die ihm unbekannte Eleonore Helene – »Ellinor« – Philips. Nun passierte das Überraschende: Sentas Freundin machte auf Jahnn, wie er sich später erinnerte, »sofort einen außerordentlichen Eindruck, wie noch nie eine Frau«. Es sei »Liebe auf den ersten Blick« gewesen.[10] Wer war diese Frau?

Ellinor Philips wurde am 16. Juni 1893 geboren. Als sie dem anderthalb Jahre jüngeren Jahnn erstmals begegnete, war sie 26 Jahre alt, arbeitete als Gymnastiklehrerin und lebte zusammen mit ihrer Schwester Marie-Luise (»Mieze«) bei ihrer Mutter, der Lehrerin Maria Anna Philips, in der Hamburger Rothenbaumchaussee. Nach außen hin bemühte sich Ellinors Mutter, einen bürgerlichen Schein zu wahren, denn in der Tat war ihre Lebensführung seit Jahrzehnten alles andere als gewöhnlich. Von ihrem Mann, dem Altphilologen, Übersetzer

Ellinor Philips, um 1925

und Schriftsteller Carlo Philips hatte sie sich getrennt, als Ellinor, ihre Schwester und deren unehelicher Halbbruder Hans noch Kinder waren. Nach der Scheidung begann sie ein Philologiestudium, und von 1909 bis 1932 arbeitete sie als Studienrätin am Hamburger Paulsenstift.

Hans Henny Jahnn, um 1925
(Foto: Franz Rompel)

Carlo Philips stammte aus einer wohlhabenden niederländisch-jüdischen Kaufmannsfamilie, wodurch ihm zeitweise ein finanziell unabhängiges Leben an verschiedenen Wohnorten möglich war. Zur Zeit von Ellinors Geburt pflegte er Kontakte zu den Zirkeln um die Dichter Alexander von Bernus und Karl Wolfskehl, unter seinen Freunden galt er als »eigentümliche Mischung zwischen Lehrer und Faun«.[11]

Für die kleine Ellinor begannen mit der Scheidung ihrer Eltern unstete Jahre, deren Folge eine lückenhafte Schulbildung war, worunter sie ihr Leben lang litt. Mal war sie bei der berufstätigen Mutter, mal beim Vater, der 1906 zum zweiten Mal heiratete. Noch vor dem Ersten Weltkrieg absolvierte sie in Hamburg zunächst eine Ausbildung als Kindergärtnerin und dann als Turnlehrerin. Anschließend unterrichtete sie aushilfsweise an einer Volksschule, nebenher nahm sie Gymnastikunterricht und beschäftigte sich intensiv mit Tanz.

Eigenen Aussagen zufolge hatte sie von ihrem Vater nicht nur die in jeder Hinsicht freizügige Lebensweise übernommen, sondern auch ein ausgeprägtes künstlerisches Interesse. Dies scheint sie gewissermaßen auf ihre Verbindung mit Jahnn und Harms vorbereitet zu haben, zu denen sie Weihnachten 1920 zog. Aus den wenigen überlieferten Briefen, die sie bis 1926 mit den Freunden wechselte, spricht eine tiefe Zuneigung, die alle drei füreinander empfanden. Gelegentliche Seitensprünge scheinen diese geradezu idealtypische *Ménage-à-trois* kaum belastet zu haben.

Ellinor war die erste Frau, die für die Freunde eine ernsthafte Rolle spielte. Noch 1954 betonte Jahnn Herbert Jäger gegenüber, es werde viel zu oft vergessen, dass er »Ellinor nicht nur abgöttisch geliebt habe«, sondern dass er sie auch unverändert liebe, »freilich mit Übersetzungen, die mit der Länge der Zeit gekommen« seien.[12]

In die zweite Frau, die auf die Gemeinschaft der Freunde einen nicht zu unterschätzenden Einfluss ausübte, verliebte sich Harms kurz nach Jahnns Hochzeit. Es war Ellinors jüngere Halbschwester Sibylle – »Monna« – Philips. Die beiden heirateten im Juli 1928 und zogen mit dem Ehepaar Jahnn zusammen in eine Dreizimmerwohnung nach Hamburg-Winterhude. 1929 kamen die Kinder Signe Jahnn und Eduard Harms zur Welt.

Über alle Grenzen

Aus der Ehe zu dritt war eine avantgardistische Großfamilie geworden, deren Existenz durch Harms' frühen Tod am 24. Februar 1931 jedoch schon bald schwer belastet wurde. Wenigstens gelang es Jahnn zur gleichen Zeit, sich beruflich als Schriftsteller und Amtlicher Orgelsachberater der Stadt Hamburg einigermaßen zu etablieren. Doch auch dies galt nur bis zur Machtübernahme der Nationalsozialisten.

Bereits zu Beginn des Schicksalsjahres 1933 zweifelten alle Beteiligten kaum noch daran, dass das gemeinsame Leben aus politischen Gründen außerhalb Deutschlands auf eine neue Grundlage gestellt werden müsste. Die Schweiz, in der sich Hans Henny und Ellinor Jahnn vorübergehend als Gäste des Literaturwissenschaftlers Walter Muschg und seiner wohlhabenden Frau Elli aufhielten, schien ihnen keine Alternative. Diese fanden sie hingegen auf der dänischen Ostseeinsel Bornholm mit dem Hof Bondegaard, zu dem später das Häuschen Granly hinzugekauft wurde. Hier, fernab der politischen Schauplätze, verbrachte die Familie die unruhigen Zeiten von 1934 bis 1950.

Die junge Witwe Monna Harms scherte allerdings schon 1939 aus der ländlichen Gemeinschaft aus und zog zusammen mit ihrem Sohn Eduard in die Schweiz, um dort ein zweites Mal zu heiraten. Jahnn hatte unterdessen eine Liaison mit der ungarischen Fotografin Judit Kárász begonnen, die er über den Ugrino-Lektor Hilmar Trede und die mit diesem befreundete Familie Weissenfels in Göttingen kennengelernt hatte. Im Juli 1935 brachte Jahnn seine Geliebte mit nach Bondegaard, nicht zuletzt, weil sie in Deutschland als Jüdin und Kommunistin zunehmend gefährdet war, und bis zum Ende des Zweiten Weltkrieg lebte auch sie überwiegend auf Bornholm.

Trotz massiver Auseinandersetzungen änderte die Beziehung zu Judit Kárász letztlich ebenso wenig daran, dass Ellinor und Signe die wesentlichen Konstanten in Jahnns Privatleben blieben, wie die erschütternde, von Jahnn absolut gesetzte und bei vielen Anstoß erregende Liebe zu seinem 1933 geborenen Patenkind und postumen Schwiegersohn Yngve Jan Trede. Dies wird vor allem dadurch deutlich, dass er niemandem so viele und so intime Briefe geschrieben hat wie seiner Frau. Nur Ellinor habe ihm über die Jahrzehnte hinweg »inneren Halt gegeben«, gestand er Signe 1952 nach einem gesundheitlichen Zusammenbruch.[13] Mit ihr zusammen durchlebte er alle Höhen und Tiefen – wobei die Tiefen wohl überwogen.

Insbesondere ökonomisch war die Situation der Familie fast immer prekär. Dabei begann alles in den zwanziger Jahren mit dem scheinbar unerschütterlichen Vertrauen auf ihren als schicksalhaft empfundenen Liebesbund, den Jahnn in seinem Brief vom 7. Januar 1927 mit Hilfe von drei ineinander liegenden Kreisen veranschaulicht. Er betont dabei, dass jeder dieser Kreise gleich viel bedeute und gleich viel Einfluss auf die anderen beiden ausübe. Dass diese Gleichberechtigung zwischen den drei Partnern jemals mehr war als ein hehrer Wunsch, kann allerdings bezweifelt werden. Während sich Harms und Ellinor vor allem in erotischer Hinsicht selbst verwirklichten, bis hin zu Affären mit Jugendfreunden wie Ernst Eggers, stellten sie sich im Beruflichen weitgehend in den Dienst von Jahnns künstlerischen Arbeiten. Bei Ellinor führte Jahnns Dominanz langfristig zu jenen Minderwertigkeitskomplexen, die sie in ihren wenigen Selbstauskünften fast immer erwähnte, und Harms könnte das in den letzten Jahren vor seinem Tod ähnlich gegangen sein.
Doch so deutliche Schattenseiten Jahnns Patriarchat auf die Dauer auch gehabt haben mag, wirklich in Frage stellten alle drei ihre Verbindung offenbar nie, ja, sie hatten sich sogar fest vorgenommen, sie über die Grenze des Todes hinaus zu verlängern. Unter ihrer äußerlich schlichten gemeinsamen Grabstelle auf dem Friedhof in Hamburg-Nienstedten findet sich eine aufwendig nach den Grundsätzen der Glaubensgemeinde Ugrino gemauerte Gruft. Gottlieb Harms liegt dort seit 1931. 1959 kam Hans Henny Jahnn hinzu. 1970 wurde Ellinor Jahnn an ihre Seite gebettet. Der vierte Platz war für Sibylle Harms vorgesehen, die dann aber 1994 in der Schweiz beigesetzt wurde. Eine längere Inschrift trägt nur die Grabplatte von Harms. Sie wurde von Ellinor ausgesucht. Es handelt sich um das Motto von Jahnns Drama *Armut, Reichtum, Mensch und Tier*: »Allmählich ist die Liebe unser Eigentum geworden«.

Wollten Sibylle Harms, Ellinor und Hans Henny Jahnn durch diese Inschrift, mit diesem Rätselwort eine Zusammengehörigkeit beschwören, an der sie viel häufiger zweifelten, als sie sich selbst eingestehen konnten? Nicht zuletzt zeigen die Briefe aller drei deutlich, dass sie keinesfalls blindlings in das hineingeraten waren, was Jahnn gern als Abtrünnigkeit umschrieb: Sie hatten sich bewusst für dieses andere Dasein, diese anderen Grundsätze entschieden.

Aus finanziellen Gründen konnte Harms' letzte Ruhestätte erst im Juni 1934 mit der gewünschten Grabplatte versehen werden, in einer Zeit größter politischer und wirtschaftlicher Unsicherheit. Nie zuvor war die Zukunft der Familie so ungewiss wie damals. In dieser Situation veränderten auch Jahnns Briefe an Ellinor ihre Funktion. Aus den einstigen Liebesbeteuerungen waren Reiseberichte geworden. Fast immer gab Jahnn in ihnen Auskunft über seine fortwährend als bedroht empfundene Lage. Hinzu kam der dringend erforderliche Austausch über alltägliche, zum Teil aber auch existentiell bedeutende Erledigungen.

Dies sollte sich in den folgenden zehn Jahren kaum ändern. Erst mit Jahnns erster Deutschlandreise nach dem Zweiten Weltkrieg im November 1946 gewannen die Briefe an seine Frau eine neue Bedeutung: Von nun an dienten sie ihm, wie er selbst einmal zugab, als Ersatz für ein Tagebuch. Nicht selten wirken sie nun wie die Fortschreibung des literarischen Werkes mit anderen Mitteln. Unübersehbar sind sie auch das Symptom einer lang anhaltenden inneren Blockade, die Hubert Fichtes Pozzi mit seinem realen Vorbild teilt: »Er leitet nicht mehr aus der Wirklichkeit Romane ab, sondern er versucht seine Romanideen in Wirklichkeit umzusetzen.«[14]

So kann man es auch umschreiben, dass Jahnn in den Wirren der Nachkriegszeit, in den Trümmer- und Hungerjahren offensichtlich die Konzentrationsfähigkeit fehlte, um seine gewaltige Trilogie *Fluß ohne Ufer* abzuschließen oder sich mit umfangreichen Abhandlungen zu Wort zu melden. Sozusagen als Ersatzhandlung wurden wenigstens seine Briefe immer essayistischer und erzählender. Unter der Hand entwickelten sie sich zum schriftstellerischen Hauptwerk der späten Jahre. Ihre Flüchtigkeit erlaubte es Jahnn, scheinbar weit voneinander entfernte Themen gedanklich und assoziativ miteinander zu verknüpfen. Zuweilen schlug er auch einen Ton der Verkündigung an, der an seine Zeit als Haupt der Glaubensgemeinde Ugrino erinnerte.

Meist aber begegnet uns in ihnen ein Autor, der sich kaum in Einklang bringen lässt mit jenen Gerüchten, die allzu lange über ihn verbreitet wurden. In seiner Verletzlichkeit, Melancholie und Empfindsamkeit wirkt er oft geradezu bloßgestellt. In solchen Momenten erweisen sich Jahnns Hinwendungen an Ellinor als eine ganz und gar weltliche Form der Beichte. Im Schutz dieser Ehe wurden sie zum befreienden Geständnis und zum Beweis, dass er seiner Frau und nur ihr ohne Wenn und Aber vertrauen konnte. Dass sich ihre Wege im Laufe der Jahre nicht selten trennten und es Zeiten gab, in denen sich Ellinor Zimmer mietete, weil sie die Nähe zueinander nicht mehr aushalten konnten, änderte daran letztlich wenig. Eher das Gegenteil scheint der Fall: Vielleicht festigten all jene Krisen die Gemeinschaft der beiden sogar.

Jan Bürger, im Juli 2014

Briefe

Gottlieb Harms. Selbstporträt. 1925. Bleistift auf Papier. 28,4 × 22 cm

Während des Aufenthaltes von Ellinor Philips und Gottlieb Harms in Italien von Juni bis September 1925 entstand eine umfangreiche Serie von Akt- und Porträtskizzen.

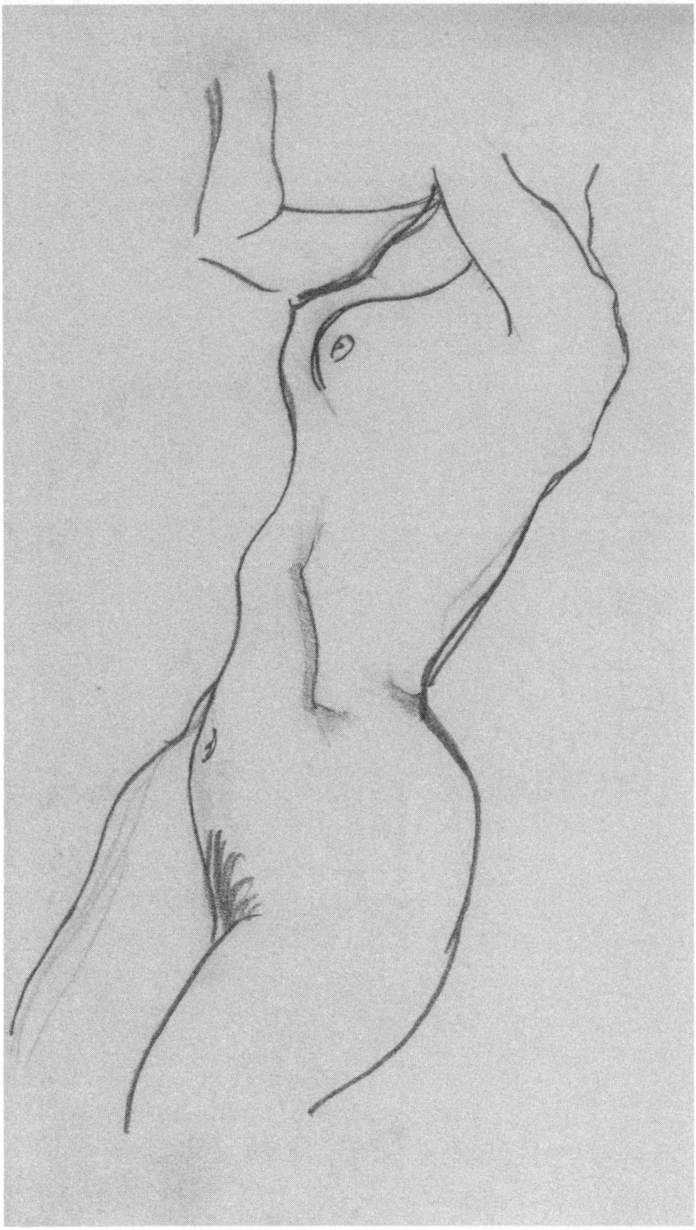

Gottlieb Harms. Ellinor. 1925. Bleistift auf Papier. 24 × 15 cm

1. *Aus Köln nach St. Peter an der Nordsee*

7. Januar 1927.[15]

Liebe Ellinor –

Dies sind drei Kreise, die in einer Ebene ineinander liegen. Das flüchtige Auge würde meinen, daß der äußere größte Kreis das Schicksal am tiefsten beeinflußt. Aber es ist ein Irrtum, die inneren haben genau den gleichen Teil an jeder Bewegung im Raum. Beharren sie oder nehmen eine Richtung, so muß der größte folgen. Ihr größter Abstand ist der, wenn sie harmonisch ineinander lagern, ihre größte Nähe, wenn sie sich berühren. Du kannst Dir denken, welcher Kreis der Deine ist, wenn zweie Dich berühren können.

Ich habe es sehr gut mit Friedel zusammen gehabt.[16] Er hat mir erzählt, daß Du bei seiner Abreise geweint, daß Du aber das Weinen überwunden.[17] Wir haben gestern Nacht über Dich gesprochen. Wenn es auch verschwiegen sein soll, manchmal dürfen wir es sagen, daß wir Dich so über alles Maß lieben, und daß Du so wunderbar wie eine echte Prinzessin, daß Du uns immer wieder beschämst durch Deinen Adel, und daß wir nur vor Dir bestehen mit unnennbarer Liebe. Plötzlich bin ich in Köln. Ich freue mich, einiges hier sehen zu können. Der Zweck meiner Reise ist das Verhandeln über den Bau der Orgel in der Karthäuserkirche.[18]

Also Rothenbaumchaussée 137 werde ich nicht wohnen können.[19] Es ist wohl sehr gut, daß Deine Mutter so entschieden

hat – für mich und Dich. Die Hauptgründe, weshalb sie den Einzug nicht gestatten wollte – meine erste Tat der Schicklichkeit – waren – mein litherarischer Tee der Zukunft und Deine Sucht, die scheußliche Lampe aus dem großen Zimmer zu entfernen. Wie gut, daß es soweit, daß auch an mir Anstoß zu nehmen ist! – Übrigens ist Deine Mutter im höchsten Grade nervös. Also schweig! Sie würde an uns zugrunde gehen.
Friedel wird in eine Pension ziehen. Ich werde eine Wohnung mieten für Dich oder mich; es ist ja gleichgültig, bei wem der Tee stattfindet.
Du bitte, bleib noch einige Wochen in St. Peter. Deine Gesundheit brauchen wir, da nun doch manches zwischen uns dreien klar geworden ist.
Morgen wird der eigentliche Kölner Brief folgen.[20]

Dein
Henny

Handschrift, ein Blatt, beidseitig beschriftet

2. *Aus Hamburg nach St. Peter an der Nordsee*

Hamburg D. 12./I 27.

Liebe Ellinor –
100.– Mark wirst Du inzwischen erhalten haben. Morgen sende ich Schokolade, Likör, Zigaretten, Cutex[21], allerdings nur in bescheidenem Maße. Trinke den Likör mit Maßen, aber trinke, wenn Deine Gedanken trübe sind.
Wir zwei lieben Dich so sehr. Das ist alles, was wir Dir schenken können; aber wir mühen uns, es Dir besser zu schaffen als es bisher gewesen ist. Heute habe ich mir eine sehr schöne Wohnung angesehen, die ich mieten werde, wenn nicht jemand anders sie mir wegschnappt.

Friedels Rechnung bei Dr. Felten ist bezahlt.[22] Hoffentlich greift das Klima dort nicht Deine Nerven zu sehr an; hoffentlich auch hilft es Deiner Krankheit soweit, daß Du fühlst, ihrer Herr zu werden.[23]
Du mußt Dich nicht bedrückt fühlen, wenn Du uns schreibst, wie schwankend Deine Empfindungen zuweilen! – Wir wissen doch, daß Du zehntausend Proben bestanden hast und nichts in Dir gefunden wird, um dessentwillen Du fortlaufen müßtest. Behutsam mit Dir sein müssen wir. Das ist wenig genug für das Glück, das darin liegt, daß Du uns zugetan.
Nimm diese Zeilen nicht mit Beschämung. Ich meine sie ganz kühl und leidenschaftslos als eine schöne Tatsache. Vielleicht magst Du mir schreiben?
Immerhin wissen wir nicht, wie es Dir im Geistigen ergeht. Wir möchten nicht beruhigt sein, nur bereit, Dir zu helfen.

Herzlich
Henny

Handschrift, ein Blatt, beidseitig beschriftet

3. *Aus Lübeck nach Blankenese*

28. Juli [19]32[24]

Liebe Ellinor,
Du sagtest mir am Bahnsteig, daß ich keine Würde besitze. Während der Fahrt nach Lübeck hat mich der Ausspruch bewegt. Und auch das, was ihm zugrunde liegt. Du hast vollkommen recht. Ich besitze keine natürliche Würde mehr, nur noch eine gesellschaftliche. Du kannst mich deswegen tadeln. Aber sie wird mir damit nicht zuteil. Wäre unser Telefon nicht gesperrt, ich würde ein Gespräch nach Hause anmelden. So schreibe ich denn, mit der Gewißheit, daß ich Dir nichts erklären kann.

Es ist mir vollkommen unfaßbar, warum ich bei Abfahrt aus Blankenese in den Wartesaal hineinschauen mußte. Ich hatte dort nichts zu suchen. Ich wollte nich[ts] G[e]nießen. Nichts trinken. Ich hatte nicht einmal Zeit, denn mein Zug fuhr in 2 Minuten. Dennoch irrte ich hinein und fand Ernst.[25] Ich weiß, daß das ein Zufall ist. Ich weiß, daß er Monna und die Kinder[26] sehen wollte, und daß es nur natürlich war, daß er einmal kam. Aber mich faßte im gleichen Augenblick ein solch abgrundtiefes Gefühl des Unglücks, das ich mit Eifersucht nicht mehr erklären kann: Denn ich fange an, nicht mehr eifersüchtig zu sein. Ich beginne mich mit meinen Trieben einzurichten. Und die Kinder sind für mich so etwas wie ein objektiver Glücksbestand. Ich weiß, wie auch immer die Umstände gewesen sein mögen, daß Signe ein Kind von Dir und mir ist, und daß sie etwas Herausgehobenes ist. Ein Wesen zu größerem Glück oder Erleiden bestimmt als wir es sind. Zudem sah Ernst schlecht aus. Bestimmt schlechter als ich. Ich empfand nichts von Nebenbuhlerschaft. Ich empfand nur den Mangel an Harmonie, der zwischen uns ist. Diese Schluchten. Dies Schweigen. Diese Triebe, die nicht zusammengehen. Es bedurfte einer gewissen Zeit, ehe mein Gemüt sich wieder glättete. Diese Zeit war noch nicht verstrichen, als ich Dich traf. Ich reagierte noch. Das ist alles. Das hätte nicht sein brauchen. Aber es war. Ich bin nur noch ein arbeitsunfähiges Nervenbündel. Also ich fahre heute abend nicht nach Hamburg. Ich trinke ein paar Gläser Wein. Ich denke an Dich im Guten. Ich wollte nur klar stellen, daß nichts vorliegt, garnichts. Außer dieser etwas peinliche Morgen auf diesem Hintergrund. Und daß Wolken über meinem Hirn sind, wenn ich nachhause denke. Ich finde den Kontakt nicht. Dies in einem Brief wiegt schwerer als es gemeint ist. So lasse ich's denn genug sein. Wegen des Orgelvor[trags br]auchst[27] Du nichts mehr zu unternehmen. Ich habe mit Herrn Pichert gesprochen.[28] Er ist bereit, den Teil zu überneh-

men. Das ist in mehr als in einer Beziehung gut. Teile dies auch bitte sofort Wenzel mit, damit er es weiter an das Stadtarchiv berichtet.[29]
Sei bitte nicht böse. Grüße Monna + die Kinder.

Dein Henny

Handschrift, ein Blatt, beidseitig beschriftet

4. *Aus Basel nach Blankenese*

Basel
19./ XI. 32

Liebe Ellinor,
im Ganzen läßt sich diese Reise erträglicher an als die nach dem Norden.[30] Ich meine das persönliche. Die Narben am Kopf schließen sich, sind weniger lästig. Nur der [Fuß][31] ist unentwegt schlimm.
Dr. Walcker war aufgeräumt. Wenzelskirche in Naumburg wird bereits in Arbeit genommen.[32] Die notwendigen Zeichnungen kommen bald in unsere Hände.
Herr Orgelbaumeister Haerpffer hat sich für meine Pläne entschieden.[33] Leider ist das Projekt nicht so arg groß. Die alte Orgel von Cavaillée-Coll soll ganz wiederverwendet werden. Nur erhalten seine Laden pneum. Balanziers Jahnn. Übrigen[s] klingen seine Pfeifen mild, sehr leise. Die Rohrwerke mittelmäßig. Unsere sind besser. Übrigens ist die Schalmei über alles Lob erhaben. Ein neues Rohrwerk mit vielen Tugenden. Milder als die Trompete, blasender als Regal. Im akkordischen Spiel von fast mystischer Verschränkung. Ich bin also in Metz gewesen. In Boulay habe ich übernachtet. So weit man blickt, Festungen im Bau, 60 m tief in die Erde hinein. Meine französische Aussprache erweckt Bewunderung. Die Kathedrale in

Metz ein fast ungeheuerlicher Bau. Ganz Gotisch (ich hatte ihn aus der Entfernung mit dem Dom zu Trier verwechselt). Kaum noch Masse, nur buntes Glas und dieser merkwürdige pierre de chaumont, der nicht verwittert. Das Dach des Chores ist flach aus Stei[np]latten. Es regnet seit 600 Jahren nicht durch! In der Triforiumsetage bin ich um die Kirche herumgegangen, 20 m über dem Fußboden. Ich bin noch immer nicht schwindelfrei und hatte Mühe, die Schwalbennestorgel zu untersuchen. Mich in solcher Höhe freischwebend noch ein paar Meter hinaufzuwuchten.

Ich soll für meine Arbeit 6000. fr., dazu Reiseunkosten erhalten. Dies gilt allerdings erst, wenn die Denkmalskommission die Pläne gebilligt hat.[34]

Gestern abend bin ich noch nach Basel gefahren. In [einer] ½ Stunde geht mein Zug nach Luzern. Bitte, schreibt mir nach Verscio.

Viele Grüße an Monna und die Kinder.

Grüße auch an Wenzel.

Dein

Henny

Handschrift, ein Faltblatt, beidseitig beschriftet

5. *Aus Verscio nach Blankenese*

Verscio, den 27. XI. 32

Liebe Ellinor,

es war gewiß nicht richtig, den letzten Brief an Euch abzusenden, weil Ihr unter den Eindruck geraten konntet, es wäre in gleicher Anspannung für mich hier weitergegangen.[35] Aber das ist nicht der Fall. Carlo öffnete mir sehr bald seine herzlichsten Seiten und zeigte unverhohlen seine Bewunderung.[36]

Elsa, die vielleicht gewünscht hätte, an mir etwas auszusetzen zu finden, fand nichts und geriet deshalb in ihren besten Zustand. Ich habe neben den für mich schweren Gesprächen mit Carlo auch sehr gute gehabt, an denen ich gelernt habe. Und etwas zu lernen, ist für mich das Bekömmlichste. Vielleicht erklärbar wird seine mit-der-Tür-ins-Haus-fallmethode aus dem Umstand, daß er eine entsetzliche Angst vor mir gehabt hat. Und nun aus allen Wolken gefallen scheint, daß ich der umgänglichste Mensch von der Welt. Dabei klug. Sogar schlagfertig[37]. Erfinder genauer Formulierungen. Offenbar tut ihm mein Besuch gut. Er lebt auf. Und seine Töchter erscheinen ihm in einem anderen Licht, daß sie einen solchen Menschen zu binden vermögen. Genug davon. Ich erhole mich hier, meinem eigenen Gefühl nach. Ich tue nichts mehr. Meine Sendung, betreffs A.[us]- L.[ands]-St.[euer] ist hoffentlich angekommen. Ich bitte um sorgfältige und selbstständige Erledigung. Nach Wien möchte ich nicht fahren. Es ist unmöglich, daß ich dabei ein Geschäft mache. Die Umwegreise ist sehr groß, noch dazu auf der teuersten Bahn Europas. Und nur, um zu lesen. Um im Pen-Club herumgereicht zu werden? Lieber bleibe ich hier ein paar Tage länger. Das kostet zwar auch etwas, da, wegen der geringen Mittel hier, ich Elsa ein Kostgeld bezahle. Aber Erholung war für mich im Augenblick notwendiger als die erfolgreichste Arbeit. Wenn ich zurück bin, beginnt sowieso für mich ein schweres Tempo.

Herzlich Dein Henny.

Laßt doch einmal die Bilder im Filmpack entwickeln. Und knipst die Kinder. Und sendet ein paar Abzüge.

H.

Handschrift, ein Blatt, beidseitig beschriftet

Carlo Philips in Verscio, um 1932

Carlo Philips in Verscio, Mitte der dreißiger Jahre

6. *Aus Verscio nach Blankenese*

Verscio 28. XI. 32

Liebe Ellinor, soeben kam Dein Brief vom Sonntag.[38] Obgleich ich vor wenigen Stunden ein paar Zeilen für Dich auf die Post gegeben habe, möchte ich Dir gleich antworten. Ich bin Carlo gegenüber zurückhaltend. Und aus meinem voraufgehenden Bericht kannst Du erkennen, daß eine wohltuende Luft um mich ist. Ein kleiner Anflug von Traurigkeit kam mit Deinem Brief. Weil Du meinst, noch mit grobem Geschütz gegen mich handeln zu müssen. Ich will Deinem dritten Leben nichts anhaben. Ich möchte mit einfachen Worten sagen können, was mich beunruhigt und manchmal quält. Ich habe diesen Brief angefangen, weil ich einen Augenblick glaubte, die einfache Darstellung würde mir leicht fallen. Auf die Entfernung. Ich fürchte zu oft, nicht immer, und, wenn man gerecht urteilt, seltener und seltener, daß Du aus dem 3. Leben nicht zurückkehren könntest. Der Übergang, so scheint mir, ist oft schwer. Ich bin nie beunruhigt, weil ich Dich nicht verstehe oder Dir mißtraue oder etwas an Dir nicht billige; nur, weil ich anders bin. Und es ist falsch, wenn Du meinst, Du wärest unzulänglich für mein Leben. Und Dein Wille nach Freiheit würde meine Existenz zernagen. Du bist einer meiner großen Schätze. Und ich bin nur geizig. Ich bin einfach auch ein Mensch und werde durch Gespenster geplagt. Wie Du weißt. Und es gibt Krisen, in denen ich schwächer bin als meine Vorsätze. Vielleicht weiß ich längst, daß ich dich verlieren muß. Aber ich kann Dich nicht verlieren. Ich weiß nicht, was geschehen soll, wenn auch Du stirbst. Es handelt sich, sozusagen um ein Äußerstes, das für mich anders liegt als für Dich. Und es scheint immer so zwischen uns, als ob wir uns auf tieferen Stufen schlügen. Ich weiß jetzt nicht, wie Du die Zeilen nimmst, und ob Du einen

Angriff auf Dein Sein darin siehst. Ich weiß jedenfalls, daß Du anders bist als Carlo meint. Und ich weiß, daß Du mich trösten kannst. Ich grüble nur, was an Trost ich für Dich erfinden soll. Denn es ist so, Du gibst mir mehr als ich Dir geben kann. Was jetzt an Zerrissenheit ist, Du meinst, es könnte die Schuld Deiner Veranlagung sein. Und dabei bist Du ein Ganzes, um das man vielleicht fürchten muß, das man aber nicht zerteilen kann.
Dein Brief von heute früh hat mich gestreichelt. Dein zweiter Brief[39] war ein kleiner Schmerz. Du sollst allen Spielraum haben. Aber Du wirst mir bald einen neuen Brief schreiben. Denn es ist hier nach allen Reden sehr einsam.

Es küßt Dich Dein
Henny

Ich stehe so oft vor einer Mauer und weiß nicht, was hinter der Mauer sich befindet. Grüße Monna. Und die Kinder. Und ruhe Dich aus. Und denke an mich als einen einfachen Menschen, der ungenau sieht. Dies ist kein böser Brief. H.

Handschrift, ein Blatt, einseitig beschriftet

7. *Aus Kopenhagen nach Blankenese*

Köbenhavn
Manögade 9 III
20. April 1933

Liebe Ellinor,
bis jetzt bin ich auf meine Briefe, die ich umhergesendet habe, ohne Antwort.[40] Gretor[41] werde ich erst heute sehen. Zu wesentlichen Arbeiten bin ich nicht gekommen, weil ich nicht ungestört in einem eigenen Zimmer sein kann.

Gestern waren wir in Hörsholm, um die neue Orgel in Augenschein zu nehmen. Ich war fast erschrocken, wie schön die Kirche liegt. Inmitten eines Waldes auf einer sehr kleinen Insel. Kein weiteres Haus darauf. Das Werk ist herrlich ausgefallen. Für das H[am]b[ur]g.[er] Fremdenblatt schreibe ich einen Reisebrief.[42]
Der Stoff für das neue Drama ist mir viel klarer geworden.[43] Manches hat sich schon herauskristallisiert. Aber es geht nicht schnell. In der Pinakothek habe ich mir die Werke von Kai Nielsen angesehen.[44] Herrliche Sachen!
Die Luft ist kalt. Gestern hat es den ganzen Tag über leicht geschneeit. Ich habe im Augenblick gar keine Bedürfnisse und Wünsche. Auch keinen Drang, mich zu betätigen.
Die politische Lage ist offenbar sehr gespannt geworden. Nun ist auch Amerika vom Goldstandart abgerückt. Und das wirft Schatten. Ich glaube, Einschränkungen, Verkleinerung des Lebensstandards, das wird das Los der nächsten Jahrzehnte für alle sein.
Je länger ich hier bin, desto unsicherer werde ich in dem was ich soll. Wenn ich so dahin lebe, vergesse ich die Forderungen, die in mir schlummern. Ich finde, daß ich nichts mehr zu hoffen habe. Und ich weiß auch eigentlich nicht, mit welchem Recht. Es ist in den letzten Jahren soviel Böses geschehen, daß die äußeren Schwierigkeiten nur eine Entsprechung für die innere Verwüstung sind. Ich weiß auch, daß wir einander, wahrscheinlich unnötig, gepeinigt haben. Und dadurch in immer größere Unfreiheit gekommen sind. Ich spüre den Leerlauf der letzten Jahre. Und weiß, daß ausruhen weitere Ernüchterung bringt.
Soeben kommt Deine Karte. Rein äußerlich, schreibe bitte nicht mit Bleistift.[45] Ich ersehe, es geht trübe. Ohne äußere Katastrophen ins Hoffnungslose. Zur Aufklärung: Ich habe die RM. 10 von Frau Eber[46] Monna gegeben. Von G.[eorg] +

R.[isa] habe ich nichts erhalten.[47] Du kannst dort also anrufen. Walcker scheint sich ja nicht von der besten Seite zu zeigen. Warum auch? Jedenfalls arbeitet Frobenius bedeutend besser.[48] Die Kammerorgel muß hierher.[49] Raasted will darauf ein Konzert geben.[50] Frobenius glaubt, daß das hier ein sehr gutes Geschäft werden kann. Notfalls müßte man einzelne Teile hier herstellen, um den Zoll niedrig zu halten.

Daß Biehle fällt, kann ich noch nicht glauben. Wenn ja, wozu brauchte es dann erst die Aufregung bei den »Deutschen Christen«?[51] Also abwarten. Was wollen denn die Leute nur? Genügt es nicht, daß ich der Landeskirche angehöre? Soeben rief Gretor an. Ich sehe ihn erst morgen Nachmittag. Wir wollen vieles besprechen. Er hofft, einiges für mich tun zu können.

Ich bin nicht mutlos, aber sehr verbraucht. Ich fühle mich sehr allein. Nicht etwa so zu verstehen, Ihr seid nur weit fort. Es wäre kaum anders, wenn die Entfernung aufgehoben wäre. Ich denke ohne jede Bitterkeit an Dich. Nur mit leiser Wehmut und mit einer Unterschwingung von Furcht. Weiß aber wohl, daß ich nichts ändern und nichts zum Vorbestimmten tun kann. Schließlich ist alles gekommen wie es kam. Es hätte anders kommen können, wenn die Menschen aus anderem Stoff. Aber sie sind aus diesem Stoff. Und was sie an Schmerzen und Unglück bereitet haben. In anderen Erdteilen. Und noch bereiten. Und bereiten werden. – Da werde ich irre. Zu denken, daß alles Große bei seinem Erscheinen beschimpft wurde. Und keine Größe erhaben genug war, daß sie vor späterem Schimpf bew[a]hrt wurde –.

Ich will aufhören. Dieser Brief ist schlecht geraten. Er hilft Dir nicht, er hilft nicht mir.

Grüße und Küsse die Kinder.

Auch Monna.

Dein Henny.

P.S. Sobald ich von irgendwo Antwort habe, schreibe ich Dir ausführlich.

Handschrift, ein Blatt, beidseitig beschriftet

8. *Aus Blankenese nach Zürich*

17. August 33

Liebe Ellinor,
der postlagernde Brief nach Paris ist leider nicht hierher zurückgekommen, sodaß Du wahrscheinlich nur eine unvollkommene Anschauung von meiner Krankheit hast. Es war eine Furunkulose im Gesicht, die außerordentlich schmerzhaft war und mich[52], wie sich jetzt hinterher zeigt, ziemlich viel Kräfte gekostet hat. Ich fühle mich jedenfalls jenem Zustand einverleibt, den man landläufig als klapperig bezeichnet. Das Schlimmere ist, ich fühle mich nicht zum arbeiten angeregt und habe auch keine rechte Lust, bestimmten Plänen nachzugehen. Die Zeichnungen für Uppsala sind fertig geworden.[53] Ich hoffe, sie werden eine wirkungsvolle Unterstützung unseres Angebotes sein. Der Auftrag Strasbourg ist 99 % gescheitert.[54] Der Auftrag ist an eine drittklassige Firma gegangen, angeblich mit der Begründung, weil diese im Besitze »Silbermannscher Maße« wäre. Also eine leichte Fälschung der Geschichte im Voraus. Da nun die Orgel in ihrer Totalität garnicht von Silbermann stammt, sondern viel höhere ältere Werte enthält, wäre die Mitarbeit eines wirklichen Fachmannes mehr als geraten gewesen. Denn daß weder Schweitzer noch Prof. Mathias diese Einzelkenntnisse besitzen, ist ausgemacht.[55] Aber Mathias hat wohl mit der ganzen Eindringlichkeit seiner deutsch-französischen Seele den Herren der Denkmalspflege in Paris klarmachen können, daß ein Deutscher keineswegs zur Mitarbeit bei

der Wiederherstellung der Orgel eines Deutschen herangezogen werden dürfe. Man hat dann eben eine drittklassige Firma mit inkauf genommen.
Aber so liegen die Verhältnisse eigentlich bei allen neueren Geschäften. Auch in Stavanger bin ich ausgebootet worden. Ich kann nicht übersehen, ob da sachliche oder auch politische Gründe mitspielen.[56]
Ich weiß nicht, ob ich Dir schon schrieb, daß auch die Angelegenheit Göteborg auf die miserabelste Weise in die Brüche gegangen ist.[57] Direktor Mannheimer ist der Warburg von Schweden, nebenbei gesagt, mit Melchior verwandt, er fand es selbstverständlich sofort unpassend, daß ein blonder Mann aus Deutschland noch länger mit der Sache befasst würde.[58]
Andererseits haben die Deutschen Christen noch nichts getan, um mich zu rehabilitieren, und der Erfolg andersherum ist ebenso deutlich, daß man unmöglich mit einem Mann zu schaffen haben könne, dem mit Grund solche Dinge nachgesagt würden, wie die deutschen Christen behaupten.
Das Auftreten des altonaer Senates war höchst korrekt und höchst erfreulich. Aber ich weiß einfach nicht, wie man finanziell durchkommen soll. Uppsala ist wieder einmal unsere einzige Hoffnung, und gegen einzige Hoffnungen habe ich schon im Grundsatz etwas. Man sollte sie sofort über Bord werfen, denn sie erfüllen sich nicht, weil ein Strohhalm im Wege liegt.
In meinen Gedanken habe ich mich ziemlich genau mit dem Schluß des neuen Stückes beschäftigt, und ich finde eigentlich, daß die Sache gewachsen ist.[59] Auch mit dem Perrudja habe ich mich innerlich ziemlich beschäftigt und ich kann wohl sagen, daß breite Teile wie auf einer Landkarte eingezeichnet festliegen.[60]
Dass ich Dir nichts von Personen und Ereignissen des täglichen Lebens schreibe, liegt daran, ich war bettlägerig, außerdem

sind die Menschen unserer Bekanntschaft verreist. Bei uns im Hause geht alles, wenn ich so sagen soll, seinen ruhigen, um einige Grade abgeklärteren Gang, was nicht etwa heißt, daß nicht die Sorgen täglich in irgendeiner Form sich bemerkbar machen.

Ich hatte mich sehr gewundert, daß ich seit Deiner Karte vom 9. August nichts mehr hörte. Es ist das wirklich Deine letzte Nachricht an uns. Durch den persönlichen Besuch einer gemeinsamen Bekannten habe ich mündlich einiges über Dich und Dein Leben erfahren. Es war gewiß nicht sehr viel. Ich nehme indessen an, daß ein Brief uns nicht erreicht hat.

In den nächsten Tagen hoffe ich den Aufsatz über germanische Rundbauten zu vollenden.[61] Die Aufnahmen dazu sind teils sehr schön, und der Text dürfte überzeugend und schlagkräftig sein. Es war in vieler Beziehung gut, daß ich den Schluß der Arbeit hier schreibe. Ich kann den Ebert noch sehr gut für manche Zweifelsfäll[e] heranziehen.[62]

Dr. Walcker hat mir aufs Neue geschrieben, eigentlich recht hoffnungslos. Ich werde ihn auf alle Fälle in Ludwigsburg sehen. Wir werden auch gemeinsam nach Metz fahren, um die Arbeiten in der dortigen Cathédrale aus eigener Anschauung kennen zu lernen. Nach Paris werde ich also nicht fahren, eher nach Strasbourg.

Den Kindern geht es sehr gut. Es ist sozusagen über sie nichts zu berichten, außer daß Signe täglich an Einfalt und Eduard an Geistesstärke zunimmt. Monna ist ziemlich abgewirtschaftet und wird Anfang September auf 2–3 Wochen zu den adligen Tanten nach Berlin fahren.[63] Die Familie des märkischen Uradels hat so garkein Verständnis für ihre Stellung in unserem Wirkensgebiet. Auch meine Familie tut große Stücke, um mich öffentlich und geheim so schlecht zu machen wie möglich.

Ich hoffe, daß es wenigstens Dir einigermaßen gut geht, und daß Du ein paar Kräfte ansammelst, denn Du wirst mich in

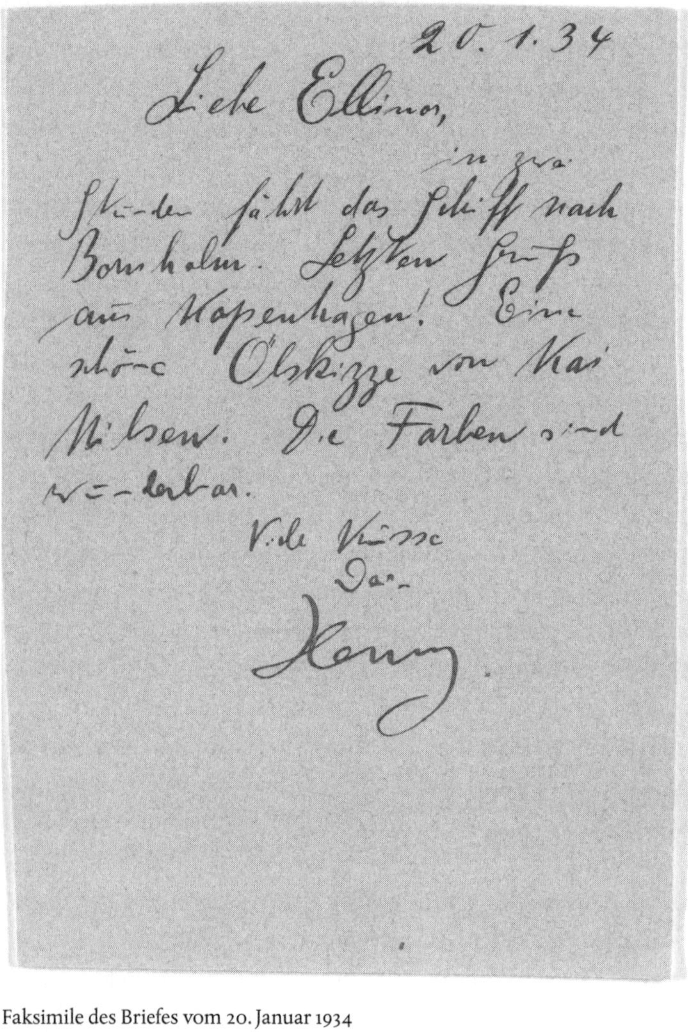

20. 1. 34

Liebe Ellinor,

in zwei Stunden fährt das Schiff nach Bornholm. Letzten Gruß aus Kopenhagen! Eine schöne Ölskizze von Kai Nilsen. Die Farben sind wunderbar.

Viele Küsse
Dein
Henny.

Faksimile des Briefes vom 20. Januar 1934

Anlage zum Brief vom 20. Januar 1934. Kai Nielsen: *Stående nøgen kvinde* von 1924

mehr als einer Beziehung magerer geworden finden. Alle Mitbewohner des Hauses lassen Dich grüßen

Dein Henny

Typoskript mit handschriftlichen Korrekturen, ein Blatt, beidseitig beschriftet

9. *Aus Kopenhagen nach Männedorf*

20.1.34

Liebe Ellinor,
in zwei Stunden fährt das Schiff nach Bornholm. Letzten Gruß aus Kopenhagen! Eine schöne Ölskizze von Kai Ni[e]lsen.[64] Die Farben sind wunderbar.

Viele Küsse
Dein
Henny.

Handschrift auf Karton und ein Foto der Ölskizze von Kai Nielsen

10. *Aus Berlin nach Männedorf*

Berlin 9.2.34.

Liebe Ellinor, Dein Brief vom 7.2. erreichte mich hier in Berlin. Ich habe Dir heute schon 2 x geschrieben.[65] Da meine Gedanken viel bei Dir sind, schadet das dritte Mal gewiß nicht. Ich habe mich über die Klarheit Deines Telegrammes gefreut. Aus Briefen von Walter und Dir ist mir der Tatbestand auch einigermaßen klar geworden.[66] Der erste Brief Walters war so andeutungsvoll, von nicht »moralisch« nehmen, »ausnutzung« vieler Beziehungen etc., daß es, bei aller [Scho]nung, und gerade deswegen, höchst beunruhigend wirkte. Da ich von Dir keine Aufklärung erhielt, telegraphierte ich an Walter. Ich schrieb ihm auch sofort. Erhielt Antwort und antwortete wieder. Sein zweiter Brief war im Ton innerlich stark erregt. Er warf mir vor, daß es keine Lösung sei, Dich bis zu meiner Rückkehr dort zu lassen. Aber man habe sich dennoch entschlossen etc. Diesen Ernst habe ich nicht begriffen. 100 %ige Standpunkte rufen bei mir Lächeln oder Empörung hervor. Ich [ges]tehe, aus der Entfernung habe ich den Mut nicht gehabt, ihm zu sagen, daß es in dieser Tonart nicht geht. Nur angedeutet, mir sei nichts bekannt geworden, was Deinen Aufenthalt für 10 Tage unmöglich machen könnte. Zugegeben, er ist wütend, weil er glaubt, oder weil's auch so ist, daß wir, Du und ich, jeder auf seine Weise, ihn enttäuscht haben, daß er vermeint, Ansprüche zu haben etc.; aber das gibt das Recht zur Unerbittlichkeit nicht. Mögen wir nicht ernst genug sein, in Bezug auf Geld und schweizer Übereinkünfte, er pocht zu sehr auf die Biederkeit. Und, eines scheint dort ganz außer Acht gelassen zu sein, dass ja jedes Verhältnis, jede Tatsache zwei und mehr Seiten hat. Ich erinnere nur an die Zusammenstöße mit Frau B[ösch].[67] Ich möchte, aus Gründen, Dich noch in der Schweiz sehen. Ich sende Dir morgen Rm. 50.–, weil ich nicht weiß, ob Du es nicht brauchst, um nach Winterthur oder Verscio auszubrechen. Hinterlasse jeweils rechtzeitig, wo Du Dich befindest. Ich muß, ganz gegen meinen Willen, noch einmal nach Hamburg zurück. Ich kann ja nicht wegen des dummen Zwischenfalles den Hofkauf in Gefahr bringen. Ich rechne nicht mehr damit, daß ich aus der Schweiz Hilfe dafür erhalte. Walter hat mir indessen für 1 Jahr noch m. 200.– zugesagt. Und, so schaffen wir es auch. Ich weiß, daß ich das Vernünftige tue. Ich löse das Unfruchtbare auf und beginne mit dem äußerlich Sinnvollen. Gewiß kann man von Außen nicht alles richtig erkennen. Und das sehe ich gewiß jedermann nach. Nur die Behörden hier könnten den Plan zufall bringen.

Betrübt bin ich, daß Du so viel Lehrgeld zahlen mußt. Jedenfalls wirst Du meinen Schrecken begreifen können. Ich war nicht vorbereitet, daß Gewitterwolken aus dem Süden kommen könnten. Monna hat heute an Walter wegen des Hofes geschrieben. Wenzel wird es erst tun, nachdem er den Besitz gesehen. Es ist ja auch unsinnig, ihn berichten zu lassen, was ich erzählt habe. Wenn meine Beschreibungen keine Lügen sind, dann ist es ungemein aussichtsreich. – Man kann das Geschehnis zwischen uns allen aber auch anders nehmen. Die Welt, die einzelnen Menschen stehen unter einem ungeheuren Druck. Der sucht sich Auswege. Es sind vielleicht nur Nervensachen, die sich materialisieren. Wie auch anderswo. Jedenfalls fühle ich mich, wenn auch stark angegriffen, fest und klar. Ich spüre, mein Kopf funktioniert noch. Ich muß nur ein Leben mir suchen, das mir soweit gemäß, soweit ruhevoll ist, daß ich auch arbeiten kann. Verlasse Dich auf mich, in Deinem Zutrauen.

Viele Küsse
Dein
Henny.

Schreib, was Du tust.

Handschrift, ein Blatt, beidseitig beschriftet

11. *Auf dem Rhein nach Bornholm*

1.8.34.

Liebe Ellinor, seit Düsseldorf habe ich wieder große Hoffnungen.[68] Hier klappte nicht nur alles, die wunderbaren Trompeten, die silbrigen Mixturen, die wunderbare Traktur überzeugten ganz. Ich glaube, die Schlacht ist gewonnen. Jetzt 7 Stunden auf dem Rhein. Das Geschäft ist vorüber, das Ver-

gnügen fängt an. Heute: Koblenz, Mainz, morgen Schwarzwald, Kloster Maulbronn, Ludwigsburg. Düsseldorf wird noch meine reine Freude werden. Dein H.
Gruß an alle, besonders an Monna.

Ansichtskarte »Blick v. Maria Ruh a. d. Loreley«, Handschrift, beidseitig beschriftet

12. *Aus Ollsen nach Bornholm*

19.4.1935

Liebe Ellinor,
zu einem Osterbrief reicht es nicht. Ich bin bei Ludwig Voß.[69] Heut früh sprach ich Olli Jäger.[70] Sie haben sich ein schönes neues Haus in Blankenese gebaut. Ich wurde etwas neidisch. Aber ich bin im Wesentlichen gefaßt. Höchst beunruhigt bin ich über die Gerüchte, die mir voraufeilen. Also alle Welt weiß, daß es mir schlecht geht, daß ich Schwierigkeiten mit der dänischen Staatspolizei habe. Und das Verhältnis Monna – Wenzel pfeifen die Spatzen von den Dächern.[71] Ich bin keineswegs empfindlich. Aber es ist mir doch ein bischen viel. Und ich [er]kläre das Gegenteil. Vielleicht wäre es angeraten, Mascha[72] nicht so ausführlich zu berichten. Monna habe ich geschrieben. Ich hoffe, daß sie soviel Haltung hat, Wenzel den Brief nicht zu zeigen.[73] Wenn sie's doch tut, kann ich natürlich daran nichts ändern. Die Novelle vom Tageblatt ist zurückgekommen.[74] Sie sei zu schlecht. Mieze[75] erklärte mir, jede Zeile spiegelte meine ungeheure Müdigkeit wieder. Man könnte zudem meinem Wesen anmerken, daß ich durch furchtbare Erlebnisse gegangen sein müsse. Ich selbst merke an mir garnichts, außer daß mein rechter Zeigefinger lahm geworden ist. Ich bin auf dem Devisenamt gewesen, bei Dr. Voß.[76] Es erweist sich, daß er die Sachen einfach hat liegen lassen. Für die Vertragsaufset-

zung hat er ca. 300.– Rm einkassiert. Und damit ist die Sache gut. Er war aber sehr freundlich. Ich habe mit ihm über den Hof gesprochen. Ein Verkauf kommt nicht infrage. Meine Verantwortung ist doch genauer umrissen als ich glaubte. Es wird gelingen, das Geld frei zu bekommen, wenn auch noch 14 Tage darüber hin gehen werden. Wenzel ist auch in Ollsen gewesen. Voß hat sich Gedanken über sein Verhalten mir gegenüber gemacht. Er hat mich und den Hof in Gegensatz gebracht. Auf der einen Seite ich, auf der anderen »wir.« Er hat sich ablehnend über meine geistige Arbeit ausgesprochen, sie als nutzlos bezeichnet. Voß hat jedenfalls unter seinen Worten den Gegensatz zwischen mir und ihm ganz deutlich empfunden. Ich stehe nun vor einer Reihe bitterer Empfindungen. Schließlich ist eine Situation für mich schwieriger als ich ahnte. Solange ich verantwortlich für die Vermögensverwaltung bin, werde ich mich durchsetzen müssen, und meine Gesichtspunkte gelten. Ich habe Monna auf einer Karte geschrieben, welche Finanzmaßnahmen zu treffen sind. Die Zukunftsaussichten sind besser, weil es so schwarz im Augenblick ist. Die Butterabgabe wird bald kommen. Die Geldangelegenheit hier wird sich auch ordnen lassen. Bleibt das schmerzliche Kapitel der persönlichen Verwicklungen. Ich frage mich, welchen Ausgang das alles haben soll. Ich fürchte, Monna wird ihr Abenteuer nicht sehr billig bekommen. Mein Brief an sie wurde geschrieben, ehe ich Kenntnis von gewissen Tatsachen hatte. Ich glaube nicht fehl zu schätzen, wenn ich annehme, daß Wenzel alles einsetzen wird, sie zu einer Ehe zu überreden. Stimmungsbilder, wie sie mir hier geschildert wurden, lassen sich leider nicht wi[e]dergeben. Zuviele karakterliche Werte, Andeutungen eines zukünftigen Hausherrn, die nicht in direkte Rede gefaßt waren.

Ich bin betrübt und wünsche Monna die Kraft zu einem Entscheid ohne Fallgruben.

Es tut mir leid, daß auch dieser Brief nicht für Wenzel geeignet ist, ihn zu lesen.
Ich würde auch geschwiegen haben von alledem, wenn ich nicht das Gefühl hätte, durch Spießruten gejagt zu sein. Ich wage garnicht, mich weiter bei Bekannten zu melden.
Ich wünsche Euch allen ein ruhiges Osterfest. Ein paar friedliche Stunden. Den Kindern ein paar Süßigkeiten.

Euer Henny

Grüße von Voß.

Handschrift, ein Blatt, beidseitig beschriftet

13. *Aus Bad Harzburg nach Bornholm*

Bad Harzburg, Herzog Juliusstraß[e] 37
2.5.35.

Liebe Ellinor,
ich mache jetzt Erkenntnisse, die mir vor 20 Jahren gedient hätten, ohne doch damit behaupten zu wollen, sie hätten mich, so früh zurhand, glücklicher oder weiser gemacht. Die Verhandlungen in Harzburg kommen nicht vorwärts.[77] Ernst [Eggers] trinkt viel, jedoch nicht übermäßig, wie er behauptet. Eine allgemeine Unordnung verschlägt der Vernunft den Atem. Anfangs warteten wir auf Briefe. D.h. auf solche geschäftlichen Inhalts, und dann auf Nachricht von Bornholm. Ich kann mir denken, daß meine Korrespondenz dort Verwirrung gestiftet hat. Aber mein Verhalten ist doch natürlicher als es aussieht. Ich bin nämlich sehr ruhig, mit dem festen Vorsatz, das Finanzielle in Deutschland zu ordnen, also sozusagen mit fertigen Plänen, abgefahren. Und dann stellte sich mir die Unordnung in den Weg. Ich muß Dir das näher beschreiben. Es ist nämlich ziemlich einfach darzustellen. Ich bekam Nachrichten und

Briefe, mit denen ich nichts anfangen konnte. Ich verstand ihren Inhalt nicht. Teils bezog sich das auf O.[tto] Wenzel, teils auf andere Menschen. Der Hirschpark war ein Kaos.[78] Eine Grube voll Leid. Alle klagten alle an. Ich muß bemerken, daß ich nicht klagte. Ich versuchte dem zu entgehen. Ich schrieb zu allem Überfluß ein paar Briefe. Aber doch nur mit dem Ziel, bestehende Tatsachen oder Absprachen zu erhärten, nicht, sie in die leere Luft des Ungenauen zu bringen. Ich reiste Hals über Kopf zu Voß, um dem Gejammer im Hirschpark zu entgehen, wo drei Unschuldige sich beschuldigten. Alter und Krankheit verschieben die Tatsachen. Was ist schließlich eine Tatsache? Anni Voß wurde auf mich eifersüchtig.[79] Sie verübelte Voß, daß er viel mit mir sprach. Es kam zu einem Streit über eine Bienenkönigin. Richtiger gesagt, man konnte sich nicht darüber verständigen, ob eine überzählige Königin durch die regierende Fürstin oder durch Arbeiterinnen umgebracht würde. Ich führte, unklug wie immer in solchen Dingen, einmal Maeterlingk[80] an und sagte dann noch, ich hätte selbst einmal Bienen besessen. Das hätte ich nicht tun sollen. Zu allem schädlichen Überfluß gab Voß meiner Auffassung recht. Man sollte in kritischen Augenblicken nicht recht haben. Anni erklärte, sie sei die Tochter eines Bienenzüchters. Und damit war der Krieg erklärt. Das heißt, es folgten zwei unangenehme Tage. Am dritten fuhr ich ab, nachdem eine allgemeine Versöhnung stattgefunden hatte. Die Harzburger hatten schon nach mir telefoniert. Die 500.– Rm. der Erbengemeinschaft bereiteten mir ebenfalls Pein. Ein Prozeß scheint unvermeidbar.
In Harzburg fand ich das vor, was Hilmar [Trede] das Unübersehbare genannt hatte.[81] Eben die Auflösung von Dingen und Beziehungen, das Schließen neuer, oder, wenn man so will, die Andeutungen davon. Es geht wie immer um Geld und um das Fleisch. Jedenfalls behauptete Ernst, daß Liebe Quatsch sei. Hier nun setzen meine Erkenntnisse ein. Oder die ehernen Tat-

sachen, wenn Du so willst. Die Menschen leben anders als ich mir vorgestellt hatte. Alle. Ich bin mit meiner eigenen Praxis einfach ein Unikum, eine verkehrte Konstruktion, etwas Veraltetes oder noch nie Dagewesenes. Die Menschen, wenn sie 20 oder 25 Jahre alt geworden sind, verstehen etwas vom Fleisch. Sie sind so reich an Erfahrungen, daß sie miteinander umgehen können. Diese Tatsache erweckt bei mir sowohl Neid als auch Bewunderung. Sie haben Wünsche und Vorstellungen. Und sie befriedigen diese in der Wirklichkeit. Schlecht und recht. Mehr schlecht und mit manchen Gebrechen im Gefolge. Aber sie bekommen eine Lebenstechnik, die geradezu bewundernswert ist. Die Hieb- und Stich-feste Erfahrung ist das vollkommenste Instrument der Verführung, das es gibt. Was sind Schönheit, Geist, Liebe, Geld, Jugend und Lebenskomfort gegen das mystische Halbdunkel, das die Kenntnis von einem halben oder ganzen Hundert Mädchenleiber vermittelt? Liebe, Sinnenlust, Jugend und Schönheit werden gemeinsam keinen Don Juan zustande bringen. Auf die Jugend kommt es garnicht an. Sie ist verdächtig. Die Schönheit ist geradezu ein widerliches Laster. Dahinter kann sich der plumpeste Betrug verbergen. Die Sinnenlust darf niemals Voraussetzung, immer nur Ergebnis sein, und die Liebe ist Quatsch. Sie ist das verborgene egoistische Prinzip, das man getrost entbehren kann, wenn die Kräfte der Selbsterhaltung sonst nur im rechten Verhältnis die Schichten der Persönlichkeit aufgebaut haben.
Die Einleitung ist lang; aber die Tatsachen sind dafür kurz. Ernst hat, man mag zu ihm stehen wie man will, man muß das eingestehen, Erfahrung. Er hat sie, wie alles andere, teuer bezahlt. Also er kam nach Harzburg. Hilmar war krank im Bett. Nach kurzer Zeit war die Ehe in Gefahr. U.[rsula][82] wollte sich zu E.[rnst] legen. Hilmar protestierte, wurde vor Eifersucht gesund. Es hätte ja nichts genützt, wenn er kränker geworden wäre. Es mußten Brücken gebaut werden. Da war zufälliger-

weise Judith mit ihrem Mann im Hause.[83] Sie ist jung[,] hübsch und offen genug, um, da hier ja keine Räuberhöhle aufgetan ist, Kräfte anzuziehen, die daran waren Verwirrung zu stiften. Jedenfalls vermochte sie als Vierte ein gemeinsames Idyll zu schaffen, das eine gewisse Vertrautheit herstellte. Es kam eben nur darauf an, daß man sich nicht entfremdete. Schließlich hat jede Entwicklung ihr kritisches Stadium. Judith reiste bald ab, ohne das Postulat der Ehrbarkeit verletzt zu haben. Und dann war, ich kann das garnicht natürlich genug sagen, jener Schimmer von gegenseitiger Achtung und Kenntnisnahme da, diese Vertrautheit mit den mutmaßlichen Gewohnheiten des anderen, die Verehrung vor der Erfahrung – Schließlich ist Urteil das, was jeder gerne auf sich zieht, wenn er glaubt bestehen zu können – daß als Deus ex machina, buchstäblich nackt, die Schwester U[rsula]'s sich an den leeren Platz begab.[84] So wurde aus der Unordnung zwar keine Ordnung. Aber das Unabsehbare brach an. Die Frage an die Ereignisse, ob sie etwas Vorläufiges oder einstweilen Endgültiges wären. Ernst begann, zwar gestillt in dem einen, beunruhigt in vielem, Rum zu trinken und Briefe zu schreiben. Zu Ostern kamen aus Hamburg Meißel und Gertrud [Trede].[85] Es müssen aufregende Tage gewesen sein. Ernst kann ohne ein gewisses Maß an sinnlichen Erlebnissen nicht leben. Ich verstehe das. Ich habe auch den einen oder anderen Wunsch. Aber es geschieht nicht, daß mir das fremde Fleisch gefügig ist. Mir ist das nicht nebensächlich genug, um Hauptsache sein zu können. Da beginnt bei mir der innere Konflikt. Also Briefe wurden gewechselt, die Ernst's Verbleiben in Hamburg infrage stellen. In diese Atmosphäre von Unentschiedenem kam ich. Alle Versuche meinerseits, Besprechungen ingang zu bringen scheiterten an dem »Unübersehbaren«. Monnas Verhältnis zu O.[tto] W.[enzel] wurde vom Standpunkt der Erfahrung aus gewehrtet. Hilmar schrie immer »Fleisch.« Und Ernst sagte: »Was willst Du.« – Wenn Du mir überhaupt glauben willst, ich verteidigte Monna. Aber ich wollte garnichts. »Liebe und Geschäft ist entweder etwas Gutes oder etwas Schlechtes,« sagte Ernst, »diesmal ist es etwas Schlechtes, weil es imgrunde nicht Monnas Geschäft ist, nicht ihr Hof, etc.« Ich möchte nicht alle Wildheiten der Gespräche hierher setzen. Es geschah alles auf dem Grunde besagter Unordnung. Inzwischen traf von Schott ein Brief ein, der nun eine Möglichkeit für die Neuordnung des Verlages eröffnete (übrigens ist alles in bester Ordnung, was die Verwaltung betrifft).[86] Und ich entschloß mich, jenen Brief zu schreiben, den Monna wohl inzwischen erhalten hat, um endlich ein Lebenszeichen zu erzwingen, sozusagen die Worte der Gegenseite.[87]

Dann kam, nach ein paar unfruchtbaren Tagen, Dein Brief. Er warf die Situation um. Ich zeigte ihn Ernst. Es schlossen sich Gespräche daran an. Ich will versuchen, davon einiges wi[e]derzugeben. – Also, O.[tto] W.[enzel] habe schon einige Erfahrung mit Frauen, meinte Ernst [Eggers], das sei das Dumme. Aber Monna erweise sich. Man kenne sie zwar wenig. Schließlich sei über den Brief noch einiges zu sagen, was nicht sie, sondern mich betreffe. Daß es keine Liebe gäbe, sei zwar so gut wie erwiesen. Aber eine Zusammengehörigkeit gebe es. Und die habe auf dem Spiele gestanden. Am meisten durch meine Schuld. Weil ich keine Erfahrung habe. Meine frühere Eifersucht auf ihn sei zwar verständlich, aber keineswegs berechtigt gewesen, denn aus Deinem Briefe spreche eine Zugehörigkeit zu mir, die nicht leicht zu verwüsten sei. Wie das mit den Schenkeln auskomme, wisse er zwar nicht. Das sei ein Problem, dürfte aber doch nicht unlösbar sein. – Er sprach so – verändert, wenn Du willst.

Ganz begeistert war man hier von Deinem Vorschlag, das Haus zu kaufen.[88] Ernst bezeichnete es als die Lösung aller Konflikte. Ich solle mich darauf beschränken, Tierdoktor, Pferdezüchter und Jaucheerforscher zu sein. Man sollte dann die Verbindung zum Institut für harmonikale Forschung suchen (ist bereits

geschehen. Hilmar hat Kayser geschrieben. Prof. Handschin ist auch dabei. Am 11. Mai sprechen beide im Berner Rundfunk, auch über mich + Verlag).[89] Also das Haus soll nach Möglichkeit gekauft werden. Der Weg ist indessen recht schwierig. Der neue Erbschaftsprozeß ist nicht danach angetan, die Behörde für mich zu gewinnen. Aber dennoch soll der Weg versucht werden. Im Übrigen fahren wir demnächst nach Göttingen, um Anleiheverhandlungen in die Wege zu leiten. Es würde dann vielleicht ein Betrag für das Haus abzuspalten sein. Wir tuen hier unser Bestes. Schnell wird es nicht gehen.
Wenzels Erklärungen Dir gegenüber haben hier allgemeines Verständnis gefunden. Verständnis auch bei mir. Aber doch nicht eine so freimütige Zustimmung. Ich möchte, falls ich es noch nicht getan haben sollte, erklären, es war und ist nicht meine Absicht, ein Idyll zu stören. Ich bin mit recht unbelastetem Gewissen, in dieser Beziehung, von dort abgefahren. Ich weiß, daß seelische Konflikte die Leistungsfähigkeit eines Menschen herabdrücken. Aber es scheint mir in seiner Erklärung ein Unterton mitzuschwingen, der mir nicht ganz angenehm ist. Ich sehe alles auf dem Hintergrund der Eindrükke, die ich hier gewonnen habe, gewiß. Und die Mißverständnisse sparen deshalb nicht damit, sich zu entwickeln. Auch meine langen Briefe werden nicht jene Klarheit schaffen, die im Augenblick, in einem bedrohlichen Zeitabschnitt, nötig wäre. Immerhin, ich versuche klarzustellen. Es ist abwegig von Monna, mich mit Schweigen zu belagern. Ich schreibe Dir, eben weil sie schweigt. Es müßte in diesem Augenblick mit Wenzel querdurch gesprochen werden. Er ist schließlich als Beistand für den Hof, nicht als Geliebter Monnas nach dort gekommen. Wenn sich vorübergehend oder dauernd etwas in die Richtung seiner Wünsche verschoben hat, das nun so und so viele Folgen hat oder gehabt hat, so bleibt doch eine Spur von Pflicht gegenüber der Sache. Und niemand, ihm am

wenigsten, ist damit gedient, wenn die Sache leidet, das heißt, wenn auf dem Hofe wesentliche Versäumnisse oder Fehler vorkommen. Schließlich ist Ordnung besser als Unordnung. Es kommt darauf an, daß bis zur Klärung gewisser Abläufe die Flinten nicht ins Korn geworfen werden.
Ich verkenne keineswegs die schwierige Situation. Ich tue alles, um sie zu erleichtern. Von hier aus kann ich leider nur sehr wenig bewirken, und meine Maßnahmen fressen Zeit. Das Wichtige des Finanziellen, soweit es geklärt ist, habe ich schon mitgeteilt. Ich habe mit manchem noch nicht voran kommen können. Ich bin bestürzt, daß ihr keinerlei Hilfe für das Haus gewonnen habt und bitte, alles zu versuchen, dem abzuhelfen.
Der Verlag hat an Laukhuff Rm. 200.– bezahlt.[90] Hoffentlich klappt es nun in diesen Tagen mit den Zinseingängen. An dem Pferdekauf halte ich trotz mancher Bedenken fest, schon aus formalen Gründen gegenüber dem Vormundschaftsamt.
Meine Hand ist jetzt lahm. Ich hoffe, mein Brief, so offen er auch ist, wird euch etwas beruhigen. Hier wäre nur noch zu sagen: die Luft, die Empfindungen sind hier anders. Der Plan, hier zu bleiben würde wirtschaftlich auf kaum zu überwindende Schwierigkeiten stoßen. Der Boden für mich ist schmaler als ich glaubte.
Demnächst mehr über Finanzen.

Grüße Monna + Wenzel.

Hoffentlich bewährt sich die neue Belegschaft

Küsse

Dein

Henny

P. S. Ich vergaß eine Schlußfolgerung. Meine Erkenntnisse sind natürlich theoretischer Art. – Leider. – Ich möchte sie ja auch nicht so teuer bezahlen. Ernst meint, jeder müßte zuvor Opfer bringen, ehe[91] er sich auf meine Seite schlage. Und, darüber

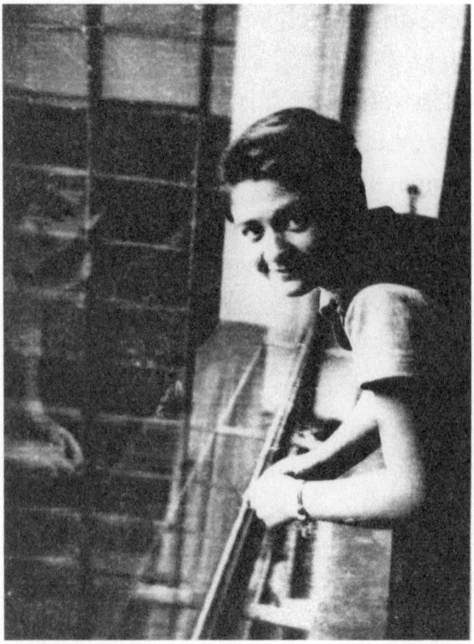

Judit Kárász in der Bauhaus-Schule in Dessau, ca. 1931

dürfe kein Zweifel bestehen, man stände zu mir. Und mein vorübergehender Krach mit Ehefrauen und wegen anderer fleischlicher Dinge sei nur halb so schlimm, wenn man nur das Primitive nicht überbewertete. Mein Posten wäre noch nicht verloren.

Handschrift, drei Blätter, beidseitig beschriftet

14. *Aus Bad Harzburg nach Bornholm*

11. Mai 1935[92]

Liebe Ellinor,
das Devisenamt hat mir gestern einen bösen Strich durch die Rechnung gemacht. – Mich nach Kiel verwiesen. Ich bin ziemlich ratlos. Jedenfalls werde ich zu handeln versuchen.

Ich war bei meinem Vater.[93] Seine Krankheit scheint mir nicht so schlimm wie den anderen. Die Herrschaft des Alters ist da. Man kann keine moralische Stellung dazu nehmen. Man beobachtet die Sym[p]tome und findet dieses Leben um noch einige Grade jämmerlicher als zuvor. Was die anderen seine geistige Verwirrung nennen, ist nichts weiter als ein Aufflakkern seiner Denkfähigkeit, ein Aufbrechen der Erinnerungsspeicher. Und dabei erweist es sich, daß seine Umgebung ihm geistig nicht gewachsen ist. Sie erschrecken vor der Fülle der Gedankenflucht. Sie können gewisse Beharrlichkeiten nicht verstehen. Er sagt, z. B. »Mein Geld auf der Bank ist verschollen. Es ist doch alles weg. Warum habe ich mich gemüht? Ich muß doch wenigstens einmal auch ein Ausnahmemensch sein. Ich habe mir ein Los gekauft. Darauf wird das große Los fallen. Die Summen müssen darauf zurückgerechnet werden. Es ist mein Geld. Wenn ich nur wüßte, was damit anfangen. Du und Ludwig,[94] ihr bekommt erst mal 20 000.– Die Regierung will, jeder soll ein Automobil haben. Ich stelle mir einen Schimmel in den Stall. Ich habe zwei Ställe.« – Das ist das, was sie Spintisieren nennen. Die Aneinanderreihung von Tatsachen, Gefühlen, Vergangenheiten. Es ist ersichtlich, er denkt unendlich viel schneller als er sprechen kann. Ein anderes Beispiel: »Sie sollen die Wale nicht mehr torpedieren. Wozu ist die Wissenschaft da? Da bauen sie Inseln im Ozean. Da sollen die Wale heran kommen. Mit elektrischen Strömen brüten sie ihnen das Fett aus. Dann können sie weiterschwimmen. Man könnte auch Schinken auf den Feldern wachsen lassen. Man muß nur hinter die Natur kommen. Ich hätte übrigens der Tante Doris das Lied von der schönen Anita nicht vorsingen sollen; aber wir hatten soviel Sekt getrunken. Das ist der Sekt, der Sekt.« Ihm fällt der Text von Gedichten und Liedern ein. Er sagt: »Das war vor 50 Jahren.« Er sagt: »Diese hier verstehen mich nicht. Sie meinen, ich wüsste nicht was ich anstelle.« Er fühlt, dass er krank

ist. Er sucht nach der Ursache. Alles in allem das schreckliche Bild des Vergehens. Er ist ruhelos. Er wandert in den Nächten umher. Für mich kommt die Frage allmählich dringlicher, was ich tun soll oder darf, um unserem Leben eine äußere Form zu geben. Ringsum sehe ich Verfall, zusammenbrechende Illusionen. Die Freundschaften gehen ein wie Pflanzen ohne Wasser. Mit Addi [Harms] bin ich häufiger zusammen gewesen. Er ist tief ins Unglück geraten. Er hat Geld genommen, daß der Erbengemeinschaft gehörte.[95] Natürlich kein gewöhnlicher Diebstahl. Eine Kette. Jemand schuldete ihm 15 000.– Einer Riesenfirma gab er eine Bankbürgschaft über 10 000.– Einen Monat später war die Firma pleite. Die Bürgschaft wurde in Anspruch genommen. Vergebliche Verhandlungen mit dem Schuldner. Addi bot die 15 000.– für 12, 10, 8, zuletzt für 3500.– aus. Und erhielt keinen Pfennig. Mußte aber 10 000.– zahlen, die er zur Verrechnung dem Gemeinschaftskonto entnahm in der Hoffnung, es auffüllen zu können. Aber es kam schlimmer. Das Jahr 1934 brachte weitere Verluste. An die 5000.–. Da gab er es auf, wollte sich erschießen, ließ die Sache sausen. Der durch ihn entstandene Schaden beträgt etwa 10–15 000.– aber die Brüder wollen, sozusagen bei guter Gelegenheit, 40–50 000.– von ihm. Der Rest ist Drohen. Die menschliche Gemeinheit feiert Triumpfe.
Ernst [Eggers] ist beim Auf- und Umbruch. Er weiß nicht was er will; aber er will das Bisherige nicht mehr. In Harzburg hat er die eine oder andere Erkenntnis gewonnen. Also das Leben ist nur einmal, und wenn man älter wird, muß man wissen, wo man gestanden hat. Er weiß nicht, wo er steht. Er hält sein Leben keineswegs für verpfuschter als das Leben anderer Leute. Im Gegenteil[96]. Aber er sieht wie eine Krankheit den Verfall, der sich auf unsere Jahrgänge senkt. Er fragt viel nach Dir. Er sieht, ohne daß wir darüber gesprochen hätten, die Dinge auf Bornholm sehr klar. Keineswegs Vorwürfe gegen Monna. Nur eben

ein verflucht ungünstiger Augenblick. Er meint, Wenzel müßte dort bleiben bis sich die Sache auseinander gelebt hat, nicht auseinander diskutiert. Schließlich läßt sich eine Lösung finden, selbst wenn die Verbindung zwischen ihm und Monna enger werden sollte. Unser Urteil ist bei euch in ein schiefes Licht gekommen. Er sieht im Wesentlichen für mich keine Hoffnungen. Nicht etwa Monnas wegen, vielmehr auf Grund all der Verfeinerungen, die sich in der gegenseitigen Beurteilung herausgebildet haben. Er möchte Monna einen ganz herzlichen, einen Liebesbrief schreiben. Es kommt natürlich nicht dazu. Ich habe die Lage des Hofes ungeschminkt geschildert. Zahlen haben hier gar kein Gewicht mehr. Der Hof muß gehalten werden. Darüber ist man sich einig. Das Wie überläßt man mir. Ernst meint, ohne den Kauf des Häuschens würde das Verhältnis zwischen Dir und mir in Trümmer gehen und damit das Ende unserer einstweiligen Erdenlaufbahn erreicht sein. Bei all den charakterlichen Spannungen ist die dauernde Verkettung mit dem Hof mehr als schädlich. Kein Zurückziehen, kein Gespräch, das nicht auf die Wände übergreift. Und dann unser Alter. Zuneigung, die in diesen Jahren auseinander gezerrt wird, hat physische Folgen. Die gegenseitige Liebe könne nicht bezweifelt werden. Aber die Lebenspraxis sei reformbedürftig. Du könntest vermuten, ich hätte mit Ernst gesprochen. Glaub es oder glaub es nicht: Er hat mit mir gesprochen. Ich habe nichts verlauten lassen. Ich hätte auch nicht gewußt, wie ich mein Verhältnis zu Dir hätte schildern sollen. Ich wäre niemals darauf zurückgekommen, daß er meine Eifersucht geweckt hat. Er erzählt jetzt davon. Von der Torheit, solche Dinge ohne innere Nötigung zu provozieren. Zu spielen, während der andere bereits sein Weltbild versetzt. Hier werden ernste Gespräche in einem beispiellos frivolen Aufputz zum Besten gegeben. Ich erkenne daran, welchen äußersten Punkt der Lebensbahn wir erreicht haben. Das Stürzende können wir nicht mehr halten.

Wir finden es geradezu zeitgemäß, eine Erholung, in einer schäbigen 2-Zimmerwohnung uns niederzulassen. Wir sind ganz ohne Komfort. Wir sind beim Ausverkauf des Geistes angelangt. Vielleicht verstehst Du hinterher meine Erregung über Wenzel, die daran entstand, daß er freimütig geäußert hatte, meine geistige Befassung sei zweck- und wertlos. Mich verletzte das in den ersten Tagen meines Hierseins. Jetzt bin ich dieses Komforts entkleidet, und die Verhandlungen können wieder beginnen. Ich konnte mich nicht dareinfinden, so gänzlich unterlegen zu sein. Ich sehe hier, alle meine Freunde sind es. Addi. Stegemann ist wie ein Nichts.[97] Man hält die Armut nicht durch. Man hält das Alleinstehen nicht durch. Keine Angriffe. Keine Verteidigung. Keine Exzesse. Kunst um der Kunst willen. Denken um des Denkens willen. Keine Wirkungen.
Der Antrag an das Institut für harmonikale Forschung brachte eine Hoffnung.[98] Ein Strohhalm. Es gibt mehrere Strohhalme. Schließlich, ich lebe ohne Aufhebens. Ich beneide niemand, außer die jungen Leute, die es verstehen, den Mädchen unter die Röcke zu greifen ohne geohrfeigt zu werden. Das habe ich nicht rechtzeitig gelernt. Ich sehe, Ernst versteht sich darauf (übertragen); diese Komödien des Fleisches kommen mir dadurch soweit ins Blickfeld, daß mein Neid sehr bescheiden wird, geradezu winzig. Ich bin also ein Mensch, der mit seinem Schicksal fast zufrieden ist. Ich höre, im Gegensatz zu früher, nur Gutes über Dich. Plötzlich erscheinst Du allen als die Frau von Format. Man kann das nicht genau ausdrücken. Man stellt fest, Du bist noch an meiner Seite. Und man findet, ich wäre sonst noch ärmer.
Der Hirschpark ist einer psychoanalytischen Untersuchung wert. Die Mama erträgt nur optimistische Berichte. Die Schrekken dieser Welt sind ihr peinlich und deshalb, ein Tuch darüber. Nein, sie will nichts davon hören, nichts vom persönlichen Schicksal der Menschen, nichts von unvorteilhaften Zusammenhängen. Sie hat ihre bescheidene Pension, und Men-

schen, die das nicht haben, sollen mit ihrem Unglück die Geschichte nicht belasten. Das erträgt man nicht. Mieze ist krank. M. E. auf eine besondere Art mit den Nerven durcheinander. Sie reagiert nicht mit Erkenntnissen, mit einer Karakterveränderung, sondern durch Krankheiten ab. Sie erreicht ihre bescheidenen Ziele durch das Mittel der Krankheit. Sie bezwingt damit das Schicksal. Die Tante scheint sich darauf zu besinnen, daß sie die Mama haßt.[99] Daß da eine unausgetragene Eifersucht besteht. – Man kann nichts dabei tun, keine Klärung herbeiführen. Sie sind alle gute Menschen. Sie wissen davon nichts.
Auffallend ist, daß alle Menschen es scheuen, zu diskutieren. Nicht etwa auf den unbequemen Wegen der Politik allein, nein, auch sie selbst, das Menschliche erscheint so fragwürdig, daß man das Für und Wider nicht gerne anlegt. Ich frage mich, in welchem Winde ich stehe, ob der Weg bergauf oder bergab geht. Ich erkenne es nicht. Manchmal Leide ich unter der Einsamkeit. Zuweilen befällt mich des nachts Alpdrücken. Aber ich ordne alles ein in den Zustand des Unabänderlichen. Und warte auf den Zufall, der mir hilft oder mich umlegt. Herzliche Grüße an alle

Dein Henny

Handschrift, zwei Blätter, beidseitig beschriftet

15. *Aus Blankenese nach Bornholm*

14. Mai 1935[100]

Liebe Ellinor,
ich habe recht viel Ärger in den letzten Tagen gehabt. Aber es läßt sich übersehen, daß wenigstens ein Teil meiner Maßnahmen Erfolg haben wird. Es kommt darauf an, daß die Konten auf Bondegaard glatt gestellt werden. Das ist sozusagen eine

Voraussetzung für den Hauskauf.[101] Es ist wünschenswert, daß der Hof daran mitarbeitet. Schließlich ist ein lohnloser Monat eingetreten. Da könnte doch einiges bezahlt werden.
Ich bin ziemlich dürftig durch euch unterrichtet. Aber ich erwarte nicht, daß ihr mir schreibt. Ihr werdet mit Arbeit überbürdet sein. Und die Sorgen werden reichlich sein. Maya[102] habe ich noch nicht gesprochen. Ich fürchte mich auch vor ihr. Schließlich hat sie einiges dazu beigetragen, mich aus dem Gleichgewicht zu bringen.
Martha W.[enzel] hat Senta ziemlich dick von Monna und Wenzel erzählt.[103] Erfolg: die fürchterlichsten Gerüchte kursieren. Einzelheiten, daß mir die Haare zuberge gegangen sind. Vielleicht läßt sich für Monna daraus lernen: nach außen etwas vorsichtiger zu sein. Ich möchte ihr das eine oder andere noch sagen. Aber wenn sie mich für vom Verfolgungswahn befallen glaubt, nimmt sie Töne war, die ich garnicht anschlage. Da wäre zu erwähnen, sie soll chemischen Mitteln nicht zusehr vertrauen. Sie bringen erfahrungsgemäß schwere Enttäuschungen.
Im Juni sind Zinsen und Steuern fällig. Ich hoffe bis dahin wirksam helfen zu können. Bitte aber, für alle Fälle, höchst vorsichtig zu disponieren. Leider kann ich noch keine Resultate melden. Für die Kinder lege ich eine Postkarte von Aurland bei.[104] Sie wird auch euch interessieren.
So wie die Dinge liegen, halte ich es für gut, den Sommer über keinen Kinderbesuch zu haben. Jedenfalls mit Senta möchte ich nicht verhandeln. Vielleicht wird Ernst kommen. Er wird in der Groß-Heidestraße ziemlich schäbig behandelt.[105] Ich bin angefangen, am Perrudja zu schreiben.[106] Noch nicht die endgültige Form. Aber ich gehe doch schon recht gründlich ans Werk. Ich lese das eine und andere und komme allmählich dahinter, warum dieser Erdball noch nicht an Überbevölkerung zugrunde gegangen ist. Einzelne Melanesische Rassen <u>wollen</u> aussterben, seitdem sie Europäer kennengelernt haben. Sie

sprechen es aus und handeln danach. Die primitiven Frauen dieser Erde bringen das schwere Opfer, Schwangerschaften zu unterbrechen. Es ist wahrhaftig nichts Leichtes. Zwillinge werden im Norden und Süden getötet. Medizinen, mechanische Eingriffe, teils der unglaublichsten Art. Die schönen Frauen von Bali gestatten sich im allgemeinen nur zwei Kinder. Die Konkubinen der Fürsten bekommen, sobald die Regel ausbleibt von ihm ein »mixtum quid« von schwarzer Farbe. Die Herero-, Hottentotten- und Buschweiber lassen sich von einem Freunde oder Freundin mit dem Fuß vor den Bauch treten. Hierzu schnürt man den Leib oberhalb der Gebärmutter mit einem Strick möglichst fest zusammen. Schlimmer sind die Methoden bei gewissen Indianerstämmen. Die Frauen lassen sich ein Brett über den Bauch legen, auf das zwei Menschen treten. Die Eskimofrauen führen sogar empfindliche Operationen an sich aus. – Das Idyll, an das wir immer glauben wollen, gibt es nirgends. Wir treten mit Forderungen auf, aber wir schauen uns nicht weit genug um. Das Fleisch ist etwas Brüchiges. Wir können ohne den Geist nicht ins Dunkle vorstoßen. Die europäischen Völker und die asiatischen haben die Erde eng gemacht, weil der Glaube sie daran gehindert hat, das Protoplasma richtig zu verstehen. Sie mußten das Schießpulver erfinden. Und werden mehr erfinden. – Draußen geht ein Regen, meine Melancholie ist beträchtlich. Friedel Thoms geht es, den Verhältnissen entsprechend, sehr gut.[107] Ihr Sohn ist in Holland, der Mann nach wie vor arbeitslos. Vielleicht fahre ich noch wieder nach Harzburg. Wenzel werde ich antworten, sobald ich hier klar sehe. Die Methode der Böllerschüsse hilft uns ja nicht weiter.
Miezes Krankheit ist im Abnehmen. Nun ist aber eine Wurzelhautentzündung gekommen, die seit Tagen die schlimmsten Formen hat. Ich stehe mit einer Mischung von Mitleid und Entsetzen davor. Überall scheint es mir eingehämmert zu werden: Wir vierzigjährigen haben keine Zukunft mehr, wenn wir

Ellinor Jahnn,
um 1935

Hans Henny Jahnn
in Bad Harzburg,
um 1935
(Foto: Judit Kárász)

uns nicht bis zum letzten Blutstropfen für das nackte Dasein schlagen. Herzlich, viele Küsse Dein H.

Handschrift, ein Blatt, beidseitig beschriftet

16. *Aus Basel nach Bornholm*

Basel, 12.10.1937.

Liebe Ellinor, liebe Monna,
ich fasse den Brief an euch beide zusammen. Weil ich sonst das Mass an Briefen nicht erledigt bekomme. Seit meinem Hiersein ist nichts geschehen, was mir irgendwelche Hoffnungen auf Erfolg geben könnte. Mit Albatross bin ich keinen Schritt voran gekommen.[108] Mr. Reece ist nicht in Paris.[109] Das Holzschiff liegt irgendwo auf einem Büro; ob es jemand sich vor die Augen nimmt, weiss ich nicht. Der Brief von Helwig, den ihr sicherlich gelesen habt, ist das Positivste in der Angelegenheit.[110] Die Verhandlungen mit dem Theater sind nicht einen Schritt voran gekommen.[111] Und keine Aussicht, dass mit einem schweizer Verlag irgend etwas zum Ziel gebracht werden kann. Ich will auch nicht in diesen Sumpf von Faulheit und Gesinnungslosigkeit hinein. Die Schweiz ist einfach ein verpestetes Loch. Walter [Muschg] ist recht unentschlossen, etwas für mich zu tun. Er kämpft mit den Minderwertigkeitskomplexen, die seine Jugend ihm eingeimpft hat. Das Amt, das er hat, treibt ihn mehr und mehr in die Enge eines nicht ganz geläuterten Karakters. Zu allem Überfluss ist es zu einer Differenz zwischen ihm und Elli gekommen. Elli steht auf dem Standpunkt, dass sie arriviert seien.[112] Jedenfalls ist ihr äusseres Dasein gesichert. Darum hätten sie die Pflicht, mir zu helfen. Nicht mit Trost, sondern mit Tat. Sie wollte mir eine grössere Summe aushändigen, damit die Misserfolge wettgemacht

Hans Henny Jahnn und Sibylle Harms auf Bornholm

würden, jedenfalls im Materiellen. Walter aber wollte sich eine Orgel kaufen. Nun liegt es aber so: sein Gehalt als Professor reicht nicht für die Haushaltung. Das Leben in der Schweiz ist unvorstellbar teuer. Das grosse Haus verschlingt einen rechten Betrag, und Elli muss deshalb, wie auch in der Vergangenheit, von ihrem Kapital zuschiessen. Also auch die Orgel müsste aus der Kasse bezahlt werden, die sie verwaltet. Und sie hält, wie gesagt, an ihrem Standpunkt fest, er an dem seinen. So ha-

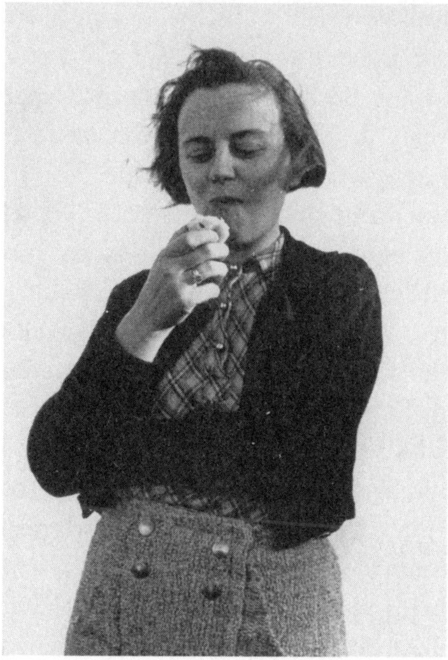

Sibylle Harms auf
Bondegaard, um 1935
(Foto: Judit Kárász)

ben sie sich offenbar gezankt und seit Tagen kaum miteinander gesprochen. Höchst ungemütlich für mich. Mir fiel nur der eine Trost zu, dass ich von den Ursachen nichts wusste – – bis gestern. Da hat Elli es mir erzählt. Heute ist sie nach Strassburg gefahren, angeblich, damit Walter zur Besinnung kommt; jedenfalls will sie nicht nachgeben. Wahrscheinlich gibt es noch andere Differenzen zwischen ihnen, die für mich unsichtbar bleiben. So starb in diesen Tagen der grosse schw[a]rze Schäferhund. Elli hat ihn sehr geliebt. Sie hat geweint. Sie sagte, man könne sie bestehlen, aber das Lebendige solle man ihr nicht nehmen. Walter erzählte zwischendurch, dass der Hund die Blumen umgrabe. Schattierungen. Sie scheint auch innerlich freier, entschlossener zu werden. Sie erzählt, sie möchte oft ins Theater, ins Varietee; er wird enger, fast ständig lehnt er ab. Ich habe ihr vor ein paar Tagen eine Flasche Parfum geschenkt,

weil sie es sich wünschte. Es ging ein peinliches Gespräch vorauf. In Bern wollte ich Walter überreden, ihr einen Flakon zu kaufen. Er schob es mit einigen zwanzig Gründen ab. Am gleichen Abend sprach Elli davon, dass sie sich so gern einmal Parfüm schenken lassen möchte. Also ich entschloss mich. Sie war s[e]hr glücklich. Seitdem ist Walter gegen mich verändert. Ich bitte euch, erwähnt nichts von diesem, wenn ihr schreibt. Aber schreibt einmal. Sendet das Hufeisen. Sendet ein paar Fotos. Man glaubt sonst, jedenfalls Walter glaubt, man verachte ihn. Kürzlich sagte er rund heraus, er fühle, ich würde ihn bald nicht mehr anschauen. Höchst ungemütlich. Ich sehe immer wieder, niemand kann sich häuten. Alle sind unglücklich auf ihre Weise. Ich möchte fort von hier, sobald wie möglich. Doch langsam nur schieben sich die Ereignisse vorwärts. Schliesslich muss ich vom Theater ein klares Nein oder Ja in Händen habe[n], ehe ich abreisen kann. Doch bin ich entschlossen, über diese Woche hinaus nicht auszuharren. Nun fürchte ich natürlich Auseinandersetzungen, die mich um so mehr bedrängen würden, weil ich sehr klar auf der Seite Ellis stehe. Nicht etwa wegen meines Vorteils. Daran denke ich nicht. Wenn ich von den Anlässen absehe, bleibt: ich bin Walter fremd, unübersichtlich ungeordnet, voller Fallgruben. Er erkennt die Bewegungen, die von mir ausgehen, nicht aber das Wesen der Kräfte. Und er misstraut ihnen aus einem schweizerischen Instinkt heraus. Es gibt Untergründe in ihm, in deren Bereich er alles Deutsche blind hasst. Und ich bin ein Deutscher. Er spürt, ich verachte die schweizer Freiheit, die nur ein Dünkel ist, keine Wirklichkeit. So stehen die Dinge, mehr oder minder richtig gesehen. Also gedenkt, dass ich hier Freundschaftspflichten habe, die mit einem gewissen Mass an Konvention verquickt werden müssen. Das fordern die echten Schweizer.
Meinen Brief an Krahmann, den Vater, lege ich als Abschrift bei.[113] Daraus ergeben sich die Summen, die noch zu zahlen

sind. Weissenfels[114] hat versucht, darüber hinaus seinen Freund zu Leistungen zu bewegen; aber ich glaube mit schlechtem Erfolg. An Friedel [Thoms] schreibe ich morgen oder Übermorgen. Weissenfels wird weiter für ihn sorgen. Er soll zu einem Arzt. Ich werde aber nochmals vorschlagen, dass der Schulbesuch ins Auge gefasst wird. – – – Frobenius habe ich gemahnt. Mein Reisegeld wird auf alle Fälle, so oder so in die Kasse zurückfliessen. Meine Zähne sind gestern aus der Behandlung entlassen worden. Die Zeitungsnotiz, Gregersens Pläne betreffend, lag nicht im Brief.[115] Dafür eine Postkarte, die Walcker und ich Ellinor geschickt hatten.
Frobenius hat die Mensuren erhalten. Einen Brief von Charli [Müller-Touraine] hast Du mir nicht geschickt, Ellinor.[116] Bitte sendet, keine Post mehr nach hierher. Meine Abreise erfolgt spätestens in einer Woche. Über Monna und Wenzel möchte ich nur mündlich sprechen. Hoffentlich verabreden oder tun sie nichts Unüberlegtes, Voreiliges oder Unwiderrufliches. Schliesslich alle Verhältnisse schwanken. Über die Schulfrage der Kinder müssen wir mündlich sprechen. Nur, so weit wie möglich, dämmt die Verwilderung ein. Bitte lasst sie ein paar Bilder malen und an Muschgs senden. Sind die Kaninchen schon da? Rass, da musst Du versuchen, mit ihm auszukommen.[117] Es tut mir sehr leid, dass er auf Kücken scharf ist. Anbinden als Strafe?
Von mir ist nichts zu berichten. Ich warte. Ein schauriger Zustand.
Heimatgefühle? Ja, ich sehne mich nach Bornholm. An all den anderen Orten war es nur wie ein Durchgang. Das Hôtelzimmer in Hannover + in Zürich war mir mehr Heimat als die Stuben meiner Freunde. Ich war weniger eingeengt.

Viele Küsse, auch für die Kinder

Euer Henny[118]

Typoskript und Handschrift, ein Blatt, beidseitig beschriftet

17. *Aus Kopenhagen-Lyngby nach Bornholm*

14.6.1938.[119]

Liebe Ellinor,
die Paßangelegenheit ist bis jetzt keinen Schritt weiter gekommen.[120] Die dänische Polizei hält still, d.h. sie leitet den Stillstand den resp. Abteilungen zu, und jetzt hat die Ortspolizei bei Frobenius wegen meines Gastaufenthaltes angerufen. – – Am Freitag hatte ich endlich so viel Kräfte beisammen, daß ich aktiv wurde. Ich suchte Anker-Larsen[121] auf, traf aber nur seine Frau, eine angenehme Person, kleine Schauspielerin ohne Engagement,[122] weil das Dagmar-Theater erloschen ist. Endlich am Montag konnte ich A.-L. sprechen. Er ist nach wie vor für das Stück, kennt aber den neuen Chef noch nicht, drückte vorsichtig aus, daß der so gut wie nichts vom Theater verstehe. Indessen, es sei eine Chance, sobald der neue Mann zugetreten (1. September), falls man die Presse organisiert und Roose[123] ins Einvernehmen setzt. – Das Ganze eine ferne Hoffnung ohne Gewicht. Natürlich werde ich das Äußerste versuchen. Leider ist A.-L. kein Mann, der den Kampf sucht oder seine Überzeugungen auch nur verteidigt.
Im Schatten dieses Scheinerfolges habe ich dann Frobenius überredet, daß wir wegen der Radio-Orgel mit Raasted zusammen kommen sollten.[124] Diesen Vorschlag habe ich nicht zu bereuen. Einmal konnte ich in der Sache selbst meine diplomatischen Fähigkeiten gut entfalten. Mehr war nicht zu erreichen, als daß Raasted einen überzeugenden Eindruck von meinen Konstruktionen erhielt. Aber jenseits dieses persönlichen Erfolges steht die Sache selbst für Frobenius ziemlich schlecht. Die Konzerthaus-Orgel in Göteborg gibt Markussen ein so bedeutendes Pluss, daß die Laienstimmen im Radiorat sicherlich für ihn sich entscheiden werden.[125] Übrigens hatte ich ein langes Gespräch mit Fr.[obenius] über die damaligen Ereignis-

se. Und dabei kam mir selbst die ganze Unheilstimmung noch einmal zum Bewusstsein. Es läßt sich ja garnicht leugnen, daß damals die entscheidende Wendung zum Schlechten für mich offenbar wurde. – Aber auch anders hatte mein Gespräch mit Raasted eine Bedeutung. Er hatte in Kiel einen S.-A. Mann gesprochen, der ihm anvertraute, das dritte Reich sei mit H. H. J. fertig und wünsche nichts mehr mit diesem Mann zu tun zu haben. Raasted fragte ziemlich schlicht, ob ich mich nicht fürchtete zu fahren, nachdem ich auf die Ehrenliste der deutschen Künstler gekommen. Immerhin hat mir die Mitteilung zu denken gegeben, und ich will jetzt auf alle Fälle abwarten, was in Deiner Paßangelegenheit sich vollzieht. Übrigens liegt mein Paß jetzt bei der Polizei – ohne Auffenthaltserlaubnis – gleichsam als Haftung für die Entwicklung Deiner Angelegenheit. Die dänische Polizei scheint nicht an die Ausstellung eines neuen Passes zu glauben; aber was bedeuten schon Vermutungen. Natürlich ist das Ganze mir äußerst unangenehm. Dank Signe für ihren Brief. Wie hat Monna es? Und was hat sich ereignet? Ist Io[126] am 8. oder 9. zum Hengst gekommen? Wieder einen Tag Kopfschmerzen. Ich kann mir nicht verhehlen, daß ich ziemlich unrichtig am Platz bin. Aber es muß gehen wie es geht. Und hoffentlich geschieht nichts, was unsere Reisepläne gefährdet. Viele Grüße an Monna.

Es küßt Dich Dein Henny

Handschrift, ein Blatt, beidseitig beschriftet

18. *Aus Kopenhagen-Lyngby nach Bornholm*

Lyngby, 11. 7. 38.

Liebe Ellinor, heut früh kam Dein Brief vom 9. 7.[127] Dank. Ich bitte Dich, nimm nicht so viel Betäubungsmittel. Sie bringen

Dich ganz herunter und verschlimmern die Rheumaerkrankung nur. Mir ist eigentlich unverständlich, warum Dir die Säurepastillen Übelkeit bereiten.
Auch ich habe seit zwei Tagen einen Druck vorm Magen. Wahrscheinlich die Wirkung mitgenommener Nerven. Ich fürchte aber bei Dir Schlimmeres, daß Du keinen Widerstand mehr gegen die Unbill des Daseins leistest. Das darf nicht sein, denn dann verbauen sich alle Wege aus der Wirrnis. – Daß Otto [Wenzel] auf Besuch da war – ich hätte es mir denken können. Mir wäre lieber gewesen, die Nachricht wäre von Monna gekommen; aber wahrscheinlich bin ich der Unkluge, der eine Auffassung von den Ereignissen hat. – Lejlas Bedeckung hätte ich genau so entschieden.[128] – Was ich mit dem Halstuch aufstellen soll, weiß ich nicht recht. Ich kann versuchen, es zu tauschen. – Du solltest Dir Mühe geben, viel draußen zu sein. – Zwar, das Wetter ist nicht sehr einladend. – Meine Eile, den Hof zu erweitern: ich weiß selbst nicht recht, was ich soll und will. Natürlich eilt es, dass ich etwas unternehme; aber gleichzeitig bin ich gehemmt. Die Tage physischen Unvermögens liegen für mich so dicht, daß ich meinen Mut nicht aufrecht erhalten kann. Und ich gestehe offen, daß Dein Zustand mich außerordentlich niederdrückt. Wenn Du so willst, zwei Frauen, jede auf ihre Weise, beklagen eine aussichtslose Zukunft. Und ich kann nur erklären, es ist falsch und unrecht, es ist anders, und es gibt Möglichkeiten, man muß nur nicht den Willen zur Hoffnungslosigkeit haben. Ich kann nicht leugnen, daß ich selbst sehr schwierig stehe. Meine Taktik des Abwartens trägt nur langsam Früchte; aber ich kann kein anderes Vorgehen wählen, weil mir jede Reserve zum Kampf fehlt. Breite Zeiten sind für mich mit Nichtkönnen ausgefüllt. Das Nichtwollen ist mir bis jetzt noch ziemlich unbekannt. Mein Aufenthalt bei Fr.[obenius] ist trotz allem auch lehrreich. Ich sehe das kleinbürgerliche und großbürgerliche Glück aus nächster Nähe und

trage nicht eine Spur von Verlangen danach. Ich ziehe mein Elend vor. Ich kann mich nicht mehr darüber täuschen, daß ich sehr krank bin. Meine Hinfälligkeit wird mir bewußt, seitdem meine Kopfschmerzen weniger draufgängerisch sind. – Daß Jakobsens Boden recht schlecht ist, weiß ich.[129] Das würde mich nicht hindern zu kaufen; aber der Preis ist viel zu hoch. Vielleicht, wenn es überhaupt zu irgend einer Maßnahme kommen sollte, versuche ich etwas anderes und kaufe einen Acker bei J. – Meines Wissens habe ich alles Sachliche erledigt, so gut ich es schaffen konnte. Ich bin rückwirkend mit dem 24.II.37. nach Dänemark abgemeldet, und Mama + Tante können kaum noch viel Ungemach deswegen haben. Natürlich ist damit auch Militär und Luftschutz erledigt. Ich war heute auf der Gesandtschaft. Ungemein freundlich. Dein Paß ist noch nicht da. Aber man hat mich sogleich unter die Fittiche genommen als Auslandsdeutschen. Beiliegenden Fragebogen mußt Du auch ausfüllen und an den deutschen Konsul Herrn Hintze in Rønne senden. Auch Monna ist verpflichtet, einen solchen Schein auszufüllen, weil sonst die Gefahr besteht, daß sie ausgebürgert wird. – Ich bin über diese Wendung im Grunde froh, zumal die Ordnung erzwungen ist. – Ich habe den Gesundheitszustand Deiner Mutter ins Feld geführt, glaube aber nicht, daß das irgend welchen Eindruck machen wird.[130] Im Übrigen glaube ich, die Wartezeit ist aus sich selbst bald herum. – Scheck an Jäger + Tante abgegangen. – Die Gesandtschaft in Kopenhagen hat meine hiesige Anschrift + Telefon. Ich weiß also garnicht, warum die Polizei Nachfrage gehalten hat. Mein Auffenthalt hier geht nun bald zuende. Die Familie reist fort; dann muß ich verschwinden. Ich hoffe, Dein Paß ist bis dahin gekommen, sonst muß ich nach Bornholm zurück, denn hier gibt es für mich keine Möglichkeit.

Ich verstehe Deine Sehnsucht, von dort wegzukommen. Du weißt natürlich nicht mehr, wie schlimm es anderswo ist.[131] –

Ich denke oft an Signe. Kannst Du nicht irgend eine Zuversicht an ihr bekommen?[132] – Miramon kann nach 6 Wochen schon wirksam sein.[133] Daß es bei Harnsäure wohltuend wirkt, bezweifle ich. Höchstens, daß es den Allgemeinzustand aufbessert. – Die Zuteilung der Schweinekarten hat natürlich mein großes Interesse. – Ich sende Tantes letzte Karte. Die Nachricht über Mieze beunruhigt mich. Aber gleichzeitig fühle ich mich außerstande, irgend welche Maßnahmen zu denken oder zu ergreifen. Das Einzige: Ich halte eine Besserung unserer ökonomischen Verhältnisse für möglich. Die Einnahmen aus dem Orgelbau werden steigen, und, nachdem ich Auslandsdeutscher geworden bin, kann ich aufs Neue »Reichskulturkammer« und »Verleger« bearbeiten. Ich habe den Eindruck, die Polizei wollte mich auf den richtigen Weg bringen. – Nur an meinen Kräften verzweifle ich. Mein Herzmuskel ist einfach erlahmt. – Krahmann hat sich hier noch nicht gemeldet. Von Judit habe ich keinerlei Nachricht. An Charli habe ich noch nicht geschrieben. Neue Nachrichten sonst gibt es nicht. Politische Verfinsterungen ziehen wieder herauf. Es ist sehr schwer, zu prophezeien. Deutschland hat sich vom Maischrecken erholt und hofft, das čechische Abenteuer neu beginnen zu können. Mussolini scheint an die Leiche Spaniens angeschmiedet zu sein.
Den Ausschlag für die Entwicklung geben die Tatsachen: Wie weit ist die Rüstung Englands fortgeschritten. – Ich habe nie daran geglaubt, daß ein europäischer Krieg vermeidbar sei. Aber der Zeitpunkt bestimmt sich nach eisernen Fakten, die jedenfalls uns vollkommen verborgen liegen. Im Mai erschien es so, als ob England stark genug sei, seinen Willen durchzusetzen. – Aber damals hatte Japan auch seine entscheidenden Siege in China nicht. Seitdem ist Rußland stark in die Defensive gedrängt, und man weiß nicht recht, wie weit es sich in Europa entfalten kann. – Jedenfalls, harte Wochen stehen bevor;

Ellinor Jahnn mit Signe auf Bornholm, 1937

Ellinor Jahnn mit Signe und Eduard Harms auf Bondegaard, 1935

ich selbst glaube nach wie vor an die Bewahrung des Friedens in diesem Jahre. –
Grüße die Kinder, Monna, die Tiere.

Es küßt Dich Dein
Henny

Handschrift, sieben Blätter, einseitig beschriftet

19. *Aus Kopenhagen nach Bornholm*

23.10.1938[134]

Liebe Ellinor, hier in Kopenhagen spürt man stärker als auf dem Lande, daß die Luft unbekömmlich geworden ist. Die Erstarrung des Geistes ist nicht mehr wegzuleugnen. Gestern war ich auf den Herbstkunstausstellungen. Einen so tiefen Querschnitt habe ich noch niemals gesehen, auch in Dänemark nicht. Leer, ohne Einfälle, ohne technisches Können. Armut das Ganze. Ich hatte übrigens entsetzliche Kopfschmerzen – trotz Dampfbad. Heute nun soll einiges vor sich gehen. Ich habe keine großen Hoffnungen, daß ich etwas erreiche oder gewinne. Aber in der Stadt wird es einem klar, es muß etwas verändert werden.
Die Zeitungen sind wie gelä[h]mt. Die Kunst ist verschwunden. Die Menschheit ist von einer Flut überspült. Und Dänemark ist ein toter Eierkuchen. Man kann in diesem Land auf dem Lande leben, nicht in der Stadt. Am ersten Tage weiß man es noch. Brecht hat 5 Menschen überfahren.[135] In Rußland scheint alles drüber und drunter zu gehen. China ist vollkommen besiegt. Und die zivile Ordnung der europäischen Staaten ermöglicht, daß die Bürger das Chaos ertragen und furchtlos für das Nichts weiterarbeiten. Ich erkenne, daß meine Stellung am Ran-

de der Existenz ist. Aber ich weiß auch, für mich ist kein anderer Platz frei. Ich hatte mich gefreut, aus den unklaren Verhältnissen Bornholms auf »Ferien« zu fahren. Schon am ersten Tage ist Bornholm ein Paradies in der Erinnerung. – – Ich will, damit Du Nachricht hast, diesen Brief ohne Inhalt gleich absenden. Morgen berichte ich von den Ereignissen. Ich wohne hier im »Kongen af Danmark«, Holmens-Kanal. Wie lange? Das weiß ich nicht. Es ist Montag Morgen. Herzliche Grüße auch an Doris [Héron]

Dein Henny.

Handschrift, ein Blatt, beidseitig beschriftet

20. *Aus Kopenhagen-Lyngby nach Bornholm*

26. 4. 41.[136]

Liebe Ellinor,
vielen Dank für Deine Karte.[137] – Meine Reise ist jetzt ganz ins Ungewisse gekommen. Noch hat die Gesandtschaft keinerlei Anweisung aus Berlin. Gestern hat man auf meine Kosten ein Telegramm geschickt. Von Benndorf habe ich einen aufmunternden Brief erhalten.[138] Irgendwie bereitet seine freundliche und anerkennende Art mir einen Trost.
In mir ist es sonst ziemlich finster. Offenbar stecke ich in einer lang andauernden Krise. Ich kann mich von negativen und zerstörenden Gedanken nicht frei machen. Das Vergebliche scheint mir aus allen Ecken entgegen zu kommen. Ich kann mich hier zu keiner Arbeit sammeln, die Gedanken sind wie auf der Flucht. Meine Ermüdung ist beispiellos. Ich habe nur den Wunsch, alles hinzuwerfen. – Ich weiß, daß ich solche Zustände bekämpfen muß. Ich trinke noch immer viel Thee, hin und wieder auch Wein. – Meinen ersten Kopfschmerzanfall hatte ich gestern.
Ich habe mir das Programm für die Reise klar gemacht. Ich

muß finanzielle Erfolge mitbringen, und wir müssen es einmal ein wenig gut haben.[139] Etwas Erholung, Ausspannen, nicht diese finanziellen Bedrückungen, innere Freiheit und gegenseitiges Verstehen. – Ich bin ganz zufrieden, daß Lotte eine Zeit lang bei Sonnes ist.[140] Knud [Sonne] soll nur darauf achten, ob sie wieder rossig ist. Ich hänge sehr an ihr. Mich freut, daß Rass wieder auf dem Wege der Besserung ist. Mein dänisches Visum wird am Montag verlängert werden. – Noch weiß ich also nicht, ob ich überhaupt reisen kann. Pihl hält die Verzögerung für normal; er meint, es sei ein gutes Zeichen.[141] – Leider verbrauche ich sündhaft viel Geld. Ich habe Benndorf geschrieben, er müsse sofort ein paar hundert Kronen nach Bornholm senden. Heut lege ich Kr. 50.– bei. Am Mittwoch oder Donnerstag kann ich eine entsprechende Summe auf die Bank überweisen, sodaß Du keinerlei Unannehmlichkeiten haben wirst.
Von Grønbech muß die Saat besorgt werden, der Kunstdünger und 1000 kg Kalk. Es ist alles bestellt. Du mußt Dich aber wohl auch mit Knud besprechen. – Wie geht es Signe?
Mit einer Art Verbissenheit halte ich daran fest, daß wir es noch einmal etwas besser haben müssen. Ich weiß, es hängt von meinem Arbeitswillen und meiner Arbeitskraft ab. Ich versuche mir einzureden, ich sei auf einer Vergnügungsreise. Ich wünsche nur, daß es Dir ein wenig gut ergeht.

Herzlich Dein Henny

P. S.
Vielen Dank für die Strümpfe und den Schlafanzug. Ich habe die Strümpfe an den Füßen und den Anzug eingepackt, sodaß ich fast vergaß, das Eintreffen der Sachen zu bestätigen.

Hab's gut!
Dein Henny

Handschrift, ein Blatt, beidseitig beschriftet

21. *Aus Kopenhagen-Lyngby nach Bornholm*

København, 6.10.1944.

Liebe Ellinor, liebe Judit,
das Schiff hatte 18 Stunden Verspätung wegen Minengefahr! Eine recht anstrengende Reise – trotz herrlichen Wetters. Heute früh, gleich nachdem ich Kaffee getrunken hatte, empfing mich Prof. Rybner.[142]
Ein sehr netter, bescheidener Mann. Wir haben nicht viel gesprochen. Ingenieur Ingerslev[143] war zugegen. Die Sache ist in Ordnung – von Seiten des Laboratoriums. D[ie] Hinwendung war von Paludan-Müller[144] gekommen. Ich glaube, ich muß ihn einmal aufsuchen. Es ist also damit zu rechnen, daß das Geld im Laufe einer Woche kommt.

Herzlich Euer Henny

Postkarte, Handschrift, beidseitig beschriftet

22. *Aus Hamburg nach Bornholm*

z.Zt. (24) Hamburg, Winterhuder Fährhaus, Hudtwalkerstrasse[145]
Deutschland, Britische Zone, German,

An Frau Ellinor Jahnn, Bondegard – Granly p. Tejn, Bornholm/ Dänemark.

Kopie an: Frau Judith Touraine-Helving, Virum p. Lyngby, Virum Torv 2 II. c/o Nielsen / Dänemark.[146]

6. Dezember 1946.

Liebe Ellinor, liebe Signe!

Seit gestern bin ich von meiner Deutschlandreise[147] zurück[.] Es wäre zwecklos, wollte ich alle Eindrücke in einem kurzen Brief zusammenfassen. Ich werde davon später erzählen und heute nur einige Episoden herausgreifen.

In Heilbrunn traf ich die Familie in einigermassen wohlgenährtem Zustande, weil Monna 2 Pakete geschickt hatte und auch aus Amerika 1 Paket angekommen war.[148] Das unsrige lag bereits auf der Post in München. Der Zustand der Mama ist allerdings erschreckend[.] Sie hat mich nicht erkannt, redete mich mit »Sie« an und sprach stereotype Höflichkeitswendungen mit mir. Miezes Gesundheitszustand ist alles in allem unverändert, und die Tante neigt zur Ansicht, dass es sich ziemlich ausschließlich um hysterische Erscheinungen handelt. Die Tante selbst ist recht unverändert, sehr rüstig, einzig, dass sich ihr Rücken etwas gebeugt hat. Das Haus, in dem sie wohnen, ist alles in allem recht schön; der Ort Heilbrunn liegt sehr anmutig, aber ich fürchte, das Klima ist etwas hart und im Sommer auch wohl feucht. Ich soll selbstverständlich vielmals grüssen und die Freude über mein Erscheinen war bei der Tante und bei Mieze sehr gross.

Das alles überschattende Ereignis war meine Begegnung mit Jann Yngve Trede.[149] Am 17. Dezember wird er 13 Jahre alt werden, eine kritische Alterszahl. Er komponiert nicht nur, er komponiert weit besser als Mozart mit seinem 15. Lebensjahr. Freilich sind seine Gedanken polyphon. Er hat eine Anzahl Fugen geschrieben, darunter eine Tripelfuge, die Mozart kaum vor seinem Tode zustande gebracht haben würde. Einen lebenden Lehrmeister hat er nicht, unter den Toten ist es Joh. Sebastian Bach, und man merkt natürlich, dass dies Kind dem grossen Meister alle Schliche der Fugenkomposition abgelesen hat. Eine Unterhaltung mit Yngve über Kompositionstechnik ist ausserordentlich spannend, und die Klarheit seiner Antworten könnte jeden Musikwissenschaftler beschämen. Als Komponist ist also Yngve ein Wunderkind. Eines kann er noch nicht, alle Tiefen der Harmonie in langsamen Sätzen entfalten. Dazu fehlen ihm, ich möchte es so sagen, männliche Empfindungen. Er ist noch völlig ein Kind, und ich muss gestehen, dass ich mich nicht entsinne, jemals ähnliche Empfindungen der Beglückung und Angst gehabt zu haben als in jenem Augenblick, wo ein kleiner Junge die Treppe herunter mir entgegen kam, sich an mich schmiegte, mich umarmte und küsste und ich nicht wusste, ist er es, oder ist es ein jüngerer Bruder von ihm. Er ist kleiner als seinem Alter entsprechen sollte. Er hat eine sehr hohe bleiche Stirn, unter deren Haut die Adern hervorschimmern. Es hat mein Selbstbewusstsein gestärkt, dass er mir buchstäblich entgegengeflogen ist. Er hat mir fast alle seine Kompositionen des letzten Jahres vorgespielt und fast alles hat einen hohen Rang. Die grösste Freude hat es mir bereitet, in seinen langsamen Sätzen, z. B. einer Sarabande die Andeutungen seiner zukünftigen harmonischen Auffassung zu erkennen. Das Charakteristische ist ein plötzlicher, polyphon bedingter Übergang von moll nach dur, der sich immer wiederholt und für mich deshalb so verheissungsvoll ist, weil es ja nur sehr wenige Komponisten gibt, die das Verhängnis schauerlicher Empfindungen so ausdeuten können. Ich möchte wiederholen, dass die kompositorische Leistung Yngves geradezu ungeheuerlich ist. Dabei verkenne ich nicht, dass die Formen entlehnt sind. Aber die Themen sind bereits Original. Als Spieler ist Yngve kein Wunderkind, selbst wenn er sehr gut Klavier spielt. Hilmar hat den Wunsch, ihn bis zum Frühjahr so weit zu bringen, dass er öffentlich Konzerte geben kann. Ich protestiere dagegen auf das Entschiedenste. Bisher ist folgendes geschehen: Ich habe für den Ugrino-Verlag alle Kompositionen dieses Jahres erworben und auch schon Vorschuss für die erste Auflage bezahlt. Wir haben einen Vertrag bis zu seinem 21. Lebensjahr abgeschlossen. Dr. Walcker baut für ihn bis zum Frühjahr ein Positiv und Ludwig Voss' zweimanualiges Cembalo wird in diesen Tagen nach Hinterzarten auf den Weg gebracht. Der Hamburger und Stuttgarter Rundfunk werden sehr bald Kompositionen senden. Nun bestehen freilich zwei sehr grosse Gefahren. Erstens: die Familie, und damit Yngve, hungert. Ich werde in diesen Tagen mit Senator Neumann[150] sprechen um zu organisieren, dass das Schwedische Rote Kreuz monatlich ein grosses Paket auf den Weg bringt. Monnas Hilfe aus der Schweiz soll ausschliesslich auf die Familie Trede konzentriert werden. Die zweite Gefahr: das bevorstehende Erwachen männlicher Gefühle. Ich habe Hilmar sehr streng ins Gebet genommen, damit keinerlei moralische Hemmungen entstehen und habe dabei die volle Unterstützung von Fritz Weissenfels. Dabei sind sowohl Weissenfels wie auch andere Bekannte der Überzeugung, dass etwas geschehen müsse, damit der Junge etwas mehr in meine Obhut komme. Das um so mehr, als Hilmar in der zurückliegenden Zeit es nach Aussage von Hanna Weissenfels keineswegs verstanden haben soll, den Jungen richtig zu behandeln, sodass die Szene recht häufig gewesen ist, dass sich der Junge buchstäblich mit beiden Händen die Haare gerauft hat, unartikulierte Laute ausstiess und für Stunden verstummte, sodass Hilmar allen Ernstes an einen Gehirndefekt glaubte. Ich bitte, diese vertrauliche Mitteilung niemals und keinem gegenüber zu äussern. Gelingt es, Yngve durch den Hunger und durch die Pubertät zu schleusen, übernehme ich die Garantie dafür, dass er ein musikalisches Genie von den Ausmassen eines Joh. Seb. Bach wird. Ich laufe trotz mancher Warnungen das Risiko, alles, auch die Existenz des Verlag[e]s, auf diese eine Karte zu setzen, auf die Gefahr hin, dass ich Unrecht behalte. Das allerdings gibt mir das Recht, auf die physische und moralische Entwicklung Yngves, gerade in den bevorstehenden Jahren Einfluss zu nehmen,

und ich erlebe in diesen Tagen, dass mein Einfluss auf Jugendliche durchaus positiv ist. Obgleich ich ein beträchtliches Alter erreicht habe, mache ich auf zwanzigjährige immer noch Eindruck. Einer der schönsten Augenblicke in Hinterzarten war der, als ich mit Yngve allein im Zimmer war, und er sich entschloss, mir in freier Phantasie etwas vorzuspielen. Er setzte sich an die Tasten, dachte etwas nach, dann sagte er: »Ich möchte es doch nicht; denn wenn ich Dir vorspiele, müsste es sehr gut sein, und ich weiss nicht, ob es mir gelingt.« Daraufhin setzte er sich mir auf den Schoß, legte seinen Kopf an den meinen und sagte: »Ich bin so hungrig.« Und ein wenig später schien es sein einziger Wunsch zu sein, dass ich ihn mit mir nehmen möchte. – Alles in allem dürften Hilmar und Ursula ein wenig eifersüchtig auf mich geworden sein; aber dabei ist ja, so wie die Dinge liegen, wenig oder nichts zu machen. Hilmar hat in einer entlegenen Ecke gesessen, geistig gesprochen; ich glaube aber, mein Erscheinen hat ihn daraus vertrieben und ich rechne auf das Bestimmteste damit, dass er positiv und überzeugt mit mir und für Ugrino arbeiten wird. Als Organisation ist Ugrino das einzig Positive weit und breit.[151] Wenn es gelingt, über die Anfangsschwierigkeiten hinweg zu kommen, werden wir viele der positiven Kräfte sammeln.
Gestern hat man mir vertraulich angedeutet, dass der hamburgische Staat meine ökonomischen Verhältnisse sicherstellen würde. Die Form ist mir unbekannt. Man ist auch gestern an mich herangetreten, unter anderem Theaterdirektor zu werden. Ministerpräsident Stel[t]zer werde ich an einem dieser Tage wiedersehen. Es wird sich dann möglicherweise entscheiden, was aus meinen Hofplänen wird.[152] Der Gedanke der Hormondüngung ist hier überall auf fruchtbaren Boden gefallen und aus dem wissenschaftlichen Sektor haben sich mir bereits 3 absolut zuverlässige Leute zur Verfügung gestellt. Ludwig Voss ist bereit, die Verwalterstelle zu übernehmen; die Bereitschaft auf

Seiten der Staatsstellen dürfte bestehen. Zu befürchten ist nur der bürokratische Widerstand an allen Fronten.
Dass die »Armut« noch in diesem Winter irgendwo aufgeführt wird, ist recht zweifelhaft. Aus Andeutungen, die man mir gemacht hat, geht hervor, dass überwiegend ausländische Stükke gespielt werden, um das Abgabenkonto für das Ausland nicht zu klein werden zu lassen. Die Not ist hier zum Himmel schreiend. Richtigerweise spricht man nicht mehr von demokratischen Gedanken, ausser in den Zeitungen. Dass eine Katastrophe im Anlaufen ist, bez[w]eifelt unter den Denkenden niemand mehr. Die Nationalsozialisten echten Zuschnitts sind die einzig Ergebenen.
Leider kann ich über das Datum meiner Rückreise noch garnichts sagen, da sich die Kontrollkommission in Berlin mit meinem Fall befasst. Von seiten der Russen wird mir grosses Wohlwollen entgegengebracht, und da ich es nicht völlig erwidern kann[,] halte ich es für möglich, dass kleine Spannungen entstehen. Aber ich bitte Euch, wegen meiner, was auch geschieht, Euch keine Sorgen zu machen. Sehr traurig bin ich über Deine Krankheit und traurig auch, dass ich Euch mit Worten nicht recht verständlich machen kann, wie sehr ich wünschte, Euch bei mir zu haben oder bei Euch zu sein. Sicherlich tritt hier viel Neues an mich heran, aber mein etwas altes Herz vergisst das Vergangene weniger als das Gegenwärtige. Ich bitte Euch also, an meine unbedingte Verlässlichkeit und Liebe zu glauben, wenn ich auch zu jenen gehöre, die sich nicht verweigern, alle Experimente bis zum Ende durchzuführen, sei dies Ende nun bitter oder süss.
Gesundheitlich geht es mir bis jetzt recht gut. Freilich habe ich ziemlich viel Pulver verbraucht; aber ich habe auch wenig Schlaf gehabt, und 5000 km Autofahrt ist alles in allem eine Strapaze, nichts Erbauliches, wenn man die herrlichen romanischen Tempel Kölns in Schutt verwandelt sieht. Obgleich die

wertvollen Kulturdenkmäler in den Zentren der alten Städte standen, sind sie überwiegend zerstört. Ein immer wiederkehrender Eindruck, der merkwürdige Gedanken hinterlässt. Ein Zeitabschnitt der Menschheitsgeschichte ist vorüber, und ich selbst habe zuweilen am Abend den Gedanken, dass ich möglicherweise zum Vorläufer eines neuen ausersehen bin. Aber dann müsste ich wohl noch ein kleines Jahrzehnt leben; und das erscheint mir immer wieder zweifelhaft. Ich bitte Euch, alle Kräfte zusammen zu nehmen und den Mut nicht zu verlieren. Ergebnisse, die sich auf mich beziehen, kann ich noch nicht berichten. Einstweilen häufen sich die Schwierigkeiten, möglicherweise sind solche sehr unangenehmer Art darunter. Aber ich bitte Euch, die Einsamkeit noch zu ertragen.
Äusserlich lebt es sich auf Bornholm sehr viel angenehmer. Das könnt Ihr nicht ermessen, und ich habe es nicht ermessen können. Also habt es gut, tut alles, damit Ihr nicht krank seid. Die Finanzverhältnisse werden sich ordnen. Von hier aus kann ich nichts tun, solange ich nicht die Grenze überschreiten kann und eine Entscheidung darüber dürfte erst in den nächsten Tagen fallen.
Im Rundfunk habe ich dreimal gesprochen, allerdings sehr kurz. Meinen Vortrag über den Stand der Orgelfragen werde ich kaum noch halten. Jedes Wort, das ich öffentlich sage, wird von 3 Nationen unter die Lupe genommen, und ich habe feststellen können, dass die Auslegung meiner Vorträge in der amerikanischen Zone augenscheinlich eine völlig andere ist als in den übrigen.
Um den Brief nicht zu lang werden zu lassen, schliesse ich hiermit.

Liebe Ellinor!
Henny konnte nicht warten, bis der Brief fertig war. Er ist vor einer Stunde (es ist inzwischen Sonnabend, 7.12.) nach Ollsen

gefahren und fährt anschliessend nach Schleswig zu Stel[t]-zer; darum muss der Brief ohne Gruss von ihm abgehen, weil er sonst erst 2 Tage später abgeschickt werden könnte. Über Deinen Brief habe ich mich sehr gefreut und für die mir durch Dich mitgeschickte Schokolade danke ich Dir von ganzem Herzen. Sie hat Beda und mir ausgezeichnet geschmeckt. Deine Fragen will ich gern eingehend beantworten, soweit ich es kann, aber im Augenblick, d. h. solange Henny hier ist, besteht meine Tageseinteilung darin, dass ich morgens um ½ 8 Uhr in Volksdorf wegfahre, um etwas nach 8 hier bei Henny zu sein. Zurück komme ich mit dem letzten Zug, bin um ½ 12 Uhr im Hause, esse noch etwas und gehe um ½1 Uhr ins Bett. Du siehst, ich bin den ganzen Tag hier, komme also im Augenblick nicht dazu, etwas für mich zu tun, denn hier wechselt Betrieb und wirkliche Arbeit in tollem Wirbel miteinander ab. Es ist ja auch garnicht anders möglich, denn alles drängt sich in den kurzen Wochen zusammen, die Henny hier ist. Dass es mir unendlich viel Freude macht, brauche ich Dir nicht erst zu sagen und ich verspreche Dir, dass ich, sowie ich die Zeit dazu finde, Deinen Brief eingehend beantworten werde.

Viele herzliche Grüsse, auch an Deine, wie Henny sagt, sehr schöne und begabte Tochter,

Deine
Friedel[153]

Typoskript (Diktat), mit handschriftlichen Korrekturen von Friedel Thoms, zwei Blätter, beidseitig beschriftet

23. *Auf der Reise, vom Schiff »Karl«, nach Bornholm*

22.4.47.

»Karl«

Liebe Ellinor, es ist mir diesmal sehr schwer gefallen, von Dir zu gehen. Schließlich liegt das Meiste meines Lebens da, wo Du gewesen bist. Ich habe eine sehr schlechte Nacht gehabt. In Schweiß gebadet. Heute unerträgliche Kopfschmerzen. Die Sache mit Yngve nehme ich wie sie ist. Diese Idioten im Geiste sind immer meine Gegner gewesen. Yngve wird selbst beweisen müssen, ob er den Weg seiner Konstitution gehen will; für ihn heißt das: Polyphonie. Kann er Beethoven nicht überwinden, dann ist das Eigene nicht stark genug gewesen. Ich bin so müde, daß ich nicht hoffen kann, noch irgend eine Vollendung zu sehen. Die Tage in Kopenhagen stehen mir wie etwas Gräßliches bevor. Ich weiß ja leider im Voraus, daß nichts klappen wird. Immer wieder dies sich in gemäße Verhältnisse hineinlügen. Schrecklich das Versagen meines Körpers. Ich kann überhaupt nicht mehr mit mir rechnen. Ich wünsche Dir etwas Ruhe und die Besinnlichkeit, alles mit Gefaßtheit zu nehmen. – Signe wird sich noch entwickeln.

Herzlich
Dein Henny

Handschrift auf der Rückseite eines Rezepts, ein Blatt, einseitig beschriftet

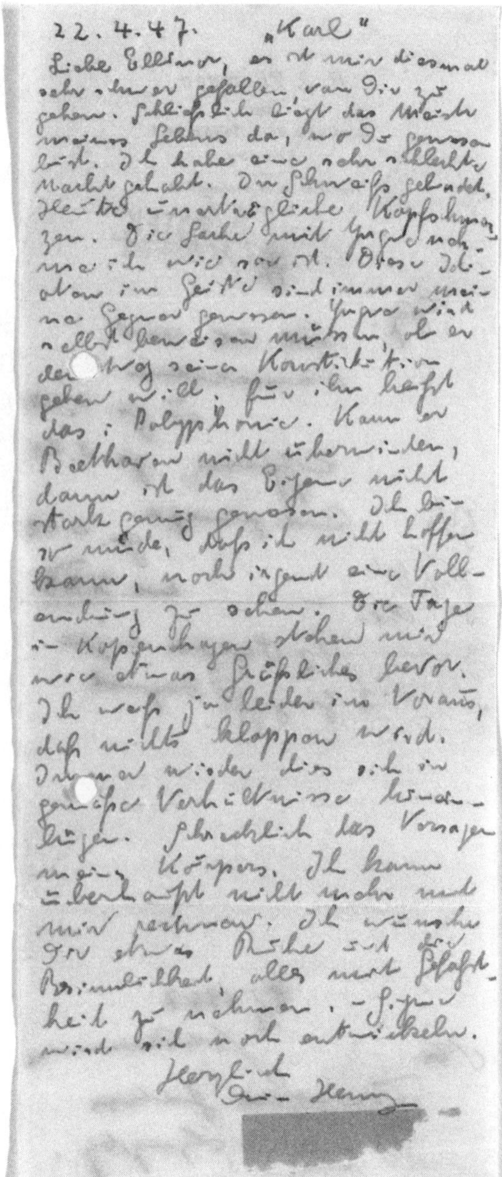

Faksimile des Briefes vom 22. April 1947

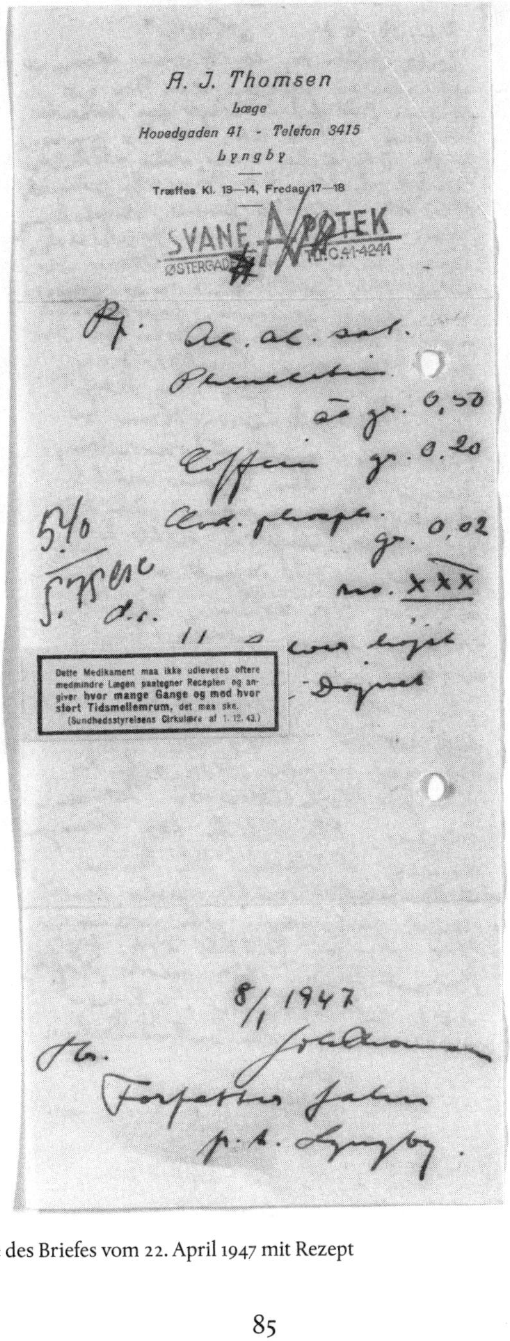

A. J. Thomsen
Læge
Hovedgaden 41 - Telefon 3415
Lyngby

Træffes Kl. 13—14, Fredag 17—18

SVANE APOTEK
ØSTERGADE Tlf. C.41-4241

Rp. Ac. ac. sal.
Phenacetin
āā gr. 0,50
Coffein gr. 0,20
Cod. phosph. gr. 0,02
no. XXX

Dette Medikament maa ikke udleveres oftere medmindre Lægen paategner Recepten og angiver hvor mange Gange og med hvor stort Tidsmellemrum, det maa ske.
(Sundhedsstyrelsens Cirkulære af 1. 12. 43.)

8/1 1947

Rückseite des Briefes vom 22. April 1947 mit Rezept

24. *Aus Hamburg-Blankenese nach Bornholm*

3. Mai 1947.

z. Zt. (24) Hamburg-Blankenese
Bockhorst 66. b/ Richters.
Deutschland.

An: Frau Ellinor Jahnn, Bondegaard-Granly p. Tejn, Bornholm/ Dänemark,
Kopie an: Frau Judith Müller-Tourain[e], Virum p. Lyngby, Virum-Torv 2/II c/o Nielsen.

Liebe Ellinor, liebe Judith,
meine erste Nachricht kommt diesmal spät, weil ich mir den Luxus erlaubt habe, eine Woche lang im Bett zu liegen.[154] Es ist hier bis jetzt nichts geschehen. In der kommenden Woche soll der PEN-CLUB in der britischen Zone wieder eingerichtet werden, und die historischen Ereignisse haben dahin geführt, dass man aller Voraussicht nach mich zum Präsidenten machen wird. Die Kenntnis dieser historischen Ereignisse hat[155] auch für Euch sicherlich einen gewissen Wert. Durch mehrere Zeugen ist übereinstimmend ausgesagt worden, dass bei der Gleichschaltung des PEN-CLUBS von höchster St[e]lle mein Ausschluss verlangt und gleichzeitig die Mitteilung gemacht wurde, dass ich zu selbiger Stunde liquidiert werden würde. Mein Ausschluss erfolgte, die Liquidierung unterblieb, weil ich schon in Dänemark war. Deshalb bin ich heute das einzige gänzlich unbelastete Mitglied des PEN-Clubs, und soweit ich verstehe, wird sich gegen meine Kandidatur von keiner Stelle etwas einwenden lassen.[156]
Ich wohne hier bei Ilse und der Baronin Savigny und werde nach allen Regeln der Kunst verwöhnt.[157]
Ursula [Trede] hat mir einen sehr langen Brief geschrieben,

aus dem ich wenigstens ihre Ratlosigkeit erkennen kann. Sie hat sich auch an einen für sie so fernstehenden Menschen wie Ludwig Voss gewandt und ihn gebeten, mich zu beruhigen.
Monna fährt in altgewohnter Weise fort, dem Gang der Dinge ihre Biegung zu geben.
Ludwig [Voß] ist etwas heruntergekommen, und ich weiss nicht, wie man ihm helfen soll.
Ich bitte Judith, mir die Besprechung aus den Deutschen Blättern so schnell wie möglich zu senden.[158] Meine eigentliche Anschrift ist mir noch immer unbekannt, so dass ich bitte, die Post nach wie vor an Hans Richters zu senden.[159] Ursula [Trede] berichtet, dass das erste Paket aus der Schweiz schon vor Wochen angekommen sei; hier in Hamburg ist noch nichts eingetroffen.
Der Kauf Lettis kommt im Augenblick nicht in Frage. Ich habe eine kleine Hoffnung, dass über das Bankhaus Warburg eine kleine Dollaranleihe gewährt werden wird, die mir Gelegenheit gibt, auch einige Reichsmark mit der Nationalbank zu verrechnen. Ich würde dann Lotte zurückerwerben.[160]
Die Landwirtschaftliche Situation ist hier so grauenhaft, dass man einer Äusserung Senatsdirektor Lüths zufolge nun doch ernsthaft erwägt, mir meine Hormonbeobachtungen zu erleichtern.[161] Es ist dabei die Äusserung gefallen, dass man mir auf hamburgischem Staatsgebiet evtl. einen Hof zur Verfügung stellen könnte. Sonst wird es dabei bleiben, dass ich ohne Hof mit einer Anzahl Tieren arbeite. Ich glaube nicht fehl zu gehen, wenn ich das Minimum als etwas durchaus Greifbares ansehe.
Stel[t]zer ist nicht mehr im Amt. Ich habe ihn natürlich noch nicht gesehen und weiss über seine Zukunftspläne nichts.
Von hier aus ist es gänzlich unmöglich, telefonische Verbindung nach Dänemark zu erhalten; nur der umgekehrte Weg ist möglich.

Heute nachmittag werde ich aller Voraussicht nach mit Hans Blunk nach Ol[l]sen fahren.[162]
Friedel Thoms ist trotz der Sorgenlast unverändert die Alte; ich selbst fühle mich körperlich und geistig reduziert. Immerhin habe ich gestern auf Rezept eine Flasche echten Wermuth bekommen. Das Brot ist auch hier im Hause knapp[163], und vor den Bäckerläden stehen vom frühen Morgen ab hunderte von Menschen.
Erst im Laufe der nächsten Woche werde ich berichten können, ob sich etwas anlässt und welche Richtung zu erkennen ist. Der Weg ist immer lang und die Zeit kurz.

Viele herzlich[e] Grüsse
Dein Henny

Typoskript (Diktat) mit eigenhändiger Unterschrift, ein Blatt, beidseitig beschriftet

25. *Aus Hinterzarten nach Bornholm*

z. Z.
Hinterzarten, Haus Reiner c/o Trede, Französische Zone (17b)
Deutschland Tel. Hinterzarten Nr. 235.

6.7.47.

Meine liebste Ellinor,
mit unmenschlicher Angst im Herzen sitze ich hier, denke an Dich, an das mögliche Geschehen auf Bornholm.[164] Ilse [Thate] telegraphierte mir, ich solle Telefonnummer und Zeit für ein dringendstes Gespräch aus Bornholm nach Hamburg mitteilen. Nur mit Mühe ertrage ich die Ungewißheit, die Stunden schleichen dahin. Dabei weiß ich nicht, ob ein Anruf von Dir zu mir gelingen wird.

Hinterzarten ist für mich mit Fluch beladen. Schon als ich Vorgestern ankam, lag ein Telegramm von Dr. Cäsar[165] vor, ich müßte noch Papiere wegen Yngves Ausreise beschaffen. Mein eigenes Visum ist immer noch nicht verlängert, sodaß eine schnelle Ausreise von hier unmöglich ist. Dabei fühle ich, daß auf Bornholm etwas am Einstürzen ist. Ich weiß nicht was; aber es ist bedrohlich. Natürlich geben meine Nieren nach. Leider ist auch mein Herz schlecht.

Die Situation in Hinterzarten ist sehr verändert. Ich habe jeden Anspruch auf Drucklegung fahren lassen. Es schien mir das Klügste. Dadurch habe ich einstweilen die Vormundschaft Dr. Pichts verhindert.[166] Das schien mir das Wesentliche. (Jetzt erscheint mir wieder alles anders) Es besteht kein Zweifel, daß diese Vormundschaft gegen mich, gegen die Drucklegung eingerichtet werden sollte. Fritz W.[eissenfels] hat nichts ausrichten können, und Hanna W.[eissenfels] berichtete, daß sie gelähmt abgefahren sei. – Nun aber ist Yngve selbst verändert. Das Unvermeidbare hat sich eingestellt. Die kindlichen Züge in seinem Gesicht verwischen sich. Ein merkwürdig männlicher Zug bildet sich. Vor 4 Wochen noch waren männliche Regungen nur andeutungsweise vorhanden – jetzt scheint das Funktionelle entwickelt. Er ist sehr gewachsen, zerstreut, gereizt, etwas flegelhaft, scheu – nur gelegentlich zärtlich. Gespräche sind kaum ingang zu bringen. Beinahe meidet er mich. Reiten will er nicht mehr – er sei ja keine drei Jahre alt. Was er schreibt, ist von einer hinreißenden Unruhe geprägt. Ein neues Konzert für Klavier solo in F-dur, ist gleichsam von Beschleunigung erfasst. Natürlich arbeitet er nicht mehr so besessen, so ununterbrochen wie vor Wochen. Die Unruhe zerstreut ihn. Ich habe einige Hormonuntersuchunge[n] gemacht, die mir den neuen Zustand vollauf bestätigten. Ich bin in der Lage, mich mit seinem Überfluß an Kathalysatoren vollkommen zu betäuben, in Schlaf zu bringen. Ich hätte das nicht für möglich gehalten. Ich kann eine

Chockwirkung in mir hervorrufen, die selbst meinen Eigengeruch und den Geschmack meiner Tränen verändert. – Ich habe daran grauenhaft viel gelernt. Das ist eben das Resultat, das meinem Alter gebührt. Jetzt, jetzt ist der Augenblick, wo ich ihm helfen müßte. Jetzt darf ich ihn nicht au[s] den Händen lassen! Die Reise darf nicht scheitern.[167] Und jetzt die Angst, daß Bornholm ein brennendes Haus wird. Wir können noch nicht in Deutschland leben, wir sind nicht stark, nicht vorbereitet genug. Ich möchte Dich und Signe davon überzeugen können. – Die furchtbare Entscheidung in Yngve ist also da. Ich weiß, er wird das nächste Jahr bestehen – aber sein Weg wird gefahrvoll bleiben, weil sich seine Innenlandschaft zu der eines Schaffenden zusammenstellt. Sein Lächeln ist nicht mehr liebenswert, zweideutig – ich möchte es eher abgründig, aufflackernd nennen. Natürlich schmerzt es mich, daß in diesem Augenblick der Verwirrung und Angst mir der Trost der Zärtlichkeit vorenthalten ist. Alles Schwere scheint mir zugleich aufgeladen. Ich müßte Dich in meiner Nähe haben, um gefaßter zu sein. Hier bin ich rechtlos, geduldet, in einer Rolle, die ich nicht kann. Friedel Thoms versucht mich zu trösten; aber sie hat ihren Schmerz, ihre Ungewißheit. Sie erkennt deutlich genug, daß das Schicksal mir keine Atempause gönnt, sondern die Hammerschläge wiederholt. Ich begreife das Prinzip meines äußeren Daseins nicht mehr. Ich begreife die Erfolglosigkeit in meinen Bemühungen nicht. Ich verstehe nur, daß mich die Kräfte verlassen – ich sehe das Ziel nicht mehr. Ich möchte zu Dir und Signe. Ich möchte mich von den Enttäuschungen noch einmal ausruhen. Fritz hat mir alle Medizinen verboten und Hormone anempfohlen. Er findet meinen Zustand schlecht wie nie zuvor. Ich leide natürlich unter der sehr unregelmäßigen Ernährung. Einmal büße ich 5 kg an Gewicht ein; dann geht es wieder 2 kg hinauf, um wieder abzusinken. Der unablässige Druck über allen Verhältnissen, der völlig unvorstellbare Apparat der Behin-

derungen, den man täglich berennen muß, ich bezwinge sie nicht. Ich habe nur noch Angst. Angst vor Erfolg und Mißerfolg, vor den Nachrichten – vor meiner eigenen Seelenhaltung, die nicht europäisch ist – es niemals war – es niemals sein wird. Ich habe das Wunder wohl gesehen; – aber ich bin nicht darin eingeschlossen. In dem Augenblick, wo ich es fassen will, mit Händen ergreifen, braust die Sturmflut meiner Unsicherheiten heran: mein finanzieller Ruin, mein Alter, meine Rechtlosigkeit, meine Krankheit, meine schon unerklärbare Müdigkeit und Unentschlossenheit. Innen und außen werden die Bastionen davon geschwemmt. Vergeblich schaue ich mich nach einem Geschäft, nach der Rettung um. Ich fühle mich so verlassen und einsam – wie es nur einer sein kann, der in keiner Gnade steht, der nur noch auf das Urteil wartet.
Ich weiß, daß jener Yngve, Gott des Friedens und Ackerbaus, schwach ist. Das Recht der Bürokratien und das gewaltige Gebäude der Religionen, das sich die Schwachen im Geiste gezimmert haben, ragen in den unrührbaren Himmel.
Ich möchte Dich umarmen und küssen dürfen. Weinen dürfen wie seit Jahren nicht. Aber ich sitze hier und warte – warte auf das Verhängnis – auf die Botschaft, die meine Hoffnungen zunichte macht. – – Ich kann nicht mehr. – Ich kann fast nicht mehr. Ich brauche ein Zeichen, daß ich noch in einen Schöpfungssinn eingeschlossen bin – daß dies – noch nicht das Ende ist.
Entschuldige bitte diesen verzweifelten Brief. Ehe Du ihn erhältst, werden wir hoffentlich miteinander gesprochen haben; es wird irgend ein Tro[s]t oder eine unausweichliche Gewißheit neben mir stehen. Die Stunde wird eine andere sein.
Und so nimm denn diese Zeilen im Licht eines anderen Tages, der vielleicht weniger böse ist.
Es umarmt Dich und Signe

Dein Henny

P.S.
8.7.47. Heute früh wurde mir ein Anruf aus Dänemark gemeldet. Das Gespräch kam nicht zustande. Ich hörte dänische Stimmen, aber nicht die Deine. Der Tag war noch schlimmer. Und ich kann nichts tun.

Dein H.

Handschrift, zwei Blätter, beidseitig beschriftet

26. Aus Hamburg-Blankenese nach Bornholm

z. Z. Hamburg-Blankenese, Mühlenberg 84.

20.7.47.

Meine liebe Ellinor,
ein schöner sonniger Sonntagmorgen. Mein kleiner beschwänzter Engel Yngve liegt im Bett und ist krank. Die vorletzte Nacht schon hatte er unruhig verbracht. Schwere Träume. Am Morgen, als er an einer Fuge schrieb, stürzte ihm das Blut aus der Nase. Am Abend hatte er 40° Fieber. Glücklicherweise war Fritz Weißenfels in Hamburg. Er beruhigte und verschrieb Mittel. Es ist offenbar eine Grippe, in Verbindung mit Reiseunruhe und Unruhe der herannahenden vierzehn Jahre. Yngve ist schwierig; aber seine Liebe zu mir macht doch vieles leicht. Alle, die ihn von ehemals kennen, sagen, daß er völlig verändert sei, frei, aufgeschlossen – – und von besserer Gesundheit. – Friedel Thoms meint, ich verwöhnte ihn zu sehr. Da er oft zärtlich zu mir ist, kann ich nicht anders, als sehr nachsichtig gegen ihn zu sein. Jedenfalls erziehe ich ihn besser als seine Mutter. Sein Schaffen ist unbegreiflich wie je. Ulbricht drückte es so aus: er ist kein Wunderkind, er ist ein Wunder.[168] Übrigens ist er der einzige, der mir meine Ausschließlichkeit für Yngve verziehen hat – und verstand, nachdem er Werke von Yngve gehört. – – Dr. Walcker,

der vielmals grüßen lässt, ist begeistert. Y. hat auf einer großen 3-manualigen Orgel gespielt. Es war auch mir ein unbeschreiblicher Genuß. Beim Landrat Dr. Jäger in Ludwigsburg waren wir auch eingeladen.[169] Yngve meinte, er selbst und ich müßten sehr nahe verwandt sein, da wir einander so ähnlich. Unsere Empfindlichkeiten und Ängste stimmen weitgehend überein.

Wir wohnen hier im »Haus am Hirschpark« wie Könige auf Reisen. Kristallampeln von den Decken herab, seidene Tapeten, gutes und reichliches Essen. Und der stattliche Wagen holt uns zu unseren Wegen ab. Anfangs fluchte Yngve; jetzt hat er sich schon an den Luxus und den Stab der Dienstboten gewöhnt, die uns umschwärmen. Die Herrlichkeit wird bald ein Ende nehmen. Noch habe ich mich nicht auf die verschiedenen Ämter getraut, weiß also nicht, wie alles steht, ka[n]n auch das Datum unserer Abreise noch nicht bestimmen. Morgen wird die Hetze wieder beginnen. Ich fürchte mich davor, weil ich müder denn je bin. Mager bin ich auch geworden. Von Frl. Hanhart ist kein weiteres Paket eingetroffen, während H.[ans] R.[ichters] und Yngve jeder bereits 6 erhielten.[170] Wie weit das ein Fehler im Versand ist – oder geheime Absicht, ich weiß es nicht. Jedenfalls bin ich in recht bedrängter Lage, was das Essen angeht, und der Aufenthalt in einer Privatklinik ist die einzige Rettung für Yngve und mich. Wegen der Beschlagnahme möchte ich mich brieflich nicht weiter auslassen, da wir darüber telefonisch sprechen. Die ersten zwei Proteste sind an das dänische Außenministerium gegangen. Ich vermute, es werden weitere folgen. Man findet die Entscheidung geradezu unerhört, als eine Beleidigung – weil man mich – nicht etwa Thomas Mann – als den führenden deutschen Dichter betrachtet. Ich habe in dem Papierfabrikanten Moufang einen sehr angenehmen und verlässlichen Menschen kennen gelernt.[171] Er stellt mir für die Ausbildung Yngves jeden Betrag zur Verfügung, der seinen Möglichkeiten entspricht. Er besitzt zwei

Töchter, von denen die jüngere Signe sehr gleicht. Moufang liebt diesen »mißratenen Sohn« sehr. Und ich wurde daran erinnert, wie sehr ich den meinen Signe liebe. – Es ist mir schwer, euch nicht bei mir zu haben. Ich glaube, daß vor allem Du Yngve sehr wirst helfen können. Seine Füße sind leider verdorben, gesenkt, zwar schön in der Form, doch schlecht im Bau. Da mußt Du mit ihm turnen und massieren. Ich weiß nicht mehr, ob er hübsch oder häßlich ist. Er hat tausend Gesichter. Ich fürchte, er besitzt ein wenig vom Karakter Ursulas – der mir nach dieser Reise schlimmer erscheint als zuvor.
Diese Reise hat mir manche neue Sorge aufgebürdet – und nur wenig Freude als Gegengabe. Ich bin berühmt geworden – das ist merkwürdig. Ich habe also das Ziel, das ich mir einmal als Kind wählte, erreicht. Nun ist ein Jüngerer neben mir, und die Astrologen zergrübeln sich den Kopf, wie ich gleichzeitig Vorläufer und erster Mittelpunkt einer neuen Zeit sein kann. Behalte ich Yngve als Bundesgenossen, mag es mit mir noch eine Weile gehen; aber seine Hormone, sein weibliches Becken treiben ihn bald auf die Suche nach einem »Sportsmenschen«. Ich begreife seine Zärtlichkeit zu mir nicht. Heute fand er sogar, ich sei doch noch sehr jung. Allerdings hat er Fieber. – Seine Abhängigkeit vom Essen und trinken ist groß. Man kann ohne Übertreibung sagen, daß er an der deutschen Kost krepieren würde. Vieles ist ihm zu essen unmöglich. Wir streiten uns darüber, wer besser zu riechen vermöchte, er oder ich.
Ich experimentiere z. Z. mit Hormonen, die ich von Yngve gewinne. Ganz unfaßbare Phänomene. Ich lebe ohne jede Genußmittel, was mir sehr schwer fällt. Mein Verbrauch an Kodein ist auf ein Minimum beschränkt. Kopfschmerzen habe ich fast niemals. Aber diese unablässige Müdigkeit. Yngves Schaffen ist durch den Eintritt der Pupertät nicht gehemmt, nur erweitert. Ich glaube, die erste gefährliche Klippe ist umschifft. Freilich weiß ich nicht, wie es mit seinen Verliebtheiten bestellt ist. Er

scheint bisher abweisend, ohne Sehnsucht, und sein Verhalten zu mir ist eine sonderbare Ausnahme in seinem Gefühlsleben. Deshalb bin ich sehr mißtrauisch. – – Obgleich ich täglich mit dem einen oder anderen verhandle, ergibt sich kein Resultat, das des Berichtens wert wäre. Mein Ruhm ist gestiegen, das ist das Ganze. Mein äußeres Leben bleibt das eines Hochstaplers. Ich versuche jetzt, in Amerika wenigstens den »Perrudja« herauszubringen. Ob es gelingen wird, weiß ich noch nicht. Hier in Deutschland kann ich auf das Verlegtwerden verzichten, weil nicht einmal das Urheberrecht gesichert ist. Es ist also die tiefste Stufe des Sklaventums erreicht.[172] Ich hoffe noch immer auf eine baldige Wendung zum Guten. Dein Brief zeigt mir das Schreckliche Deiner Lage an. Aber ich bitte Dich, den Kopf hoch zu tragen.[173] Dafür ist Grund vorhanden. Die kleinen Komplikationen dürfen Dich nun nicht mehr berühren, nachdem man uns dies Unrecht der Gewalt antut. Ich glaube jedenfalls nicht, daß Dänemark viel Ehre davon haben wird, gegen den deutschen Geist zufelde zu ziehen. Es ist ja bezeichnend, daß man mich dort, wo ich 14 Jahre gelebt habe, nicht kennt, während anderswo mein Name an erster Stelle steht. – Wenn nur Yngve mit uns du[rc]hhält – dann werden auch für uns noch Jahre der Beruhigung kommen. – Freilich, die Schatten sind tief und lang. Bitte, umarme Signe und vergiss nicht, daß ich Dich sehr liebe und Dich bewundere, weil Du die Schläge, nicht gefaßt und nicht gelassen, aber mit Würde hingenommen hast.
Erst in den nächsten Tagen werde ich wissen, wie mein Weg weiter geht. Briefe zeigen die ersten Komplikationen an.
Ich sagte Dir schon am Telefon: ich halte es für richtig, daß Judit jetzt Farbe bekennt und den Kommissar aufsucht.[174]

Viele Küsse
Dein Henny

Handschrift, drei Blätter, beidseitig beschriftet

27. *Aus Kopenhagen-Lyngby nach Bornholm*

3.3.48.[175]

Meine liebe Ellinor,
wenn der Abschied von zuhause auch diesmal weniger nervös war, so ist die Trennungsstunde doch ungeeignet, daß man in ihr ausdrückt, was man empfindet. Es ist zwischen uns immer schwierig gewesen, das rechte Wort im rechten Augenblick zu sagen. Und so ist es unterblieben. Dadurch sind nicht eigentlich Mißverständnisse entstanden; aber ich spüre doch, sobald ich von Dir und Signe getrennt bin, eine Art Angst, als könntet ihr daran zweifeln, daß ich zu euch stehe, daß ich euch so liebe, wie man es als eine Sicherheit verlangt. Und zu erklären, daß es so ist, daß ich euch liebe, das möchte ich vor meiner Abreise wenigstens noch schreiben. – Ich habe sehr große Furcht vor dieser Reise.[176] Ich bin überzeugt, daß sie in eine der größten Niederlagen meines Daseins ausmünden wird. Ich kann mich von der Zwangsvorstellung nicht frei machen, daß es auch zwischen Yngve und mir zu einer Entfremdung kommen wird. Gestern habe ich versucht, die Ursache für diese Vorstellung zu analysieren. Ich kam zu dem Resultat, daß seine Begabung für die Polyphonie ihm selbst so sehr imponiert, daß er es als leichtesten Weg empfindet, sich der »Reaktion« zu verschreiben und als Epigone, »Neuklassiker«, Triumpfe zu feiern. – Faktisch ist J. S. Bach für ihn die Gefahr schlechthin. Und was – etwa bis zum Tode Hilmars – für ihn gut war, ist heute Seelenvergiftung. Wenn ich ihm überhaupt noch nutzen will, muß ich ihn darauf aufmerksam machen, daß er jetzt einen anderen Weg einschlagen muß. Das wird uns wahrscheinlich entzweien, weil der »Kreis« leichtes Spiel bekommt, ihn vom »Kaos, mit dem sich Henny wieder eingelassen hat«, (so sagte Hilmar vom »Fluß«, ohne ihn zu kennen) zu überzeugen. Aber ich lasse es darauf ankommen. – Merkwürdig, daß man auf

die Entfernung, vorahnend, von einem Menschen, den man so sehr liebt, ernüchtert sein kann, weil man seine wahrscheinliche Entwicklung zu starr festgelegt fühlt. – –
Gestern nach großen Schwierigkeiten, erhielt ich von der Nationalbank Schw. Franken. – Aber ich bereue meine Besessenheit schon. Was will ich in der Schweiz? Es gäbe nur einen vernünftigen Grund: in Zürich mit dem Theater zu verhandeln.[177] Alles andere ist Geldverschwendung. Ich habe mir hier erst einmal 400.– kr. für die Franken geliehen. Ich muß heute nochmals 100.– leihen, damit ich mein englisches Visum und die Fahrkarten bezahlen kann. Es ist schrecklich peinlich und demütigend. – –
Die politische Lage gibt zu denken. Die Reaktion rückt an allen Fronten in allen Ländern vor. Überall Aufrüstungs- und Militärrummel und die Begleitmusik der Kirchen, die ihre tiefsten Posaunen anstimmt. Es ist schlimmer denn jemals. Es ist unmöglich, mit dem Geist dagegen zu wirken. Ursula hat eine kompakte Majorität hinter sich. Wenn sie das so klar erkannt haben sollte wie ich, kann ich jede Hoffnung in Bezug auf Yngve fahren lassen. Die nächsten Jahre werden für uns fürchterlich sein, wo wir sie auch verbringen werden. Was mich noch als Scheinerfolg umsteht, wird in wenigen Monaten zusammen gebrochen sein. Daß wir in Dänemark bleiben können, halte ich nicht nur für unmöglich, sondern, nach Lage der Dinge, auch für unklug. – Also: die Rückkehr nach Deutschland, in ein Land, das in zwei Lager gespalten ist, wo es nur noch die Hoffnung auf den Kommunismus gibt, der mich, mein Werk mit seiner Zensur vernichten wird, weil es nicht »konform« ist. Aber die Reaktion, die kristlich verbrämte, ist fürchterlicher; daran kann nicht gezweifelt werden. Die Wahl zwischen zwei großen Übeln. Die mir eines Tages, sofern ich lebe, nicht abgenommen wird. – Durch die Torheit der dänischen Politik ist das Land gefährdet. Wir haben wahrhaftig keine Ursache, uns mit seinem

Geschick zu identifizieren. Deshalb ist der Plan, dass Signe Dänin würde, heute schon überholt. Die Reaktion auch in diesem Lande kann mit der Sozialdemokratie zufrieden sein. Sie erfüllt die gewagtesten Wünsche der Kapitalnationalisten. Das Urteil der Kommunisten über diese Partei besteht leider zurecht.
Zum Tode Deiner Mutter kann ich nicht viel mehr sagen.[178] So haben[179] weder sie noch wir uns das Ende vorgestellt. – Aber es scheint mir notwendig, daß Du Dich von Bildern der Vorstellung abwendest, die Dich nur bedrücken, ohne daß die Tatsachen veränderbar werden. Wenn wir den Versuch machen wollen, die nächsten Jahre zu bestehen, müssen wir unseren Geist in die Hand nehmen. Wir sind tief unten; aber der tiefste Punkt ist es noch nicht. Du mußt mir versprechen, Dich zusammen zu nehmen, nicht bitter zu sein, sondern durchzuhalten – mit einer Art guten Mutes – sonst vermag ich die Schwierigkeiten nicht mehr anzupacken. – Und glaube mir, so schwer es mir fällt, diesmal allein zu reisen – so notwendig ist es auch, daß ich die nächsten Schläge erst einmal allein empfange. Weil ich sie sonst nicht verwinden könnte.
Es küsst Dich und Signe Dein Henny

Handschrift, zwei Blätter, beidseitig beschriftet

28. *Aus Göttingen nach Bornholm*

Göttingen, 15. 3. 48.[180]

Meine liebe Ellinor,

ich habe nicht einen Augenblick lang vergessen, daß Du Heimweh nach hier und mir hast, Dich einsam fühlst und von mir Nachricht erwartest. Aber ach, meine Tage in Hamburg sind eine ununterbrochene Kette von Ereignissen ohne Resultat gewesen. Zum wenigsten liegen alle Erfüllungen noch ganz in der Zukunft. Ich vermöchte nichts zusammenzufassen. Wenn ich Dir sage, daß mir jede Stunde bis zum Rande ausgefüllt war, daß ich des Nachts kaum Zeit zum Schlafen hatte – und daß ich mich inmitten des Betriebes völlig vereinsamt fühle – so ist das eine Zusammenfassung, die nichts über die Ereignisse selbst besagt. Aber es ist noch nichts Greifbares da. Einzig, der Boden scheint diesmal garer zu sein, eine Art Bereitschaft zu besitzen, wenigstens einige meiner Absichten zu fördern. Mein Verhältnis zu den Menschen, zu unsern Freunden, ist völlig verändert. Ich wage nicht zu behaupten, daß diese Veränderung allein von ihnen ausgeht. Wahrscheinlich bin ich so verbittert, so sehr von ihren Betrachtungen, seien sie welche sie wollen, ausgeschlossen, daß sich auch meine Haut und meine Innenseite verändert zeigt. – Allmählich ist die Zeit dafür reif, daß jeder sich, ohne Berücksichtigung vergangener und gegenwärtiger Not, den Zielen seiner Konstitution zuwendet. Die Trauer ebbt aus, die besessenen Ziele verblassen. Das Idol, das ich manchen war, nimmt ab. – Friedel [Thoms] ist dabei, eine Gemeinschaft mit einem Jugendfreund aufzunehmen, ihre Tochter will sich mit dessen Sohn verheiraten. Das Ganze scheint noch ein Geheimnis sein zu sollen; niemand Fremdes außer mir weiß davon. Jedenfalls hat mich Friedel darauf vorbereitet, daß ich zukünftig nicht mit ihrer Hilfe oder Mitarbeit rechnen dürfe. – – Hans [Richters] ist völlig ins Fahrwasser der Reklame abgeglitten; er unterscheidet nicht mehr wichtig und unwichtig. Die Ereignisse, die sich mit der Uraufführung der »Armut« verbunden haben, geben ihm in seinen Augen in seinem Handeln und seiner Einstellung recht. Die Wirklichkeit sieht er nicht, daß viele tausend Mark in einem sinnlosen Aufwand vertan werden, der sich früher oder später gegen mich, gegen mein Werk richten wird. – Aber einmal entfacht, ist der Sturm in der Presse nicht zu beruhigen, selbst der Senat, ja Brauer, beugen sich, wenn auch widerwillig, den Forderungen und Postulaten der Zeitungen, in denen ich zu einer Art deutschen Gemeinschaftsbeute geworden bin. Dennoch vermute ich, daß das gewaltige Geschrei die Inszenierung des Stückes durch Fehling in Hamburg nicht heraufbeschwören wird: Fehling trinkt und ist auch m. E. dadurch in einen Zustand höchster Eitelkeit, Unzuverlässigkeit und gestörten Gleichgewichts gekommen.[181] – Heute lese ich in der Zeitung, [da]ß auch Hannover das Stück bringen wird. – Ludwig [Voß] ist seit etwa 5 Wochen gut genährt, weil er durch die Bauern der Gemeinde verpflegt wird. Er isst jeweils 14 Tage auf einem Hofe. So kommt er denn in einem Jahre herum. Er war mir gegenüber ganz unverändert; aber der Fall Yngve konnte zwischen uns nicht soweit klar gestellt werden, daß ich das Empfinden mitnehmen konnte, vorbehaltlos entlastet zu sein. Ursula [Trede] hat ihm insgesamt 3 Briefe geschrieben, nicht alle gleich gewichtig. Ich muß mich damit abfinden, daß alle mich schonen wollen und gleichzeitig einen Ausgleich zwischen mir und Ursula herbei führen. Mit anderem Temperament und anderer Einstellung Ursula gegenüber, wird das gleiche düstere Kapitel von Hanna und Fritz [Weissenfels] vorgetragen. Nur allmählich begreife ich, daß die Stärke Ursulas in ihren Briefen ihre Auslegung meiner Gebärden ist, eine Art theatralische Übersteigerung. Charli [Müller-Touraine] hat, ob mit der Absicht mir zu schaden oder in frommer Verworfenheit, mein Vertrauen, das[182] ich ihm schenkte, getäuscht, indem er Ursula mitteilte, ich hätte geäußert, Yngve hätte mich zu seinem Vater machen wollen (was ja den Tatsachen entspricht). Überrascht hat mich, daß gerade Hanna sich weitgehend mit dem Standpunkt Ursulas identifiziert, aber auch eben so klar ausdrückt, um Yngves willen müsse ein Ausgleich herbei geführt werden – – und Ursula achte mich nicht nur, sondern liebe mich, dies Wesen, habe erkannt, daß Yngves Lebensweg von mir abhängig sei. Fritz betont mit Recht, daß der Kreis, der sich in dies Verhältnis eingemischt hat, viel zu weit sei, und daß die Außenwerke von Menschen besetzt seien, die mich überhaupt nicht kennen. So Moufang und Frau Klute[183]. Angeblich soll Ursula mich z. Z. gegen diese verteidigen und deren Verdächte und Beschuldigungen zurückweisen. Aber ich bezweifle, daß dies ihre innerste Absicht ist, daß sie es vermag, da man hier notgedrungen auch zugibt, daß sie, mit mir unzufrieden, einer gegen viele sei. – Kurz, Ursula wird morgen in Göttingen sein, damit der »Ausgleich«, an den ich nicht glaube, und den Fritz für sicher hält, in Gegenwart von Zeugen durchgeführt werde. – Ich fühle mich bei dem Gedanken, Ursula gegenüber zu stehen gleich unbehaglich wie immer. Denn ich bin der Ketzer – und sie ist die Gläubige. – Wie sich Yngve in Hinterzarten benommen hat, zeichnet sich hier nur in schwachen Umrissen ab. Tatsache soll sein, daß Yngve 2 mal in die Kirche mitgenommen wurde und dort beide Male krank wurde. Er soll sich geweigert haben, noch zu den häuslichen Andachten Choräle zu spielen, sodaß dies abgeschafft wurde. Ursula beschloss, ihn nicht konfirmieren zu lassen, worauf Yngve, meiner Anweisung getreu, sich dennoch zum Konfirmanden-Unterricht meldete. Aber man scheint das Gefühl gehabt zu haben, daß er es auf einen Skandal anlege, und so ist die Konfirmation endgültig gestrichen. – Da ich nicht weiß, was Yngve erzählt und was er verschwiegen hat, ist meine geistige Lage gleich schwierig. Das erfuhr ich schon gestern Abend, wo ich ein paar Anschuldigungen auf sich beruhen lassen mußte. Ich habe mir heute Nacht vorgenommen, nochmals und nochmals, möge daraus folgen was wolle, eher Schuld auf mich zu nehmen, als Yngve in einem wesentlichen Punkt zu kompromittieren. – Daß Ursula mich hier, entfernt von Yngve, stellen will, begreife ich nur zu gut. Sie ist also auf dem Wege hierher. Das seelische Trauma, soweit es sich auf den Glauben bezieht, ist nunmehr bekannt, sodaß es keinem vernünftigen Zwecke mehr dient, einer Diskussion darüber auszuweichen. Freilich ist das Kernstück, das Abendmahl am Sarge, ziemlich entwertet, weil hier eine Darstellung vorliegt, daß es auf

Wunsch Yngves geschehen sei. Fritz als Arzt sieht darin aber keine grundsätzliche Verschiebung des Grundproblems. – Eines scheint sicher zu sein, daß Yngve erklärt hat, er sei mein Freund und lasse nicht von mir. Daran scheint denn auch einstweilen der Generalsturm Moufang-Klute gescheitert zu sein. Ursula soll das Verhalten der Frau Klute mir gegenüber tief bedauert haben. – Sie scheint aber auch die materielle Zukunft ihrer Familie gefährdet zu sehen, wenn sie den Kreis um sie her verlässt. Da aus dem Kreise Moufang ein abscheulicher Verdacht angedeutet worden ist, und Ursula, einfach aus praktischen Gründen, auch zukünftig die Verbindung mit ihm unterhalten muß, kann ich an eine dauernde Entspannung nicht glauben. – Ich muß einfach abwarten, was in den nächsten Tagen wird. – Diese langen Nachtgespräche erschöpfen mich sehr. – Unüberbrückbar wird m. E. bleiben, daß ich ein Ketzer bin. – Mir wird man anrechnen, daß Yngve – die Schöpfung liebt. – Als verhängnisvoller Überfluß ist zu verzeichnen: zwischen Ursula und Dr. Mumm ist es meinet- und Yngves wegen zu einer grässlichen Auseinandersetzung gekommen.[184] – Für die Geschicke um mich her ist es bezeichnend, daß gerade dieser Mann, mit schweren Komplexen beladen, gegen die Familie verbittert, – für mich zu kämpfen versucht – unter der unablässigen Beteuerung, daß er sich, seiner Nerven wegen, von aller Einmischung fernhalten müsse. – – Zeige Judit diesen Brief; aber bitte sie, wie ich auch Dich bitte, gebt nach keiner Seite eine Äußerung meines Eindrucks von der Sache weiter. Hier besitzt jeder, der von der Sache berührt wurde, bereits einen Aktenstoß. Es scheint, daß meine Briefschreiberei nur der kleinere Teil der schriftlichen Vorgänge ist. . – . – . –

Lass Dich umarmen, umarme Signe
und versuche gefasst zu sein.
Dein Henny

Handschrift, zwei Blätter, beidseitig beschriftet

29. *Aus Hinterzarten nach Bornholm*

z. Z. Hinterzarten 23. 3. 48.[185]

Meine liebe Ellinor,
Dein Brief vom 11.3. hat mich erneut mit Sorge um Dich und Signe erfüllt.[186] Ich fand ihn hier gestern bei meiner Ankunft vor. Über meine Gespräche in Göttingen habe ich nur Signe notdürftig berichtet. Ich möchte heut auch nichts hinzufügen, weil jene Göttinger Tage zu jenen Demütigungen zählen, deren Wiederholung man den Tod vorziehen würde. (Um mit Kleist zu reden.) Ich habe mich schließlich überwunden, noch meine Begegnung mit Yngve abzuwarten, ehe ich mich entschlösse, mir volle Rechenschaft zu geben. Diese Begegnung, genauer gesagt, das einzige notwendige kurze Gespräch zwischen Yngve und mir ist heute gewesen. Ich bin danach müde und leer wie einer, der von einem Geliebten Abschied genommen hat und das Versprechen erhielt, daß ihm die Treue unverbrüchlich gehalten werden würde.
Yngve ist im Körperlichen sehr verändert. Sein Gesicht ist sommersprossig, ein wenig unrein von der Wirkung der anstürmenden Hormone. Seine Stimme ist dunkel und sehr bedeckt. Sein Unterkörper ist voll. Und sein Geist ist unstet. Er ist mir auf der Treppe entgegen gelaufen und hat mich umarmt wie niemals vorher – ohne Rücksicht auf seine Mutter. – Heut also hat er mir erklärt, daß ich sein einziger Freund sei und es bleiben müsse. Freilich sei es notwendig, daß wir vorsichtiger würden, denn die Umwelt habe es darauf angelegt, uns mißzuverstehen. Die Verhaftung in Kopenhagen sei wohl das Symbol für das Mißverständnis, daß ich ihn »ermorden« wolle. Ich brauche ihn nicht zu belehren, dass das vorgeschobene Wort etwas anderes bedeute. Er erzählte mir von der zweideutigen Rolle Prof. Krafts, und daß er (Yngve) augenblicks das Gefühl hätte, mir solle geschadet werden.[187] Yngve also steht an meiner Seite.

Aber er ist in einer körperlich-geistigen Verfassung, daß es mir schwer fällt, gleichsam seiner auf längere Zeit habhaft zu werden. Als Symbol vergangener Tage spielen wir Reiter und Pferd; aber die technischen Befassungen mit Mikroskop etc. sind ihm wichtiger. Nachdem der Gewissenszwang der Religion von ihm genommen ist, fühlt er sich im Hause bedeutend wohler. Er sagt sogar, es gehe ihm sehr gut. Er habe sehr starkes Heimweh nach Bornholm gehabt; das sei vorbei. Seine neuen Kompositionen haben nicht die innere Größe wie die früheren. Es gibt da neue melodische Bildungen; aber noch keine eigentlich neue[n] Harmonien. Davon spricht er einstweilen nur. – Die Zukunft liegt also völlig im Dunkeln. Einzig, daß er sich nach wie vor mir beigesellt fühlt. Er versucht mir gegenüber völlig frei zu sein; aber es gelingt ihm nicht. – Ich glaube, jedes weitere Wort, das ich schriebe, würde schon Auslegung sein. – Hormone werde ich hier bekommen. »Meinetwegen und vor allem deinetwegen«, so lautete seine Einwilligung. – – Übermorgen fahre ich in die Schweiz, schwer beladen mit innerem Unfrieden, verlassen von allen, die noch vor kurzem an meiner Seite stehen wollten. Mit der Zusage eines Kindes, eines nicht mehr kindlichen Kindes. Das muß an die Stelle aller Vergangenheit treten. – Aber sicherer denn je fühle ich auch, daß Du und Signe mich nicht abschiebt auf eine »Ebene«, die für den täglichen Bedarf nicht in Betracht kommt. Ihr werdet, ihr müßt zu mir stehen, denn von Yngves Geist und Bereitschaft für mich kann ich allein nicht leben. Ich spüre jene furchtbare Fremdheit des zerfetzten einsamen Schaffenden auch an ihm, sehe den Strom, der uns trennt, über den hinweg man sich die Hände nicht reichen kann. – Daß er noch einmal nach Bornholm kommt, damit rechne ich nicht. – Ich rechne nur noch mit Hamburg. – –
An Tante wende ich mich bald. – – Es küsst Dich + Signe

Dein Henny

Bitte fasse Dich, ich tue hier was ich kann, um dem Bornholmer Ablauf ein Ende zu setzen.
(Dieser Brief, in Gegen[w]art Yngves geschrieben, von gelegentlichen kleineren Ringkämpfen unterbrochen, verrät Dir wohl, daß ich nur mit Mühe Tränen unterdrücke.)

Handschrift, ein Blatt, beidseitig beschriftet

30. *Aus Hinterzarten nach Bornholm*

z. Z. Hinterzarten, 10. 4. 48.[188]

Liebe Ellinor,

Senatsdirektor Lüth hat mir kurz mitgeteilt, daß Bürgermeister Brauer nach Kopenhagen gereist sei und mit Staatsminister Hedtoft[189] über meinen Fall sprechen werde. – Die sozialdemokratische Zeitung bringt als neueste Nachricht, daß Fehling in Hamburg die Inszenierung der »Armut[«] übernommen habe.[190] Die Rückgabe des Schauspielhauses an den hamburgischen Staat ist anlässlich der Uraufführung gesichert. – Die Engländer und Amerikaner sind offenbar bereit, meine Honorare und Tantiemen zu transferieren. Es bedarf nur noch einer Mitteilung der National-Bank, daß sie grundsätzlich die Transferierung meiner Devisenanfälle (einschließlich deutscher) wünscht. Mündlich hat man mir gegenüber diese Forderung gestellt. Ich glaube indessen, es ist angebracht, wenn ich persönlich darüber in Kopenhagen verhandle. Die Stadt Essen will die »Armut« gleichfalls noch in dieser Spielzeit aufführen. Der Anlass zu diesem Brief ist meine Ankunft in Hinterzarten und mein erster Eindruck von Yngve. Er war wieder völlig verändert. Er freute sich so sehr über mein Kommen, daß sich sein Gesicht mit einer Schönheit übergoss, die ich noch niemals vorher an ihm gesehen habe. Er war ganz frei, sehr zärtlich und erlaubte mir sogar, daß ich ihn küsste. – Und diese erste Regung hielt an. Er sprach ziemlich bald von seiner Musik, daß er weder »klassisch« noch »modern« schreiben könne, sondern nur wie sein Gehirn gewachsen sei. – Er hat die Entdeckung gemacht, daß er seine Partituren mit größter Gewissenhaftigkeit schreiben muß; auf den Klavierauszug (auch als Skizze) wird er zukünftig ganz verzichten. Er will sich so konzentrieren, daß das Bild in ihm auch während des Schreibens einer umfangreichen Partitur bestehen bleibt. – Später spielten wir die Platten des Bläseroktetts von Stravinski, die ich aus der Schweiz für ihn mitgebracht hatte.[191] Er saß vor dem Apparat und auf seinem Gesicht malten sich alle Bewegungen seines inneren Erlebnisses ab. Auch noch etwas mehr (was ich von mir selbst kenne): daß er während des Hörens selbst schaffte. Den Beweis für die Richtigkeit meiner Beobachtung erbrachte er, indem er sich kurz nach dem Hören hinsetzte und Noten schrieb. – Das Werk gefiel ihm sehr. Merkwürdigerweise waren wir uns völlig einig über die Stellen, deren Durchführung wir gekünstelt (intellektuel[l]) fanden. So die letzte langsame Variation des Mittelsatzes. Wir konnten definieren, daß die Polyphonie ihre Grenze überschreitet, wenn die Beziehung der einzelnen Stimmen zueinander nur noch graphische und statistische Bedeutung hat und nur noch dynamische Verwand[t]schaft, aber keinen erkennbaren seelischen Einklang mehr zeigt. Yngve meinte, daß alle große moderne Musik polyphon sei. Er empfindet es als eine Bestätigung seines Wesens, daß nahe harmonische Verwandtschaften sich wieder häufiger einfinden. Yngve fragt sich zweifelnd, ob er polyphon denken und empfinden würde, wenn er als Kind nur mit homophoner Musik in Berührung gekommen wäre. Ich konnte ihm getrost antworten: er hätte dann die Polyphonie für sich neu erfunden. – Seine Zweifel sind mir eine Bestätigung für seine

Berufung. Er arbeitet hart. Er weiß auch im Innersten schon, daß es auf ihn ankommt. Er bestätigt in wundervoller Weise, was v. Beneckendorff von ihm sagte.[192] Seine Stimme ist jetzt völlig beschattet. Er hat Freude daran, gute Kleider und schöne Stiefel zu haben. Im Körperlichen ist er noch immer sehr empfindlich. Aber er will mit mir in den Wäldern umherstreifen, denn vielleicht will ich ihn ja doch »ermorden.« Jetzt ist er zum Üben gegangen. Er ist darauf bedacht, seine Finger in die Gewalt zu bekommen. Er hat nur noch einen Lebensplan: sich selbst als »Komponisten« zu entdecken, seinen Stil zu finden. Vom »mittleren Weg« wird nicht mehr gesprochen. Es gibt »alles oder nichts«. Natürlich ist diese Entscheidung in ihm im gleichen Augenblick gefallen, wo er eindeutig ein Geschlechtswesen geworden ist. Ich glaube, es ist stark an ihm gerüttelt worden. Aber er hat sich an meine Worte gehalten. Er ist natürlicher geworden, innerlich freier, ohne Schuldgefühl – – aber sehr schamhaft. Und ein Heide dazu. – – Ich schreibe Dir diesen ersten Eindruck, weil ich fürchte, die nächsten Tage möchten die eine oder andere positive Auslegung verwischen. – Die Schlußfuge des Konzerts d-moll ist immer noch nicht fertig geschrieben. In ihm ist sie fertig. Er hat sie erweitert, vertieft, mit seltsamen Harmonien gewürzt. Er konnte mir nicht ohne Weiteres sagen, ob sie 180 oder 280 Takte lang sei. Das wird sich morgen oder Übermorgen erwiesen haben, denn er schreibt sie jetzt nieder. – Dies zweite Konzert unterscheidet sich sehr vom ersten. Die Gedanken darin sind mehr durcheinander gewürfelt. Die Form des italienischen Konzerts ist überall durchbrochen (wenn sie als Gesamteindruck auch noch besteht.) – Auf Monna hat der Konzertsatz F.-Dur (dies Werk am Erlebnis erster männlicher Empfindungen) einen genau so überwältigenden Eindruck gemacht wie auf mich. Wir hatten zuvor frühere kindliche Werke gespielt. »Es ist das Werk eines Jünglings«, sagte sie bestimmt. Ich verbesserte sie »Eines Ynglings!« In diesem Wort ist wirklich das heidnische Erlebnis mit angedeutet. Denn sie gingen über die Felder, um mit ihrem Samen das Wachstum zu segnen. – Trotz meines so entschieden verheißungsvollen Eindrucks von Yngve bedrückt mich die Tatsache seiner geistig dünnen Umgebung. Es gibt da nichts Erdhaftes, durchunddurch Echtes. Die Worte verstellen die Wahrheit. Mein Hang zum Zweifel nötigt mir die Sorge ab, ob Yngve dem ständigen Zwang der Geistes- und Gewissensnötigung gewachsen ist. Um sich voll entfalten zu können braucht seine Seele Blut, das Blut des fürchterlichen Daseins, das nur durch die gewalttätige Liebe süßer oder milder wird. Die Versüssung durch den so unverbindlichen Glauben kann ihm nicht bekommen. – Im Grunde ist Ursula die Freieste unter den mir erkennbaren Gestalten. Sie ist am Ende sogar durch mich beeinflußbar. Aber sie erliegt der Dauer des Aspektes, unter den sie sich mehr oder minder freiwillig gestellt hat. – Yngve ist stärker, seelisch größer geworden. Ursula räumt ein, daß seine sprunghafte Entwicklung ohne Bornholm nicht möglich gewesen wäre. Vielleicht hat sie sich damit abgefunden und sogar erkannt, daß ich Yngve unausweichlich begegnen mußte. Daß seine geistige Gesundheit von einer anderen Art Wahrheit als der ihren abhängt. – – Wenn ich im Augenblick sehr zurückhaltend auftrete, so erkenne ich doch in mir, daß der Zeitpunkt nicht mehr sehr ferne ist, wo Yngve einen anderen, einen anders gearteten geistigen Raum um sich her braucht. Die Vorzüge Hinterzartens sind ausschließlich landschaftlicher Art. – Indessen, da ich im Augenblick nichts ausrichten kann, auch keinen Plan kenne, den ich anempfehlen möchte, so bleibt alles Theorie. Außerdem – ich will die nächsten Tage abwarten, ob Yngve sich weiter öffnet oder wieder langsam verschließt. »Zwei fürchterliche Jahre für Sie, lieber Jahnn«, sagte v. Beneckendorff. – – Ich soll Dich und Signe, auch Judit

herzlich von Ursula grüßen. Yngve gedenkt eurer auch (und Signe hat er ein wenig in sein Herz geschlossen, was mir eine Art ungewisser Hoffnung gibt.) – Ich hatte Gelegenheit, an mir seine Hormone mit denen eines etwa gleichaltrigen Flegels zu vergleichen. Ich habe begriffen, ich weiß nun, daß sich ein männliches Wesen haarstreubend von einem Schaffenden unterscheidet. – Eine drastische materielle Erklärung für die Variante Genie, die mit dem Geiste nicht begriffen wird. Wir, die Wenigen, stehen sehr allein.
Ich gratuliere Dir zu den Urenkeln Struensees![193]
Es umarmt Dich und Signe

Dein Henny

Handschrift, zwei Blätter, beidseitig beschriftet

31. *Aus Hinterzarten nach Bornholm*

Hinterzarten, 1. Mai 1948.[194]

Meine liebe Ellinor,

nach reichlich 20 Stunden ununterbrochener Eisenbahnfahrt bin ich hier abermals angekommen. Yngves Verhalten ist mir völlig rätselhaft. Er wußte, daß ich kommen würde. Kurz vor meinem Eintreffen ging er zum Üben auf den Birklehof[195] und wird vor 21 ½ $^{\underline{h}}$, (also nach vier Stunden) nicht eintreffen. – Ich kann mich natürlich nur noch schwer gegen die Empfindung wehren, daß ich ihm völlig gleichgültig bin – daß unser Plan ihm unwichtig ist, daß er sich seiner Umgebung anschließt. Es ist mir jedenfalls unmöglich, diesem äußerlichen Abstandnehmen keine Bedeutung beizumessen. Schließlich liege ich 40 Stunden auf der Eisenbahn, um 24 Stunden hier zu sein. – Ich spüre Lust, wieder abzureisen, ohne ihn zu sehen. Schließlich habe ich seinetwegen Demütigungen schlucken müssen wie nur selten in meinem Leben. Dabei meine ich, daß ich noch immer für ihn sorge, soweit meine Kraft und mein Einfluß reicht. So habe ich die Gleichrichter für seine Orgel durch eine Sonderanfertigung beschafft. Ich war beim Rundfunk, um wegen der Konzerte zu verhandeln.[196]

Plötzlich ist mir, als hätten alle recht, die mich berieten, Yngve sei ein Spross seiner Eltern und verstehe sich auf den Egoismus. – Das Lächeln Ursulas, als sie mir Yngves »Abendplan« mitteilte, war für mich schrecklich. Sie schien ihren Triumpf auszukosten. Sie berichtete, Yngve hätte auch noch zum Sternegucken wollen; das sei nur daran gescheitert, daß er Herrn Schelzig[197] telefonisch nicht erreicht habe. – Ich überlege mir seit ein paar Stunden, was ich tun soll. In Bezug auf ihn kann ich mich nicht entschließen.

Weißenfels werde ich mitteilen, daß mein Verhältnis zu ihnen sich zwangsläufig gewandelt hat. Mit Ludwig [Voß] habe ich anlässlich meines Vortrages ein paar Worte gesprochen. Er wollte oder konnte nicht glauben, was ich ihm von den göttinger Gesprächen berichtete. – Aber es kommt ja nicht darauf an, was andere dazu sagen.

Entweder hat Y. überhaupt kein Empfinden für den Zustand des andern – das wäre bedenklich – oder er mag mich nicht mehr – das wäre der Triumpf der geistigen Reaktion, wie er größer nicht gedacht werden könnte. – Ich habe jedenfalls in diesen Stunden mehr Hoffnungen abgeschrieben als ich verbucht hatte. – Es ist wahrscheinlich, daß ich nun schnell nach Dänemark zurückkehre. – Freilich so ziemlich aller Illusionen beraubt. Ich hinterlasse ein leeres Deutschland. – Merkwürdig, ich habe diese schärfste Krise geahnt. In der Bahn habe ich mir stundenlang überlegen müssen, wie wohl diese neue Begegnung mit Yngve sein würde. Ich hatte damit gerechnet, daß er nicht an der Bahn sein würde; aber dieser Entschluß, sich soweit von mir zu distanzieren, trifft mich doch hart. Er lähmt mich geradezu. – Mein Nachgeben Ursulas + Weißenfels gegenüber ist auf dem neuen Hintergrund geradezu – ein Akt der Feigheit.

Es umarmt Dich
Dein Henny

Handschrift, ein Blatt, beidseitig beschriftet

32. *Aus Hinterzarten nach Bornholm*

Hinterzarten, 2. Mai 1948.

Liebe Ellinor,
meinen verzweifelten Brief von gestern muß ich heut ergänzen. Yngve kam erst gegen 22$^{\underline{h}}$ nachhause. Er wagte nicht, ins Zimmer zu schauen, ob ich da sei. Als er mich erblickte, wurde er vor Freude über und über rot, schmiegte sich an mich, obgleich Ursula und Frau + Herr Peters im Zimmer waren.[198] Ich machte ihm wegen seines Verhaltens Vorwürfe und erklärte, ich würde am nächsten Morgen wieder abfahren. Das letzte glaubte er nicht. »Für mich hast Du bestimmt mehr Zeit«, sagte er. Und dann rückte er damit heraus, er sei nicht ganz sicher gewesen, ob ich pünktlich eintreffen würde. Er habe eine Enttäuschung gefürchtet. Um sich zu beruhigen, sei er zum Üben gegangen. Am Abend habe ihn Frau Picht aufgehalten. Aber er habe auch nicht mehr erwartet, daß ich eingetroffen sei – weil ich nicht telefoniert hätte. – – Diese Schilderung deutet auf eine so innige Verbundenheit, daß ich beschämt sein müßte, wenn alles einer Überlegung entspringt. – – Er ist abermals verändert. Er ist magerer geworden, wiegt, trotz des Wachstums, weniger als auf Bornholm. Er hatte tiefe Schatten an den Augen. Sein letztes Schulzeugnis ist das schlechteste seit langem. Dafür liest

er meine Werke. – Herbert Jäger tut das Gleiche.[199] Diese Jüngeren, von 19 Jahren abwärts, sind wieder besserer Stoff, ich beobachte es überall. Yngves 2. Konzert ist – trotz des knappen Ausdrucks – ein gewaltiger Fortschritt zur Selbständigkeit. Ein Gespräch Ursula + Frau + Herr Peters, das ich stumm mitanhörte, gab mir den Beweis, daß diese Welt von Schule und Haus etwas völlig künstliches und Erlogenes ist, mit dem sich ein großer Geist nie und nimmer identifizieren kann. Ich komme mir dabei wie ein Mondbewohner vor, und Yngve würzt den Fluß der Rede, indem er laut feststellt, daß ich immer jünger aussehen werde und wundervolles weiches Haar hätte. Ursulas Gesicht wurde ein wenig gequält und grau. – Natürlich wollte Yngve nicht ins Bett. Er mußte mir noch erst unter vier Augen die so ungereimten Schimpfworte sagen. – Vielleicht fahren wir morgen nach Freiburg, um Bachs Brandenburgische Konzerte zu hören; aber das hieße, wir müssten in einem Hôtel übernachten. Yngve wünscht es, Ursula schweigt.
Eigentlich weiß ich nicht, wie das Ganze weitergehen soll. Allmählich sind die Spannungen nicht mehr zu verbergen. Yngve ist leider niemals deutlich in seinem Verhalten. Ich fühle mich deshalb blind. Er sagt mir nur Andeutungen, die ich auslegen muß. Das ist bei meinem Alter und meiner Konstitution außerordentlich unbekömmlich – zumal Yngves recht unharmonischer Körper sehr an seinen Vater erinnert, an dessen schwankende geistige Haltung. – Plötzlich ist es auch so weit, daß Yngve Anerkennung braucht, danach dürstet. Der sinnliche Strudel, so gelassen er ihn auch mit dem Verstande beurteilt, wühlt seinen Geist auf. Er fühlt, daß er etwas sein muß, um die ganze Tiefe seines Wesens ertragen zu können. Ich zweifle nicht daran, daß er sich selbst groß und echt erlebt. – Augenblicklich gibt es für mich nur den Trost, daß er noch immer bereit ist, den »Totentanz« zu komponieren – – unsere

»Voroper«.[200] Einzelheiten haben wir noch nicht besprochen. Da fürchte ich seinen Widerstand – seine Schaffensangst. – Küsse für Dich + Signe

Dein Henny

Handschrift, ein Blatt, beidseitig beschriftet

33. *Aus Hinterzarten nach Bornholm*

Hinterzarten 3. Mai 1948.

Meine liebe Ellinor,

ich schreibe Dir auch noch diesen dritten Brief von hier, weil ich kein Tagebuch führe – und ich doch möchte, daß diese Tage mit Yngve festgehalten werden. Sie sind entscheidend. Die Besprechung über den »Totentanz« gehört zum Beglükken[d]sten, das ich mit Yngve erleben durfte. Ich mußte ihm das ganze Werk vorlesen. Und wir fanden heraus, daß es gelte, nicht weniger als 16 Instrumentalnummern zu schreiben. Ich fürchtete schon, er würde erschrecken und deutete an, daß manches kurz sein dürfte. »Kurz«, antwortete er, »warum willst du mich beschränken? Wir haben doch abgemacht, daß ich völlig freie Hände bekomme.« Also ein großes zweichöriges Orchester. Trompeten, Posaunen, Fagotte, Oboen, Klarinetten, Flöten, alle Streicher und Pauken. – Das Ganze wird an den Höhepunkten zusammengefasst, so im Vorspiel, in der großen Himmelsszene und am Schluß. Im Übrigen wechseln sich zwei Gruppen ab: Rechts: Posaunen, Trompeten, Klarinetten, Violen und Pauken. Links: Streicher, Flöten, Oboen und Fagotte. – – Das ganze Werk beginnt in d-moll mit einem kurzen starken Präludium, das in eine feierliche Passacaglia übergeht, die in allen Instrumentierungen schillert. Weitere Ausformungen liegen noch nicht fest.

Der Sonnabend Abend war womöglich noch schöner. Yngve unterhielt sich mit mir über Gedankenübertragung und erzählte, er habe gewußt, auch ehe die Krankheit seines Vaters schlimm wurde, daß dieser sterben würde. Er fragte mich auch mehrmals nach der Bedeutung der Szene im Himmel und warum ich geäußert hätte, daß er und ich zur Partei des Prinzen gehörten, der doch identisch mit Gott sei. Ich antwortete ihm, daß von diesem Prinzen niemals ausgesagt würde, daß er die Welt erschaffen habe. Im Gegenteil stehe geschrieben: er sei außen vor, ohne Unterrichtung, ganz allgemein – sei also jenseits der Welten in der gleichen Rolle wie wir innerhalb. Er verstand das, billigte das. – – Von der Religion scheint Y. befreit zu sein. Beim Tischgebet nimmt er meine Hand und drückt sie. – Überhaupt benehmen wir uns ein wenig als Verschwörer. Er setzte es also durch, daß wir beide allein nach Freiburg fuhren und dort übernachteten. Er weiß natürlich, daß »man« daran Anstoß nimmt. Ich habe dies Wissen denn auch teuer bezahlen müssen. Äußerlich lässt er Anstoß nehmen. Aber er kompensiert es damit, daß er unter vier Augen erst einmal völlig unleidlich gegen mich ist. Schon in der Eisenbahn war er schlechter Laune. Dann warf er mir die Form vor, mit der ich uns im Regierungshôtel ein schönes Zimmer beschaffte. Vor dem 1. Konzert bemängelte er, daß ich von Prof. Scheck, dem Leiter der Musikhochschule, sogleich erkannt wurde und aufs herzlichste begrüsst und als »berühmter« Mann umarmt und vielen weiteren Herren vorgestellt wurde.[201] Als wir dann sogar seidenbezogene Sessel angewiesen bekamen, war für Yngve das Maß voll. – –

Danach in unserm Hôtelzimmer angekommen, erklärte er, nicht zu wissen, was wir miteinander beginnen sollten, er langweile sich, er werde nach Hinterzarten zurückfahren. (Das war um die Mittagszeit.) Da wir auf meine dürftigen Marken dann auch nur ein dürftiges Essen bekamen und kaum

¼ satt wurden, machte sich auch seine körperliche Konstitution geltend. Es wurde ihm schwach, seine Beine begannen zu zittern. Eine halbe Stunde machte ich Versuche, Essen zu beschaffen. Aber in der französischen Zone ist alles so eingeengt, daß man weder mit Geld noch guten Worten etwas erreichen kann. Da Yngve immer verzweifelter und unleidlicher wurde, ging ich zuerst in ein französisches Hôtel (erfolglos) und dann in das französische Offizierskassino. Nach allerlei Verhandlungen erreichte ich, was ich wollte. Obgleich es schon fast $3^{\underline{h}}$ war, bekamen wir zu verhältnismäßig billigem Preis das Essen + Wein + Kaffee und wurden auf angenehme Weise satt. – Wenn Yngve auch etwas fröhlicher wurde, so blieb er doch sehr abweisend. Im Hôtel machte ich ihm allerlei Vorwürfe und sagte, wenn er seine Laune an mir auslassen wolle, wäre es besser, jeder ginge seiner Wege. Er erklärte nun, er könne es nicht ertragen, daß ich ihm mißtraue. Er habe es einfach nicht erwartet, daß ich am Freitag schon kommen würde. Man müsse es ihm auch nicht genau genug gesagt haben. Jedenfalls sei es ihm gewiss gewesen, daß ich erst Sonnabend einträfe. (Das war nun im Gegensatz zu seiner ersten Erklärung vom Freitagabend. Diese Divergenz erkläre ich mir so: er hat gewünscht, daß ich schon am Freitag käme, hat es aber weder geglaubt, noch hat man es ihm genau genug gesagt, etwa in dem liebenswürdigen Zurechtrücken Ursulas »ihr könnt dann ja am Sonnabend miteinander sprechen –«. Fallgruben kleineren Ausmaßes werden jetzt überall gestellt.) Nun, er begann mein Haar zu streicheln und bestimmte, daß wir beieinander bleiben würden. Wir haben dann ein paar Stunden miteinander verbracht. Aber ein eigentliches Gespräch wollte nicht aufkommen. Er war unfrei. Er sah wohl, daß ich unglücklich war. Nur einmal begann er eine kleine Rauferei mit dem Ziel, daß ich seine Kniekehlen streichle. Bei einer zweiten Balgerei kratzte ich ihn zufällig am Finger. Da wurde er auf die alte kindliche Weise beleidigt. – Nun, er ist wieder größer geworden. Er überragt jetzt seine Mutter. Große Hände, große Füße. Sehr unharmonischer Körperbau. Arme lang neben den Knieen herabhängend. – – Beim 2. Konzert am Abend war Yngve ausgeglichener, fröhlicher. (Wir hatten zuvor nochmals im Kasino gegessen, weil Yngve schwach vor Hunger war; – ein Diner mit Wein + Kaffee.) Er lernte viel – wie man die Blechbläser am besten nicht verwendet. Er will jetzt selbständig mit dem Studium der Harmonie-Lehre Hindemiths beginnen. Nach dem Konzert gingen wir ins Hôtel; Yngve legte sich sogleich, weil er behauptete müde zu sein. (Das war sicherlich ein Vorwand.) Er streichelte wieder mein Haar. Er sprach dann noch einmal kurz vom Sterben, behauptete, ich wisse sicherlich schon, daß er früh sterben werde. – Ich habe in der Nacht kaum geschlafen. Vom Münsterturm hörte ich jede Viertelstunde schlagen. Aber Yngve schlief. Er atmete unruhig, war rot im Gesicht – aber völlig ausgeglichen im Antlitz.

Einmal, schlafend, reichte er mir die Hand, zuckte dann aber zusammen, als ich sie nahm. Ich wurde an jene unselige Nacht des 19. Juli erinnert, vor mehr als 37 Jahren auf Amrum. Wie damals erhoben wir uns um 5^h am Morgen, kleideten uns an.[202] Dann erst, wegen der Kälte mit dem Mantel über sich, begann Yngve zärtlich zu sprechen, kauerte sich neben mich, umarmte mich, streichelte mich. »Du bist ein älterer Engel als ich. Du mußt mir vertrauen. Ich tue alles, was ich kann, damit der »Totentanz« etwas wird. Wenn du dich einsam fühlst und melancholisch wirst, denk an mich! Ich will versuchen, vielleicht gelingt es mit der Gedankenübertragung. Du wirst nur noch ein schweres Jahr mit mir haben. Ich möchte im Sommer mit dir an die See – oder nach Hamburg. Aber du mußt mich abholen. Mit der Kirche lassen sie mich endlich ganz in Frieden.« Er dehnte die Minuten aus. Wir lagen so eine halbe Stunde nebeneinander. Ich versprach ihm, ihn nicht mehr zu bemißtrauen. Ich gestand allerdings, daß ich große Furcht um ihn hätte, zumal kein Mensch, kein Kamerad, kein Freund an seiner Seite wäre. »Ich will keinen Freund«, sagte er heftig. »– Ich weiß nicht, ob wir auf Seiten des Prinzen sind. Jedenfalls scheint keiner auf unserer Seite zu sein. – Na, ich muß bald alle deine Werke lesen.« Er sprach noch kurz von Dir und Signe, daß ihr so anders wäret als die betende Horde mit ihren Worten, die nicht stimmen. Und dann sagte er ein paar Gebetstexte. »Ich kann den unehrlichen Kram nicht behalten –« Dann wanderten wir im Regen nach dem Bahnhof. Und mir war noch immer als hätte sich jene Nacht auf den 19. Juli 1913 wiederholt – ein Schmerz, eine Sehnsucht ohne gleichen, eine hochzeitliche Stunde ohne Hochzeit – nichts als Zweifel und Ungewißheiten – ein Abstand wie er nicht größer sein kann.[203] Aber der Wunsch ist nicht vergangen, eine Brücke über die Abgründe zu bauen. Und daß es gelinge, an das Fastunmögliche soll man glauben. – Die Fahrt durchs Höllental[204] war trübe.

Seltsam, ich habe erneut das Empfinden, daß Yngve nicht reichlich genug ernährt ist. Ich sah gestern, daß selbst reichliche Mahlzeiten gegen seinen Hunger nicht viel ausrichten. Was tun? – Überhaupt: Was tun? – Er wird hier bis zur Erschöpfung beschäftigt. Da Ursula nichts dawider ausrichten kann, daß Yngve den Totentanz komponiert, fördert sie es – oder gibt vor es zu fördern. Da Yngve die Sendung seiner Konzerte will, hat sie nichts dawider. Da die Aufführung etwa 10–15 000.– Rm. kostet, wäre es ausgeschlossen, sie hier in Freiburg zu machen. Nur der Rundfunk kann solche Summen bezahlen. Also der Weg in die Öffentlichkeit ist unausweichlich. Es muß abgewartet werden, welches das erste Ergebnis sein wird. – Nach langem Hin- und Her haben Yngve und ich beschlossen, daß ich noch einmal nach Göttingen fahre, zu-

mal Ursula bald nach mir, etwa Ende der Woche, da sein wird. So wenig Lust ich habe, in die Atmosphäre des Hauses W.[eissenfels] einzutreten – so sehr raten Ludwig Voss und Yngve mir zu. Wir sind die Schwächeren – in jeder Beziehung – und müssen unter Demütigungen die Stirn bieten.
Ich denke immer an euch. Alles in allem bin ich völlig ratlos. Ich besitze keine Mittel irgendwelche Maßnahmen durchzuführen – weder für uns noch für Yngve. Dr. Paul Th. Hoffmann erzählte mir, daß Brauer völlig unzuverlässig, völlig gleichgültig gegen alle Kulturäußerungen geworden sei – eine der größten Enttäuschungen.[205] – Nun sagen es sogar seine ehemals Nächsten. Küsse für Signe und Dich.

Dein Henny

Handschrift, drei Blätter, beidseitig beschriftet

34. *Aus Hamburg nach Bornholm*

Hamburg 16. Juni 1948[206]

Meine liebe Ellinor,

es ist wahrhaftig gegen meinen Willen, daß ich Dir erst heut schreibe. Aber in dieser Stadt, in ganz Deutschland ist die Hölle los. Am schwarzen Markt ist der Kaffee auf 1000.– Rm, eine Zigarette auf 24.– Rm. gestiegen. Das Ganze nennt sich Währungsreform. Ob die Aufführung der »Armut« noch stattfinden wird oder nicht, hängt nicht mehr von einem Plan, sondern lediglich vom Zufall ab. Wenn sie stattfindet, wird es ökonomisch nichts bedeuten; vielleicht, daß ich noch 50.– Rm. verdiene. Kein Mensch wird, kein Mensch kann nach dem Tage X noch ins Theater gehen, weshalb der Stadtkämmerer das Schließen aller Theater ins Auge fasst. Was ich von meinem Bankkonto retten werde, ist ungewiß; aber glücklicherweise

Hans Henny Jahnn und Bernhard Minetti während der Proben zur Uraufführung von *Armut, Reichtum, Mensch und Tier* in Hamburg, Frühjahr 1948

ist es gesperrt. – Sehr zuverlässig erfuhr ich heut, daß die ersten Durchführungsmaßnahmen erst am Sonnabend bekannt sein können; das würde bedeuten: auf den 24. – einen Tag vor der Uraufführung – fällt dieser X-Tag. – – – Ich wurde durch den Besuch Rudolf Maacks[207] und des Barons von Veltheim[208] unterbrochen. Der Baron ist ein in jeder Beziehung stattlicher und junger Mann von 63 Jahren. Er behauptete, seine Jugend ohne Hormone erhalten zu haben. Ich mußte ihm leider widerspre-

chen, auf seine deutlich erkennbare Homosexualität anspielend. Worauf er meinte, ich sei nicht nur scheinbar, sondern wirklich so weise, wie der weiseste Indier. – Im Übrigen sehr anregende Gespräche. – – Telegramm aus Wuppertal: ich werde mit dem Auto abgeholt und spreche tatsächlich, trotz des Wirrwarrs am 27. Juni im Ruhrgebiet.[209] – – Gestern sandte Radio Stuttgart einen Vortrag über mich, gehalten von Herrn Schelzig aus Hinterzarten.[210] Wegen Gewitter konnte niemand hier im Norden etwas hören. Maacks Vortrag über mich ist sehr eigenwillig, aber doch sehr positiv.[211] Das deutsche Nachrichtenbüro teilte mir mit, daß jeden Tag in allen möglichen Zeitungen Artikel über mich erschienen. – – Seltsamerweise: was ich bis jetzt von der »Armut« in den Proben gesehen habe, wirkt sehr stark auf der Bühne; das hatte ich nicht erwartet. Leider habe ich den Hauptdarsteller Minetti noch nicht gesehen.[212] Er ist erkrankt. Er soll der beste Schauspieler sein: aber auch ein Star; Du weisst, das kann alles verderben. Die Schauspieler werden mit Kaffee, Brot und Butter am Leben erhalten. – – Die Generalprobe wird in die Filmwochenschau aufgenommen werden.[213] Der Rundfunk bringt einen Hörbericht.[214]
Meine Tage verlaufen sehr unregelmäßig; bis jetzt habe ich 1 x Mittag gegessen. Meine Erkältung ist noch immer nicht vorüber. Ich hatte auch merkwürdige Schmerzen im Leib, die aber allmählich abklingen. Zum eigentlichen Arbeiten bin ich überhaupt nicht gekommen. Kein Brief wurde geschrieben; Friedel [Thoms] habe ich nur einmal flüchtig gesehen. Das Ereignis: ihr Sohn lebt!! – So habe ich also recht gehabt. – Sie ist merkwürdig schwebend, nicht gegenwärtig. Mir wird alles, die Menschen, immer unfassbarer. Ich begreife allmählich, weshalb die kleine Auswahl, die versucht, selbständig zu denken, die »Armut« so groß findet: weil dort richtige Reaktionen des Lebens aufgezeichnet sind; – Reaktionen, die es hier sozusagen in der Wirklichkeit nicht mehr gibt. Die einfachsten Worte auf der Bühne

wirken in diesem Stück magisch. – Die Uraufführung der »Straßenecke« wird wahrscheinlich in Essen sein.[215]
Ich übersehe nichts. Nicht einmal Yngve habe ich geschrieben. Ich meine zu spüren, daß die schwersten Monate vor uns liegen; daß danach aber eine Erleichterung sein wird. – Wie diese Frist überstanden werden soll, – darüber gibt es keine Vorstellung in mir. Einstweilen tauchen hier für mich die gleichen Schwierigkeiten auf wie für Dich: Geldmangel, Unmöglichkeit, irgend etwas Reales voranzutreiben.
Herr Frobenius + Herr Schepeler waren auf einer der Proben.[216] Sie waren sehr beeindruckt.
Aber ich bitte Dich, nicht den Mut zu verlieren, Dich nicht durch alles Mißgeschick überrennen zu lassen. Wenn meine Gesundheit nur einigermaßen bleibt, wird sich nach dieser nochmaligen Veränderung eine Tür öffnen. – Ich wünsche Dir zu Deinem Geburtstag (wenn er auch schon da ist), daß sich doch endlich für Dich ein Lohn, ein Entgelt finden möchte, dass Du aushieltest und soviel Bitteres schlucktest.
Nun muß ich schon wieder eilends in die Stadt. Das Auto ist natürlich nicht gekommen. Küsse Signe!

Es umarmt Dich
Dein Henny

Handschrift, zwei Blätter, beidseitig beschriftet

35. *Aus Hinterzarten nach Bornholm*

Hinterzarten, 4. Juli 1948

Meine liebe Ellinor,
meinen letzten Brief sandte ich an Signe, da ich nicht wußte, ob Du noch in Kopenhagen warst. Draußen ist Regen und

Sturm. Wie sehr entspricht dieser unfreundliche Sommer meiner inneren Verfassung! Ich bin zweifelsohne krank. Aber ich kann diese Krankheit nicht definieren. Sie schwächt meinen Körper und meinen Geist in einer Weise, daß es zum Verzweifeln ist. Ich habe leichte Schmerzen in der linken Hälfte des Unterleibes, spüre die Bewegungen des Darmes und neige dazu, daß ich es diesmal nicht mit der linken Niere zu tun habe. Dem widerspricht einzig, daß ich des Abends, wenn ich mich ins Bett begeben habe, meine ganze linke Seite wie eingeeist empfinde, gleichsam als abgestorben – als ob irgend etwas Totes in mir säße. Natürlich finden sich auch Schweißausbrüche ein, die mich so wenig beruhigen wie das Kältegefühl. Am Sonnabend, als ich hier eingetroffen war, ging es mir, zerrissen von der Situation, die sich hier aufgetan hat, so schlecht, daß ich glaubte, die Nacht nicht überleben zu können. Ich setzte dann (statt Morphin zu nehmen) eine Flasche mit frischen Hormonen an den Hals – – und schlief in der Tat ein. Gestern ging es mir wesentlich besser. Es erquickte mich, daß ich mit Yngve den ganzen Nachmittag gemeinsam verbrachte. Wir spielten mit seinem Fernrohr und er versuchte gut zu machen, daß er mich am Morgen dahin gebracht hatte, Tränen zu vergießen.
Er ist um abermals 5 cm gewachsen, also 165 cm groß. Er wirkt älter, mir im Geistigen völlig ebenbürtig. Einen Freund hat er noch nicht, will auch keinen. Er ist wohlmöglich noch schamhafter als ehedem. Jede Berührung ist gleichsam ein Verstoß – außer das Streicheln der Haare von seiner Seite – und daß ich ihn zuweilen am Rücken kratzen muß. Aber es ist flüchtiger geworden. Er sagte mir nur, gleich nach der Begrüßung, seine männlichen Empfindungen seien nicht häufig. Er drückte sich nicht klarer aus. Vielleicht wollte er mich nur beruhigen, dass er keinen Mißbrauch treibe. Er verknüpfte diese Bemerkung mit Dietrich Buxtehude und dem Pfarrer, – daß dieser

ihn wegen seines Heidentums getadelt habe – und jener wohl homosexuell gewesen sei – wie jedes Genie.[217] – – Es ist hier zu Auseinandersetzungen gekommen, die mich tief beunruhigen. Die auch Yngve ängstlich oder schlimmer: schwach machen. Er hat seiner Mutter in aller Form erklärt, daß er nichts mit dem Kristentum zu tun haben wolle, daß er an meiner Seite stehe, man möge davon in Hinterzarten denken was man wolle. Ursula ist nicht dumm. Sie hat die Erklärung ohne Protest hingenommen. Dann aber hat sie von seiner Konfirmation gesprochen, daß eine Weigerung ihm sicherlich in der Schule schaden würde, ihn zum Gespött machen würde, denn jeder würde wohl erkennen, daß er in meiner Hörigkeit wäre. Der Pfarrer ist heimlich zurate gezogen worden, hat Yngve zu sich bitten lassen und hat ihm eine politische Rede gehalten: wer Kristus verleugne, mache sich mitschuldig am Untergang Europas. Nur noch das Kristentum vermöchte das größte Unglück zu verhüten. (Von Ethik wurde nicht mehr gesprochen.) Yngve schwankt, ob er sich konfirmieren lassen solle oder nicht. Er hat mir in die Hand geschworen, er werde jeden geistigen Vorbehalt nehmen. Ich mußte ihm leider entgegnen, daß nunmehr der Fall nicht mehr schülerhaft läge, nachdem die Erörterungen gewesen. Seine Mutter und der Pfarrer würden ihn auf seine Taufe festlegen. Wir einigten uns, daß ich Fritz [Weissenfels] schreiben solle, damit er hülfe oder entschiede. Yngve gesteht, wie auch sonst schon, daß er im Karakter nicht stark sei wie ich, daß er »dem Faß den Boden nicht ausschlagen« könne. Er wird von allen Seiten verwirrt. Er weiß, daß seine Mutter »mich nicht mag«. Jede Rede von meiner Seite sei zwecklos. – – Es wird nicht mehr davon gesprochen, daß Yngve vom Hause weg will. Es zeigt sich jetzt die verhängnisvolle Erbanlage durch Hilmar. Ursula ist viel, viel stärker und dazu schlau. – Ich habe Yngve erklärt, daß es mir zu hart wäre, bei jedem Kommen erst eine Mau-

er durchstoßen zu müssen, ehe wir einander näher kämen. Er hat mir wieder und wieder alles versprochen, was es auch sei. Aber ich zweifle. Die Zweifel sind nicht mehr bewegbar. Die Unablässigkeit des Einflusses lässt sich durch meine von Beklemmung halb erstickten Worte weniger Stunden nicht wett machen. – Yngve hat seiner Mutter erklärt, er wolle mit mir an die See. Sie hat geantwortet: dafür würde ich das Geld nicht haben, das sei technisch nicht durchführbar; aber er sei jederzeit bei Moufang eingeladen. Moufang hat auch schon 200,– DMark für den Lebensunterhalt geschickt. – Diese Reise an die See wird möglicherweise sein Schicksal – unser Schicksal entscheiden. – Aber ich weiß nicht, wie ich sie finanzieren, wie ich sie (unter Berücksichtigung aller Umstände) einleiten soll. Hellsichtig wi[e] die Elsa [Philips], weiß Ursula, daß ich arm bin. Sie äußert bereits, daß Yngve seine Orgel nicht erhalten würde, weil ich sie nicht bezahlen könnte. Ja, Yngves Kompositionen würden nicht erscheinen etc. Am Totentanz hat er so gut wie garnicht gearbeitet. Er wird »anders« beschäftigt. Sollte der Konfirmationsunterricht einsetzen und die Reise (wie zu vermuten) ins Wasser fallen, ist jede Hoffnung vorbei, daß das Werk in absehbarer Zeit vollendet wird.
Zu all diesen schlimmen Gegebenheiten kommt, daß die Aufführung der »Armut« völlig fehl geschlagen ist. Die gesamte geistige Reaktion ist gegen mich mobilisiert. Aber kein offener Angriff – mehr ein Meuchelmord. – Ein völliger finanzieller Zusammenbruch. – – Ich weiß noch nicht, was ich tun werde. Es hängt von meiner Gesundheit und den Zufällen ab. Auf alle Fälle verlasse ich morgen Hinterzarten, komme aber wohl noch einmal hierher zurück, weil Yngve es von mir erwartet. – – Einen Trost für euch? – Ich weiß keinen. Aber glaubt mir – es steht niemand an meiner Seite – wenn nicht ihr. – Yngve wird sich heute noch einmal erklären; aber er wird nichts entscheiden, nicht »dem Faß den Boden ausschla-

gen«. Und das wäre das Einzige, was auch mir helfen könnte. – Weiterreise wie geplant. Etwa 15. Juli in Dänemark. Euer Henny.

Handschrift, zwei Blätter, beidseitig beschriftet

36. Aus Bad Heilbrunn nach Bornholm

Bad Heilbrunn, 10. Juli 1948.

Meine liebe Ellinor,
seit zwei Tagen bin ich hier in Heilbrunn und versuche, mich ein wenig auszuruhen. Gestern haben wir Miezes Geburtstag mit ein paar Flaschen Wein gefeiert (ich selbst trank aus hygienischen Gründen ein paar Schnäpse vorweg), und merkwürdigerweise sind heut die Schmerzen im Unterleib sozusagen völlig verschwunden. Nur das Kältegefühl in der linken Nierengegend ist noch zurück und versucht mich zu belehren, daß es sich um eine schwere Erkältung eben dieser Gegend plus deren An[n]exe gehandelt haben könnte. Es war immerhin scheußlich genug. (Und ich bin meiner Diagnose keineswegs sicher.)
Die Tante macht einen frischeren Eindruck als vor 1½ Jahren. Der hohe Blutdruck ist recht normal geworden. Die Hormone erfrischen sie. Nur das Ökonomische ist zum Verzweifeln. Man hatte insgesamt ca. 13 000.– Rm. erspart. Das ist jetzt auf etwa 650.– Rm zusammengeschrumpft. Das Haus ist schuldenfrei, wird aber mit 50 % seines Wertes durch Staatshypotheken belastet werden. – Von dem, was hier als kapitalistischer Westtrick geschehen ist oder geschieht, wage ich mit offenen Worten nicht zu schreiben. – Auch mein Honorar, etwa 23 000.– Rm. ist pulverisiert, der Verlag ist ruiniert, und Weismann ist nur noch verzweifelt.[218] In Hinterzarten wage

ich aus begreiflichen Gründen die Wahrheit nicht einmal anzudeuten – wenn auch Yngve an meiner Armut keinen Anstoß nehmen würde. Aber Herr Moufang wird die Familie aushalten. Er, als Exponent der Besatzungsmacht steht auf der richtigen Seite. – Meine Heimreise verzögert sich leider um einige Tage. Morgen werde ich in München eine Besprechung mit der amerikanischen Presse haben, am Montag noch ein intimer Vortrag im Hause Weismanns.[219] Dienstag/Mittwoch Ludwigsburg, Donnerstag Hinterzarten. Dann Rückreise über Göttingen und Hamburg. – Was noch an Unerwartetem geschehen wird, weiß ich nicht; aber Freudvolles scheint es für mich im Augenblick nicht zu geben.
Die Uraufführungen haben eine Sturmflut von Besprechungen gezeitigt – wie noch bei keinem Stück in der letzten Zeit.[220] Das Lob für mich überwiegt; die Regisseure kommen schlechter davon. Deutlich erkennbar: die christlichen Kreise haben einen Generalangriff geplant – der aber nicht recht zur Entwicklung gekommen ist. Man kann beinahe davon sprechen, daß er zusammengebrochen ist. Das »Sonntagsblatt« kommt sogar zu dem Schluß: bedeutet Heide sein am Ende grundlos gut sein?[221] Weismann bezeichnete diese Wendung als einen kongenialen Ausspruch. Und ich selbst sorge dafür, daß dies Wort, positiv gewendet, auch in Hinterzarten seine Wirkung tut. – Die Theater, die das Stück in nächster Spielzeit herausbringen sollen, sind keineswegs entmutigt; im Gegenteil. Zürich hat dringend 30 Bühnenexemplare angefordert, München berät mit mir szenische Einzelheiten.[222] Überall ertönt der Ruf nach Fehling, den ich indirekt in unerhörter Weise gefördert habe. Es ist, als ob die Uraufführung noch garnicht stattgefunden hätte. Freilich habe ich die ausländischen Zeitungen noch nicht gesehen. Weismann wußte nur, daß Londoner Verlege[r] plötzlich Interesse bekundeten. – – Hat sich somit das Gesamtbild erhellt, so ist der bitterste Rest

doch nicht aufgelöst worden. Bisher sind die Aufführungen ein schlimmer ökonomischer Mißerfolg. Ein Schlag ins Wasser. Meine Geldverhältnisse hier gleichen denen in Dänemark auf ein Haar. Pläne für die Zukunft zu machen: unmöglicher denn je. Weismann ist einstweilen ausgeschlagen, vermag nichts. Ob er sich erholen wird, ist zweifelhaft. Jetzt alle Verbindung abzubrechen ist natürlich weder fair noch klug. Er hat mir weitere Honorarzahlungen in zwei Monaten zugesagt. Für Bücher, die noch nicht erschienen sind, muß er 90 % der schon geleisteten Summe in D-Mark nachzahlen. Das gilt also für »Perrudja«, »Armut«, zweite Auflage, »Fluß ohne Ufer« (dies letzte 100 %)[.] Aber es sind Geldinseln auf dem Monde. Die Teuerung hier ist ungeheuerlich, die Steuern sind unerträglich, das Ganze ist hoffnungslos. Dennoch, um Signes, um Deiner, um Yngves Willen gebe ich mir Mühe, durchzuhalten, die Flinte noch nicht ins Korn zu werfen. Ich muß mich entschließen, in Zeitschriften zu veröffentlichen, im Rundfunk zu sprechen. (Diese wenigen Andeutungen der Lage mögen als Umrisse genügen.)
Die Tante möchte nicht nach Dänemark, wohl aber zu uns in den Hirschpark. Sie meint, daß Mieze auf die eine oder andere Weise reisen könnte oder unterkommen würde. Natürlich lässt sich da kein festes Bild entwerfen. Sie war in diesen Tagen sehr aufgeschlossen, gerade und natürlich. Überhaupt war die Luft hier sauberer und unerregter als früher. Die langen Krankheitsjahre Deiner Mutter haben sehr zerstörerisch gewirkt – und die letzte Etappe in der Anstalt hat den seelischen Druck vorübergehend vermehrt. Die letzte Wegstrecke jedes Lebens hat ihre Schrecken. Ich glaube nicht, daß uns das Bittere erspart bleiben wird. In diesen für mich traurigen und beängstigten Tagen habe ich mich nur mit dem Gedanken trösten können, daß es Signe und Yngve gibt, daß es etwas gibt, auf das ich jenseits meiner Existenz hoffe. Aber in den Käl-

teschauern des Nichtmehr-rein-und-geordnet[-]Denken-könnens, war das sehr wenig, fast nichts.
Mein Ruhm ist gestiegen. Daß ich im Bewußtsein der Besten als erster unter den deutschen Schriftstellern dastehe, ist kaum noch zu bezweifeln. Aber vom Ertrag meiner Arbeit bin ich so weit entfernt wie immer. – Was ich mir als Nächstes vornehmen werde, weiß ich nicht. Ich weiß auch nicht, ob ich die Reise mit Yngve so oder so organisieren kann. Wir werden hier noch beraten, was mit Deinem Besuch in Heilbrunn werden soll oder kann.[223] – Und dann muß ja der Entschluß fallen, ob wir in den Hirschpark zurückkehren.
Ich bin hier ohne jede Verbindung mit der Außenwelt und erkenne somit weder das Weiße noch das Schwarze, das auf uns zukommt. Gewiß ist nur, daß wir abermals auf nacktem Boden stehen, wenn auch nicht mehr als vereinsamte Heiden. Es gibt neben uns andere, die sich anschicken, sich zu erkennen zu geben. – – Die christliche Kirche spielt ihre letzten Trümpfe aus. – – Übrigens ist George Bernanos am 5. Juli, 60 Jahre alt gestorben.[224] Er war auf dem Sprunge, Frankreich für immer zu verlassen, weil er die Unzulänglichkeit dieses Landes glaubte erkannt zu haben. – – Von Deutschland und Frankreich enttäuscht.
Judit wird nun wohl bei Dir auf der Insel sein. Ich wünsche euch schöne Tage. – Vergiss nicht, Signe zu sagen, daß ich oft an sie denke, traurig und beglückt zugleich. Sie soll mich nicht vergessen, nicht melancholisch sein. Wenn ich gesund bleibe, werde ich noch einen Weg finden. – Noch kann ich wohl nicht davon gehen. Ich habe noch mancherlei zu ordnen.
Wenn ich auch erschöpft und niedergeschlagen bin, ohne Erkennen eines Weges, so spüre ich doch, daß von mir noch eine Kraft ausgeht, eine Art guter Weisheit, die Yngve überzeugt hat – und hoffentlich, trotz der Umstellung, in ihm weiterwirkt – wie auch in manchen anderen. Lasst euch drei umar-

men, nehmt das Widrige mit Geduld und Gelassenheit. Ich bin so bald wie möglich zurück.

Herzlich
Euer Henny

– Viele Grüße von der Tante und Mieze.

Handschrift, zwei Blätter, beidseitig beschriftet

37. *Aus Hamburg-Blankenese nach Bornholm*

Hamburg, den 27. April 1949[225]

Liebe Ellinor,
Signe und ich sind sehr beunruhigt, daß wir von Dir keine Nachricht mehr erhalten haben.[226]
Äußerlich ist hier nichts geschehen. Ich selbst bin sehr wenig unternehmungslustig. Gesundheitlich geht es mir unter dem Einfluß der Hormone sehr viel besser. Aber meine abendliche Melancholie breitet sich wieder aus. Signes Verhältnis zu Deutschland hat sich in letzter Zeit grundlegend geändert. Sie möchte die Rückreise nach Dänemark so weit wie möglich hinausschieben und glaubt, daß ihr auf Bornholm eine einzige Leere entgegenkommen würde. Dieser Wandel ist wohl hauptsächlich darauf zurückzuführen, daß bei uns ein paar sehr anziehende und anmutige junge Leute verkehren, Freunde Herbert Jägers. Auch ich zehre ein wenig von der Jugend und Anmut dieser zu uns hereingeschneiten jungen Menschen. Außer diesen 19- und 20[-]Jährigen kommt auch Hubert Fichte, der 14[-]Jährige, manchmal zu uns, und wahrscheinlich wird er demnächst einen Freund und noch ein paar Schüler der Oberschule Niendorf mitbringen.[227] So können wir uns kaum noch darüber beklagen, daß wir keinen Um-

gang mit Menschen hätten. Freilich die alten Bekannten und Freunde bewegen mein Gemüt nicht sonderlich. Einzig Ludwig [Voß], der mehrere Tage bei uns mitgehaust hat, ist der alte geblieben, wenn auch noch etwas mehr temperiert als in vergangenen Zeiten. Das Verhältnis zur Familie Weißenfels ist plötzlich verändert. Die Wandlung ist so schnell gekommen, so überraschend, daß ich mich im Verhalten Hannas und Fritzens nicht zurechtfinde. Ich kann mich des Eindrucks nicht erwehren, daß Hanna ihre Rolle als »Feldwebel« wiederentdeckt hat und nun mit den Mitgliedern des Hauses exerziert. Geradezu eine Herausforderung ist es, daß man mir den Ralph vorenthält, soll heißen, es verweigert oder verhindert, daß der Junge nach Hamburg fährt, damit ich einmal mit eigenen Augen sehe, auf welche Weise er sich verändert hat.[228] Was soll man angesichts eines solchen Verhaltens noch von Ursula denken, die mir gegenüber von vornherein alle Kräfte der Abneigung entwickelt hat? – Ich begreife jetzt besser, wie es zu jenen merkwürdigen Verhandlungen in Göttingen hat kommen können, die ich nur deshalb hingenommen habe, ohne mit Fritz und Ursula zu brechen, weil es mir um Yngve ging.

Das völlige Schweigen Yngves, das Schweigen Ursulas, diese Summe von Unerzogenheit und Unanständigkeit, dieser merkwürdige Aufbau des Verhältnisses, gehört mit zum Experiment und zu meiner Herausforderung an das Schicksal. Wenn ich überhaupt an eine positive Entwicklung Yngves glauben soll, dann muß diese Trübung, diese Entfremdung, dies Abschwimmen in einen Morast stattfinden. Eines Tages jedenfalls muß Yngve erkennen, wie unmöglich, wie karakterlich minderwertig er sich augenblicklich benimmt. Bleibt diese Erkenntnis aus, kann man getrost sagen, daß es mit dem Heldentum seines Genies nicht weit her ist. Selbstverständlich liebe ich ihn genau so wie vor zwei Jahren, aber sein jämmerliches Verhalten, seine Feigheit mischen in meine Liebe so etwas wie Mitleid. Ich besprach gestern abend mit Signe, daß ich aufhören würde zu existieren, wenn ich dahin käme, das Absonderliche meines Empfindens, meines äußerlichen Verhaltens, meiner Lebensführung und meiner Weltbetrachtung abzustreifen. Ich entdecke immer wieder, daß ich in meiner Einsamkeit und Melancholie heftiger und reicher lebe, als die meisten Menschen. Ich kann auch nicht bereuen, daß ich große Summen zum Fenster hinausgeworfen habe, scheinbar ohne einen Nutzen für Yngve. Das gehört mit zu diesem Spiel oder dieser Herausforderung. Ich bedaure nur, daß auch Du und Signe darunter leiden müßt, weil Ihr mir die Nahesten seid.

Am Montag abend werde ich bei Minister Grimme zu Gast sein.[229] Er hat sich entschlossen, außer mir niemand zu laden, damit wir uns erst einmal ganz ungestört aussprechen können. Am Montag nachmittag spreche ich eine Vorlesung von 50 Minuten auf Stahlband, die im Sommer gesendet werden soll.[230] Ich hoffe, daß man mir 50 % meines Honorars gleich ausbezahlen wird. Die Aufführung der Konzerte Yngves habe ich einstweilen zurückstellen lassen. Ich habe mit Schmidt-Isserstedt, dem Dirigenten, ganz offen gesprochen, was mich zur Zeit an Yngve beunruhigt.[231] Natürlich weiß ich nicht, ob Yngve wirklich nicht mehr schreibt, oder ob er nur für mich nicht mehr schreibt. Ich hatte ihm von hier aus noch zwei Briefe geschrieben, die selbstverständlich unbeantwortet geblieben sind.[232]

Es wird mir, wenn ich das Verhalten der Familie Weißenfels und des Hinterzartener Kreises mitberücksichtige, immer klarer, daß ich ein völlig anderer Mensch bin als diese gebildeten Leute, die sich teils auf den Intellekt, teils auf die Mystik geworfen haben. Ihr Dasein ist eine einzige Konstruktion; das meine ist trotz vieler Ernüchterungen immer noch unmittelbar. Die Gefahr, in der Yngve schwebt, ist immer die gleiche: daß der Intellekt in ihm Überhand nimmt und die furchtbare Kombination von abgeklärter Sinnlichkeit und mystischem Verstand geschaffen wird.

Wie sich unser äußerliches Leben zukünftig gestalten soll, ist mir völlig unklar. Schneider ist noch immer nicht aus Berlin eingetroffen.[233] Ich glaube auch nicht, daß meine Unterhaltung mit ihm für mich einen materiellen Vorteil bringen wird. Ich war zufälligerweise vorgestern Zeuge, wie Hans Richters den Komplex der letzten Filmaufnahmen erörterte. Ich war sehr erstaunt über die Leichtfertigkeit, mit der er geschäftliche Dinge anfaßt.

Soweit[234] kam ich gestern mit meinem Brief; da trat Dr. Maack vom Payne-Verlag in die Tür. Die Gespräche mit ihm muß ich einem neuen Brief vorbehalten.[235]

Es umarmt Dich
Dein Henny

(Signe ist heut früh mit Henny nach Ollsen gefahren.[236] Ich bin allein mit tausend Widrigkeiten zurückgeblieben.)

Typoskript und Handschrift, zwei Blätter, beidseitig beschriftet

38. Aus Hamburg-Blankenese nach Bornholm

Blankenese 30.8.49.
Tel. 460173

Meine liebe Ellinor – es ist wieder die Stunde meiner Melancholie. Herbert Jäger hatte mir für heut seinen Besuch zugesagt, rief aber vor kurzem an, daß er stark erkältet sei. Ich bin vom Park hereingekommen, weil mir die Natur als eine Zwischenwelt erschien, als Gestalten des Fegefeuers. Einzelnen

Bäumen wagte ich mich garnicht zu nähern, weil ihre Stämme so merkwürdig grau-schwarz waren. – Ich koche mir jetzt Tee und hoffe über die Stunde hinwegzukommen. Aber eine unbegreifliche Leere kommt aus mir selbst, ein angstvolles an nichts Beteiligtsein – niemand zu kennen, niemand etwas Wesentliches zu bedeuten. – Ich werde mir allmählich darüber klar, daß es sich nicht um eine Herzneurose allein handelt. Das Kältegefühl, die geistige Schwäche, das taube Totengefühl in den Lenden – das alles deutet auf zerrüttete Nieren oder Nebennieren, auf eine hormonale Unordnung, der ich, was ich auch tue, nicht beikommen kann – die mich ausliefert. Mein Lebensgefühl ist in den letzten Monaten sehr viel weiter herabgesetzt worden. Als ich das letzte Mal in Blankenese war, konnte ich die Treppe vom Strand herauf ohne einmal innezuhalten, erklimmen. Heute versuchte ich mich selbst, indem ich den Aufstieg versuchte. Fünfmal mußte ich stehenbleiben, und ich begann zu schwitzen, daß es unangenehm war. – Dennoch geht es mir heut sehr viel besser. Meine Augen sind wieder entzündet, und ich bitte Dich, Lucosil zu schicken oder mitzubringen. (Gleichfalls etwas Pfeffer.) Die Lebensmittelpreise sind gestiegen. Eine allgemeine Krise breitet sich aus. – Das war ein störender Zwischengedanke. Wenn wir es nicht schaffen, daß ich einen ruhigen Winter auf Bornholm verbringe, wird ein sehr schneller Abstieg mit mir kommen. Und daß ich hier irgendetwas schriebe, etwa den »Domitius« – ein solcher Einfall erscheint mir im Augenblick geradezu absurd.[237] – – Ich habe etwas Tee getrunken, und sogleich schwitze ich wieder und fühle mich doppelt ermattet. – Hans Richters hat mich noch immer nicht angerufen oder zu erreichen versucht, obgleich ich vielmals bei ihm anrief und Martha [Richters] jedesmal antraf. Alle wichtige Post ist nach Bornholm abgegangen: der Brief der Akademie, der Brief aus Zürich, der Brief von Peters. Ich bitte Dich, mir all das so schnell wie möglich

Anlässlich der Ernennung zum Ehrenmitglied des Kulturrates der Hansestadt Hamburg am 14. November 1946 im Phönix-Saal des Hamburger Rathauses hielt Hans Henny Jahnn seinen ersten Vortrag nach dem Krieg. V. l. Franz Heitgres, Ludwig Hartenfels(?), Jahnn, Felix Jud, Gerhard Marcks, unbekannt.
(Foto: Ursula Litzmann)

zu senden. Es ist für mich wichtig zu erfahren, was nun wirklich im Brief des Schauspielhauses steht. Keiner hat mir bisher Auskunft geben können. – Auch Korrekturen sind bisher nicht eingetroffen. Ich bin deshalb etwas beunruhigt. Yngve habe ich auch noch nicht schreiben können, da ich nicht weiß, was ich mir vornehmen werde – was ich überhaupt leisten kann. Henny [Voß] und Frau Blagona sind sehr nett zu mir.[238] Aber ich kann mich ja keinem öffnen, sagen, wie es mit mir steht. Wenn Du mir wenigstens im Äußerlichen helfen willst, dann schicke die Postsachen schnell und zuverlässig. – Grete Möckli meint, die Krise zwischen Yngve und mir begründe sich in einer Schaffenskrise in ihm, und sie war sehr bedenklich, daß die äußeren Zeichen der Männlichkeit sich so schnell und heftig bei ihm äußern.[239] – Ein Telegramm Döblins macht es mir klar, daß die Sitzung der Akademie bereits gewesen ist,

daß meine Reise nach Baden-Baden des Anlasses entbehrt.[240] Nun weiß ich nicht, was ich Yngve vorschlagen soll, zumal ich fürchten muß, daß er mir nicht oder erst sehr verspätet antworten wird. Am liebsten möchte ich sogleich nach Bornholm zurückreisen, da ich den Anblick all der gesunden Menschen kaum noch ertrage. – Zu einem Besuch bei Re[e]mtsma oder Domitzlav habe ich mich noch nicht entschließen können – dazu fühle ich mich nicht stark genug.[241] – Heut morgen war ich recht munter und arbeitete eine halbe Stunde; aber dann kamen äußerliche Anstrengungen und Erregungen – all diese Weglosigkeiten, und es war vorbei. – Ich habe entsetzliche Angst, daß wir uns festfahren. – W.[eismann] ist zu 15 000. DM Geldstrafe verurteilt worden.[242] – – Daher!!
Es umarmt Dich Dein Henny

Sei gut zu Signe! Seid gut miteinander!

Handschrift, ein Blatt, beidseitig beschriftet

39. *Aus Hamburg nach Bad Heilbrunn*

Blankenese, 22. Okt. 49.

Meine liebe Ellinor,
seit Deiner Abreise ist hier nichts eigentliches geschehen. Die Grippe hat mich eine Woche lang mit leichtem Fieber behindert. Jetzt, da sie vorbei ist, bin ich entschlußunfähig und arbeitsunlustig wie je. Wenigstens habe ich es heut zum ersten Male warm. Ich habe mein letztes Geld für Kohlen ausgegeben, weil mich so jämmerlich fror, daß ich nicht im Hause sein konnte. Frau Blagona arbeitet nicht mehr für mich. Ihr Mann ist eifersüchtig. Nun müsste ich mir eine Schreibmaschine kaufen, um wenigstens die wichtigsten Briefe erledigen zu können; – jedoch: wovon?? Es ist mir geradezu unmöglich,

Zeitungsartikel zu schreiben. Ich weiß nicht, was das für Widerstände oder Unfähigkeiten in mir sind. – Weder Ursula noch Yngve haben mir auf meine letzten Briefe geantwortet. – Es ist bezeichnend – und schmerzlich, daß Carlos Mumm so weitgehend recht behalten hat: »nach Erhalt der Orgel wird man Dich für ausgequetscht halten und sich anderen Gebern zuwenden.« Freilich müsste ich mir dann Yngves Karakter so verfinstert sehen wie ich es nicht kann. Ich kann meiner eigenen Wahrnehmung nicht glauben. – – Von Signe habe ich nichts, nichts gehört. Deshalb rief ich gestern Judit an. Sie wußte nur oder vermutete wenigstens, daß Frau Kujahn und Alexander noch auf Bornholm seien.[243] Auch sie hatte Rutsker angerufen, doch keine Verbindung erhalten. Nun will sie nachforschen. Sie meinte, es ergehe Signe wie uns allen: Down. Judit meinte, ich hätte schon zu lange gezögert, meine Schritte ostwärts zu lenken. Sie selbst ist jetzt entschlossen. Dr. Wolff ist deutscher Gesandter in Polen geworden.[244] Die Engländer haben es abgelehnt, uns im Herrenhause zu haben.[245] Große Aufregung im Wohnungsamt und in der Kulturbehörde. Ich selbst bin auf den Behörden sehr heftig geworden und habe gedonnert, daß man einem angesehenen Schriftsteller dergleichen in der Ostzone nicht zu bieten wagen würde. Ich will versuchen, noch einmal mit Brauer zu sprechen. Schulz-Bischoff hat mich zu sich eingeladen.[246] Bei Minister Grimme war ich auch. Er hörte sich meine Schilderung von der Akademie der Wissenschaften an und meinte am Ende, man müsse die »Dichterakademie von Frankfurt« sanft entschlafen lassen.[247] Er habe das Gefühl, daß man ihn getäuscht hätte, als man ihn bewog, die Proklamation zu verlesen. – Hoffen wir, daß es so geschehen möge! – Indessen: ich habe von Döblin nichts gehört, noch immer nicht, obgleich ich ihm vor etwa 10 Tagen schrieb, er möchte doch etwas von sich hören lassen. Das stimmt mich bedenklich. – Meine äußere Lage hier ist so, daß

sie sich jeder Karakterisierung entzieht. Es besteht nichts mehr an Substanz. Hans [Richters] ist ein Spielball der Augenblicke, ein Käsehöker[248] für zufällige Gelegenheiten, denen auch jede Ernsthaftigkeit fehlt, ganz zu schweigen von den Pleiten, die er für sich und andere erzeugt. Und alles andere ist nicht viel besser. Ich komme allmählich dahinter: dieser Westen will nichts mehr; er gibt sich nicht auf; – es ist zu wenig zum Aufgeben. Man versucht, noch da zu sein. Daß ich das nicht mitmachen kann, weiß ich. Ich bin mir nicht zu gut; ich bin leider zu befähigt. – – Sonntag vormittag:
Gestern Nachmittag war ich bei Dr. Paul Th. Hoffmann und brachte ihm Miramon. Sehr freundlicher Empfang. Ich soll Dich grüßen von seiner Frau und ihm. Sie liehen mir 20.– Dm., weil ich keinen Pfennig mehr besaß. Er will an Brauer schreiben und ihm schildern, was diese Stadt für mich tut. – – Am Abend waren Ekkard und zum ersten Male sein Bruder Klaus bei mir.[249] Es war bei mir etwas dürftig, die Unterhaltung blieb dünn, weil ich etwas befangen war. Denn der Bruder gefiel mir sehr. Seine Bewegungen sind leicht, frei, anmutig; allerdings ist er sehr feminin, aber in einer mir wohlgefälligen Weise. Ich weiß nicht, ob er wiederkommen wird; aber er sagte beim Abschied, es habe ihm bei mir gefallen. – – Ich war an einem dieser Tage bei dem Buchhändler Felix Jud.[250] Der erzählte mir, daß in Hamburg eine große Anzahl von »Holzschiffen« wieder aufgetaucht seien. Man sieht das Buch jetzt überall, auch auf den Bahnhof[s]ständen. Ziemlich unbegreiflich –?? Jud übte mancherlei Kritik an den Büchern Weismanns. Er sagte wörtlich: »Diese neueren Verleger müssen noch sehr viel lernen, ehe man sie in ihrem Beruf voll achten kann.« Er fand es unverzeihlich, daß der »Waschzettel« im Katalog nicht zum Ausdruck bringt, daß mein Werk, der »Fluss« als Dichtung, als Sprachschöpfung das Überragende sei. Es erwecke den Anschein, als ob der Verleger den Abstand, den Gradunterschied von

anderen selbst noch nicht entdeckt hätte. Jedenfalls schlechte Reklame. Er hoffte, daß wenigstens die Ausstattung der neuen Drucke befriedige. [251] – Kurz: wenn Weismann mir gegenüber nicht seinen Stil findet, auch seinen Geschäftsstil, ist alles Weitere zwischen ihm und mir ausgeschlossen. – Ich bin unter keinen Umständen damit einverstanden, daß Weismann einen unkorrigierten Druck der »Spur« herausbringt. – – Frankfurt wartet sehr sehnlich auf ein Exemplar.[252] An Gründgens habe ich noch nicht geschrieben.[253] Hatte keinen Mut, Yngves wegen. – – Da hier nichts Günstiges, nichts Freudvolles vorliegt, meine Melancholie wieder zunimmt, mich auffrißt, gehen meine Gedanken schwer, und was ich sage und empfinde, kommt mir ausdruckslos vor. – Zum Verkauf des Hauses in Heilbrunn kann ich mich nur schwer äußern. Ich meine nur, daß die Entfernung zwischen hier und dort unerträglich groß ist. – – Bitte, grüße die Tante von mir.

Es umarmt Dich Dein Henny

P.S. Aus der Reise in die Schweiz scheint nichts zu werden. Geldmangel.

Handschrift, zwei Blätter, beidseitig beschriftet

40. *Aus Hamburg-Blankenese nach Bad Heilbrunn*

Hamburg, den 29. Oktober 1949

Liebe Ellinor,
heute nur ein paar kurze Mitteilungen. –
Ich habe in den letzten Tagen allerlei Verhandlungen geführt und bin deshalb nicht zu Weitschweifigkeit aufgelegt. Du weißt, daß ich im Augenblick nicht so besonders leistungsfähig bin.

Wir haben beschlossen, d.h. eine Gruppe von drei Personen, die Hamburger Gruppe wieder aufleben zu lassen, diesmal mit anderen Tendenzen und von gehörigem Angriffsgeist beseelt.[254] Die Gruppe soll 14 Personen umfassen. Es befinden sich nur Persönlichkeiten darin.
Von Signe habe ich in der Zwischenzeit zwei Briefe, die mich sehr aufgewühlt haben. Sie schreibt so herzlich, so arglos, frei und klar, daß ich nicht wüßte, wessen Briefe Ich mit den ihren vergleichen sollte. Es geht ihr seelisch nicht besonders gut, sie hat große Sehnsucht nach mir und ist sehr betrübt, daß ich hier noch länger festgehalten werde. Dennoch habe ich heute für sie (– und damit auch für Dich –) eine gute, ich darf wohl sagen, eine sehr gute Nachricht. Alfred Döblin hat mir geschrieben, daß im November aller Wahrscheinlichkeit nach wieder eine Akademiesitzung stattfinden wird. Zur Beleuchtung der Situation zitiere ich wörtlich aus seinem Brief: »Was Sie von der Jancke-Akademie schreiben und daß Grimme gemeint hat, die Jancke-Akademie und unsere müßten sich verschmelzen, ist kurios. Wenn Herr Lohmeier Ihnen sagte, unsere Akademie sei irgendwie unsicher, so hat er Sie falsch informiert und ich werde ihn deswegen noch befragen. Wir sind bereits eine Körperschaft des öffentlichen Rechts mit festen Statuten, Budget, etc. Die feierliche Eröffnung wird erst später erfolgen. Unsere nächste Sitzung wird sich hauptsächlich mit dem Budget befassen, Festsetzungen der Summen für die einzelnen Posten, Ehrensold, Stipendien, Reise und geplanten Arbeiten. – –«[255]
Du erkennst daraus, daß diese Akademie so fortschreitet, wie wir es wünschen und diesmal bin ich es, der nicht daran zweifelt, daß schon auf der nächsten Sitzung auch für mich der Ehrensold bewilligt wird.
Von der Jancke-Akademie hat Dr. Grimme mir gegenüber geäußert, daß man sie sang- und klanglos entschlafen lassen müsse.

Alles in allem geht es meinem Gemüt etwas besser. Ich bitte Dich, mit Fassung, ja wenn Du kannst, mit Humor, die nächsten bösen Monate auf Dich zukommen zu lassen.

Es umarmt Dich

Dein H. H. J.

Liebe Frau Jahnn,
Ihr Mann diktierte mir diesen Brief und ich möchte ihn gleich selbst unterschreiben, damit er schneller herauskommt.

Ich denke oft und gern an Sie und grüße Sie sehr herzlich

Ihre Vilma Blagona

Typoskript (Diktat), ein Blatt, einseitig beschriftet, unterschrieben von Vilma Blagona

41. *Aus Hamburg-Blankenese nach Bornholm*

Hbg.-Blankenese, 1. Febr. 1950.

Meine liebe Ellinor, liebe Signe,
mir selbst ist, als sollte ich in Energielosigkeit verkommen. Dies ist nicht nur der erste Brief an euch, es ist der erste Brief überhaupt, den ich in Deutschland schreibe.[256] – Manches ist hier verändert; die Preise fallen; die Lebenshaltungskosten sind selbst hier in Hamburg niedriger als auf Bornholm. – Doch die Geldknappheit scheint verhängnisvoll zugenommen zu haben.

Es friert. Heute gab es sogar einen Schneesturm. Auf dem Teich im Hirschpark laufen die Kinder Schlittschuh. Ich habe mir nun schon drei Tage lang die Freude gemacht, ihnen zuzuschauen. Sie sind hübsch gekleidet und so offen, folgsam, herzlich.

Man hatte mir einen großen Empfang bereitet. Ekkard, Hans,

Jahnn im Hirschparkhaus. Im Hintergrund das Bild von Kujahn Blask, *Composition* (Foto: Leonore Mau, 1956)

Klaus (der Bruder Ekkards) waren auf dem Bahnhof.[257] Ich hatte leider entsetzliche Kopfschmerzen; dennoch war ich sehr glücklich darüber, daß ich so empfangen wurde. Ein Bild von Frau Kujahn habe ich unbehelligt über die Grenze bringen können; es hängt jetzt über dem Sofa, und manche, die es sehen, ärgern sich darüber.[258]

Auf dem Bahnhof in Blankenese gab es eine ärgerliche Überraschung. Dort stand Walter und wartete auf mich. Er war abermals von Wulfsdorf fortgelaufen; er hatte sich errechnet, daß ich ankommen müsste. Zwei Tage und zwei Nächte lang hatte er nicht geschlafen. Er verdarb den Abend. Da es draußen bitterlich kalt war, konnte ich ihn nicht in die Nacht hinausschicken. Am morgen schickte ich ihn fort. Beim Abschied sagte er zu mir: ich sei der einzige Mensch, den er bisher kennengelernt habe. – In meiner Gegenwart rauchte er nicht, weil ich ihm gesagt hatte, es sei mir widerlich. Er wird zugrunde gehen. Zwar hat er mir versprochen, daß er sich in die Hand nehmen werde, um das Leben zu bestehen – meinetwegen, damit ich nicht einem Unwürdigen gegenüber menschlich gewesen sei.[259] – –

Zwei Tage später sprach ich mit Herbert hierüber. Er meinte, Walter habe recht; ich sei der einzige Mensch. Deshalb besässe ich kein Alter. – Die Bibel bedeute den Jungen, die nicht ins Mittelalter Deutschlands zurückfielen, nichts mehr; aber ich hätte diesen mit dem »Fluß« die neue Bibel gegeben: Das Buch, das alles enthielte. Sein Vater Georg war ähnlich pathetisch. Er sagte: die Prosa Th. Manns sei schwach, verglichen mit der meinen. Der »Fluß« sei eines der wenigen Bücher, die die Zeiten überleben würden. Italiaander, Hans Speek – alle wie aus einem Munde das gleiche Urteil.[260] Heute bringe ich dem Generalstaatsanwalt die »Niederschrift«.[261] Sein Kollege, der Oberstaatsanwalt hat mir gesagt, meine Bücher hätten manchem Angeklagten Freispruch und milde Strafen einge-

bracht – denn ich hätte meine verständigsten Leser in der hamburgischen Anklagebehörde.[262] Leutner sagte mir, daß vor allem katholische Kreise von meinen Büchern begeistert seien.[263] (Ich werfe diese Sätze einfach, ohne sie zu erweitern, aufs Papier.)
Die Jungen sind einer auf den andern eifersüchtig – besonders aber auf Yngve. Ekkard hat allen gegenüber kleine Geheimnisse – doch nicht vor mir. Er war einen ganzen Tag lang mit mir allein, erzählte. Daß er mich bewundere, daß Hubert [Fichte] mich rasend liebe, daß Signe das schönste und beste Mädchen sei und Ellinor eine Mutter wie es keine zweite gäbe. Yngve müsse einfach dumm oder in der Seele verdorben sein, daß er mich so sehr quäle – aber auch groß, gewaltig, daß ich so sehr an ihm hinge – da doch jeder für mich bereit sei. – Herbert hat die halbe Nacht darauf mit mir verschwatzt. Er machte mir Vorhaltungen, daß ich alle vernachlässigte, keines Liebe oder Freundschaft wirklich annähme. Ich bewegte die Welt, veränderte Seelen und Leidenschaften. Ich hätte ihm das höchste Glück verschafft und bliebe selbst so arm, daß man erkennen könnte, ich wäre dabei, zugrundezugehen. Ich habe ihn beruhigt.
Es hat sich in Hamburg das Gerücht verbreitet, Collatz würde als mein Sekretär nach Hamburg kommen.[264] Man hat mich beglückwünscht, einen so klugen Menschen als Gehilfen zu haben. Es ist eben in mir und mit mir noch nicht so weit.
Die Kropfbehandlung ist weiter günstig verlaufen. Jetzt löst sich auch das Bindegewebe auf. Auch die Familie Harms fühlt sich, in allen ihren Gliedern, gestärkt.
Gestern teilte man mir mit, daß man mich zum Präsidenten der »Freien Akademie der Künste in Hamburg« wählen wolle. Es hat wegen dieser Akademie im Rathaus gewaltige Schallwellen gegeben. Man spürt offenbar, daß Potenzen am Werk sind, die sich nicht durch behördliches Stirnrunzeln schrek-

Hans Henny Jahnn und Rolf Italiaander, Anfang der fünfziger Jahre

Die Rückseite der Fotografie wurde von Jahnn beschriftet: *»unvollendeter Holzschnitt von Dr. Menne. (H. H. Jahnn)«* (Foto: Studio Collatz)

ken lassen.[265] Italiaander hat vor einigen Mitgliedern der Bürgerschaft erklärt: »Sie werden eines Tages abtreten müssen, doch nicht wir, als Vertreter der Akademie.«
Die kulturelle Situation im Westen ist so Götterdämmerungsmäßig, daß es von allen eingeräumt wird. Leutner spricht geradezu vom Ende aller Dinge. Plötzlich scheint es den Einsichtigen klar zu werden, daß nichts Brauchbares mehr geschrieben wird. Selbst Landahl[266] orakelte anlässlich eines Empfanges von der hohen Ebene meines Schaffens, meinte dann aber, ich hätte diese hohe Stufe erreicht, weil ich den kleinen Schriftsteller als Pyramide benutzt hätte.
In dieser Lage wünscht die protestantische Kirche ein neues Schmutz- und Schundgesetz. Es ist zum Lachen. – – –
Hubert hat mich gerade besucht. Sein Wuchs ist noch mehr hermaphroditisch geworden. Er hat mich mit seiner Liebe sehr gequält. Er fand, ich sei schöner geworden. Und redete unablässig das Herausforderndste. Mein Kopf war daran, zu zerspringen, vor Kopfschmerzen. Aber ich brauche ihn ja als Hormonspender. Schließlich ist es besser, daß er mich liebt, als daß er mich verabscheut. Er ist verändert, körperlich etwas reifer – – aber ich hoffe, daß seine innere Sekretion keine wesentliche Veränderung erfahren hat. – – Die von Borris gewonnenen Hormone wirken ungemein stark.[267] Eine Klassensitzung der Akademie scheint nicht geplant zu sein. Ich habe nichts aus Mainz gehört. Henny [Voß] habe ich nur ein einziges Mal gesehen. Sie pflegt ihre Mutter, die infektiöse Gelbsucht hat. Das Gefühl der Einsamkeit nimmt immer mehr zu. Ich kann dem nicht einmal mehr »Arbeit« entgegensetzen. Ich arbeite nichts, denke nichts, treibe in dieser Kraft- und Willenlosigkeit.
Es könnte so scheinen, als ob die Wohnungsangelegenheit vorankäme. Alle Behörden scheinen sich zu rühren. Aber die Wahl, unsere Wahl, wird sich auf zwei Projekte verdichten

müssen, die beide im Augenblick nicht verwirklichbar sind: das Herrenhaus im Park und der Neubau am Katharinenhof. Dafür ist jetzt das Geld bewilligt – und auch Reuß-Löwenstein spekuliert auf den Wohnsitz.[268]
Meine Gedanken sind bei euch, beinahe unablässig. An Yngve denke ich wenig. Nur einmal habe ich in der Nacht von ihm geträumt, deutlich, eine Wirklichkeit voll Geruch, Geschmack, Leben. – Aber er schreibt nicht, schreibt auch nicht an Collatz. Er entfacht eben nur die Wut meiner Freunde gegen mich. –
Der Wiedergutmachungsanspruch ist im Grundsätzlichen von den englischen Behörden anerkannt worden.[269] Nun gilt es, zu warten und sich damit abzufinden, welchen Prozentsatz man uns zubilligen wird.
Ich möchte den Brief beenden. Es bildet sich so wenig Sagbares in mir. Meine Empfindungen sind mit Schlaf überzogen. Ich möchte euch umarmen können. Ich möchte einmal ohne Sorgen sein. Es küsst euch – –

Euer Henny

P.S.
Die 300. – Kr. sind von Engström an Frobenius geschickt worden.[270] Ich hoffe, ihr habt sie inzwischen erhalten.

Handschrift, zwei Blätter, beidseitig beschriftet

42. *Aus Hamburg-Blankenese nach Bornholm*

Hamburg, den 11. März 1950[271]

Liebe Ellinor, liebe Signe,
es ist wohl notwendig, daß ich von meiner Odysse[e] berichte. Die allgemeine Schwäche und Unlust hält leider bei mir noch immer an, und diese in Verbindung mit einer überhand-

nehmenden Beschäftigung hat mich davon abgehalten, inzwischen zu schreiben.
Dr. Cäsar hatte mich mit seinem Wagen durch Deutschland fahren wollen; aber im letzten Augenblick konnte auch er das notwendige Geld nicht beschaffen. Ich fuhr also mit der Eisenbahn zuerst nach Göttingen. Ralph war abermals verändert, mir gegenüber sehr zurückhaltend.[272] Es war deutlich zu erkennen, daß er in die Praxis der Erotik eingetreten war. Fritz erzählte mir, daß Ralph's Freund geistvoll, schön, begabt, kurz eine Idealgestalt sei, und von Ralph selbst erfuhr ich, daß die ehemals leicht sadistischen Eskapaden der großen Beruhigung gewichen seien. Fritz riet mir, die Zeit nicht zu verkennen und, entgegen meiner Absicht, nach Hinterzarten zu fahren, da er dort den Anmarsch von Katastrophen fürchte.
Das Bad Nauheim überreichte mir einen Ehrenkuraufenthalt für das Jahr 1950.[273] Helmut Collerts Mutter schloß mich in ihr Herz. Der Pathologe Dr. Menne fertigte von mir einen Holzschnitt an, der zusammen mit einem Artikel von H. C. in sämtlichen Gewerkschaftszeitungen (8 ½ Millionen-Auflage) erscheinen soll.[274] Es ist das die bisher expansivste Propaganda für mich. H. C. hat die Stellung bei den Amerikanern nicht angenommen; offenbar hoffte er, doch nach Hamburg zu kommen. Aber meine Bedenken haben weiter zugenommen; doch davon später. –
Die Akademiesitzungen begannen äußerst turbulent. Es war ein heftiger Briefwechsel voraufgegangen; Nossa[c]k[275] und ich hatten ultimative Forderungen an die Literaturklasse gestellt. Die ersten Sitzungen waren äußerst gespannt. Gegen die Opposition von Kasa[c]k[276] wurde ich endlich in den Arbeitsausschuß gewählt, der dann am Tage darauf durch das Plenum Exekutivgewalt zugesprochen erhielt. Alle Gegensätze zu Kreuder[277] sind ausgeebnet. Er schrieb mir gestern, daß unsere Nachtgespräche das Bedeutendste und Größte seien, das er

jemals erlebt habe. Recht gute Freundschaft habe ich auch mit Pasqua[l] Jordan und Professor Spatz, dem bedeutendsten Gehirnforscher, geschlossen.[278] Dieser bezeichnete mich als einen der größten Morphologen. –

Während der Akademiesitzungen verbreitete sich das Gerücht, daß die Ost-Akademie in Weimar mir einen Sitz anbieten würde. Die Akademiesitzungen wurden um einen Tag ausgedehnt, um die daraus sich ergebenden Probleme zu erörtern. Selbstverständlich bin ich gemäß der Akademiesatzungen freigestellt, ob ich eine Berufung nach Weimar annehmen will oder nicht. Aber in Deutschland grassiert zur Zeit eine solche politische Atmosphäre, daß auch die Schritte der Dichter mit hysterischem Bangen von den Gewaltigen dieser Welt beobachtet werden. Endliches Ergebnis: Um nichts schlimmeres anzurichten, müßte ich wohl eine solche Berufung annehmen. (Ich betone, es handelt sich bisher nur um ein Gerücht.)

Während eines Akademie-Konzertes lernte ich Frau Klute kennen, Yngves erste Lehrerin und Verbindungsglied zu Herrn Moufang. Sie berichtete mir, daß Ursula [Trede] ihr mitgeteilt hätte, daß Yngve in prächtigster Verfassung sei und eifrig komponiere. Sie erklärte, mit Herrn Moufang über Yngve gesprochen zu haben und sie beschwor mich, nach Hinterzarten zu fahren. Endlich war es Kreuder, der mich gleichfalls überredete, den Schwarzwald nicht zu meiden. So telegrafierte ich denn, daß ich kommen würde. In Hinterzarten erfuhr ich, daß Yngve bei der Nachricht, daß ich auftauchen würde, völlig die Fassung verlor, alles durcheinander warf, mit den Türen schlug, kurz in Verzweiflung tobte. Als Grund für dieses Verhalten hat er selbst mir gesagt, es wäre geschehen, weil er sich vor mir schämte. Wie es die Regel ist, ging er nicht zur Schule. Wir verbrachten einen Vormittag bei mir im Hotelzimmer. Er hatte sich auf meiner Chaiselonge ausgestreckt und begann nun, zu erzählen. Ich kann natürlich nicht alles wörtlich wiederholen und greife deshalb einige bedeutsame Äußerungen heraus. So wollte er nicht glauben, daß er jemals seine Tonalitätsauffassung mir gegenüber geleugnet hatte. Er entwickelte noch einmal, nur weit genauer, die Bedeutung der d-moll-Tonart für ihn: daß sie gleichzeitig mit mir, mit der Musik und mit Freundschaftsgefühlen verbunden sei. Er entwickelte mir, wie er den 3. Satz zur »Spur des dunklen Engels« gestalten wollte: Eine dreistimmige kanonische Fuge von so abstrakten und strengen Formen, wie sie Bach nicht hätte erreichen können, und nur diese vollkommenste Leistung, meinte er, könnte dem Genie Davids angemessen sein. Er versprach mir, diese Komposition, die ihm seit langem vorschwebt, nun auch endlich zu gestalten und niederzuschreiben. Im übrigen hatte er nicht eine Zeile komponiert. Ich fragte ihn, ob er am 30. Januar von mir geträumt habe, da ich die Freude hatte, von ihm mit einer Deutlichkeit zu träumen, daß es durch das Leben nicht hätte übertroffen werden können. Er antwortete mir: Ich hätte ihm sofort schreiben sollen, denn er träume sehr häufig von mir und dächte täglich an mich. Im übrigen äußerte er zu unserem Verhältnis: Er möchte doch eines natürlichen Todes sterben und nicht von mir umgebracht werden, denn er begriffe wohl, daß meine Zuneigung zu ihm die letzte Möglichkeit zuließe. Weiter bezeichnete er sich selbst als schizoid und nicht ganz normal. Freunde oder Bekannte irgendwelcher Art verkehren nicht mit ihm und er wird gehänselt, weil er die Tempi der Kompositionen so schnell nimmt. Weiter vertraute er mir an, daß sich bei ihm eine Manie herausbilde: Er könne nicht zwei Tage in gleicher Weise gekleidet gehen. Offenbar beginnt er, putzsüchtig zu werden, wie Mozart es war. Er behauptete endlich, daß alles, was er mir vor etwa einem Jahre an Scheußlichkeiten gesagt hatte oder vergessen zu haben vorgab, scherzhaft gewesen sei. Das habe ich nicht für bare Münze genommen; es handelt sich offenbar um einen Fall von intermettierender Erinnerung. Glücklicherweise gebrauchte er – wie ehemals – zwischendurch die allergröbsten Wörter. – –

Von diesen Erzählungen erschöpfte sich sein Geist offenbar so sehr, daß er Fieber bekam und nun wirklich ins Bett mußte. Ich vergaß noch zu erwähnen, daß Yngve sich für abschreckend hässlich hält. – –

Am Nachmittag, als er mit Fieber im Bett lag, war er wieder so unleidlich und unzugänglich, wie ich es ja schon kannte. Es gab gewissermaßen keine Ähnlichkeit zwischen dem Yngve des Vormittages und dem Yngve des Nachmittages.

Heiner ist überraschend mit seinen kaum 11 Jahren in die Pubessenz gekommen und war, ich kann das garnicht anders ausdrücken, wild in mich verliebt. Er wollte absolut mit mir im Bett schlafen, und ging sogleich daran, sich in meinem Hotelzimmer auszuziehen. Ich bin mir keineswegs darüber klar, welche Rolle die Eifersucht überhaupt in Hinterzarten spielt. Es gab jedenfalls einen Augenblick, wo alle drei Kleinen auf meinem Bauche herumtobten, was nun wiederum Yngve sehr missbilligend aufnahm. Doch genug davon. –

Yngve hat mir versprochen, die Korrekturen binnen kurzem fertig zu machen. Er bat mich, ihm wenigstens einmal in der Woche zu schreiben. Er versicherte, die Musik zur »Spur des dunklen Engels« mit aller Kunstfertigkeit zu beenden. Er suchte nochmals Trost bei mir, indem ich ihm versichern mußte, daß die abstrakte Musik die eigentliche Musik sei, denn er fühlt sich nur dazu berufen. –

Auf der Rückreise nochmals in Bad Nauheim. In Frankfurt hat mich Helmut Collerts am Zuge erwartet, und ich erfuhr schon, daß er allerlei Unheil angerichtet hatte. Ich möchte das nicht im einzelnen ausführen; ich gewann aber doch den Eindruck, daß auch er zum wenigsten schizoid ist. Seine Eltern sind außerordentlich freundlich zu mir, schätzen mich sehr. An den übrigen Kindern kann man ermessen, daß es sich um eine sehr alte Familie handelt, die dabei ist, zu zersplittern.

Peter Weißenfels[279] und Ralph haben das Abiturexamen bestanden. Peter besucht mich am Montag in Hamburg. Fritz ist recht alt geworden und Hanna verändert sich unter dem Einfluß des Klimakteriums sehr.

Hier in Hamburg hat es meinetwegen einen gewaltigen Krawall gegeben. Vor etwa drei Wochen äußerte ich auf einer Pressediskussion, daß die Kulturpolitik des westlichen Deutschlands, verglichen mit der des östlichen, primitiv sei, da die besten schöpferischen Kräfte hier wirtschaftlich zugrunde gingen. Diese Äußerung ist nun in zum Teil entstellter Form vom Deutschlandsender, vom Leipziger Sender und von den kommunistischen Zeitungen verbreitet worden. Das hat Direktor Lüth zum Anlaß genommen, Bürgermeister Brauer zu informieren, und es ist zu allen möglichen Quertreibereien gekommen mit dem Ziel, meine Stellung als Präsident der Freien Akademie zu erschüttern. Man hat geradezu meinen Rücktritt gefordert; aber die Akademie hat sich geschlossen hinter mich gestellt und das Vorgehen des Rathauses als den Versuch, politische Zensur zu handhaben, bezeichnet. Professor Oelsner hat vorübergehend eine vermittelnde Rolle gespielt, hat sich dann aber, offenbar unter dem Einfluß Brauers, heftig gegen mich gewandt, jedenfalls kam er auf die gestrige Akademiesitzung zu spät, weil er mit Brauer konferierte.[280] Er forderte nach seinem Erscheinen in recht undelikaten Wendungen meinen Rücktritt. Es kam zu einem heftigen Wortgefecht zwischen ihm und mir, und das Ganze hätte beinahe die Akademie gesprengt. Da ich nun aber ein Vertrauensvotum erhielt, lenkte Oelsner ein, und es soll nun endlich eine umfassende Aussprache zwischen Bürgermeister Brauer und mir stattfinden. Oelsner selbst meinte[281] später am Telefon freilich, daß diese Begegnung nochmals sabotiert werden könnte. Ich habe jetzt jedenfalls unzweideutig erfahren, daß hier in Hamburg gewaltige Kräfte gegen mich sind und daß das die eigentliche Ursache für das Scheitern aller meiner oder unserer Pläne ist. Ich meine allen Ernstes, daß es ratsam wäre, sich nicht darauf zu versteifen, daß wir in Hamburg unseren Wohnsitz nehmen. Jedem anderen Ort würden wir wahrscheinlich willkommener sein. –

Während hier in Hamburg meine Lage durchaus verschlechtert ist, scheint mein Ruhm an allen Ecken und Kanten zu wachsen. Georg Jäger, der die »Niederschrift« gelesen hat, sagt frei heraus, daß er in der Weltliteratur kein Gegenstück zu dem Roman kennt. Auch Oelsner räumte bei der Diskussion ein, daß Hamburg keinen größeren schöpferischen Menschen hätte als mich. – – – –

Das erste akademische Gehalt in Höhe von DM 300.– – ist inzwischen eingetroffen. Frl. Carlsen hat ihr Geld in voller Höhe erhalten.[282] Sie wird Euch, sobald sie wieder auf Bornholm ist, etwa 100 Kronen überweisen.

Nun zu Euren Briefen.

Ich weiß nicht, worüber ich am meisten entsetzt sein soll: Über Eure Finanzlage, über Signes Krankheit oder über diesen unbedachten Plan, daß Signe eine Sekretärstellung bei einem »International Correspondenc[e] Office« annehmen will. Das ist selbstverständlich ein äußerst zweifelhaftes Unternehmen, wenn nicht gar eine Mädchenhändlerei. Also, ich verbiete jede weitere Verbindung mit dieser Institution.

Ich habe seit langem gefürchtet, daß Signe bei der ersten besten Gelegenheit eine Affektion an der Lunge bekommen würde. Ihr unregelmäßiges und – ich behaupte noch einmal – ungenügendes Essen öffnet Tür und Tor für alle möglichen Bakterien. Es ist nichts im Wege, daß Ihr an Frobenius schreibt, er möchte Euch Geld senden. Auf alle Fälle ist er verpflichtet, bis zum 31. Dezember 1950 monatlich 125 Kronen zu bezahlen. Die anfallenden Tantiemen aus Zürich werden unbeschnitten nach Dänemark transferiert werden, und davon müssen dann soviel Schulden bezahlt werden, wie es sich ergibt. Es ist ja ein Glück, daß die Aufführung schon am 6. April stattfinden soll.[283] Ich habe aber bisher noch nichts offizielles in der Sache gehört und bitte Euch, mir doch mitzuteilen, in welcher Form Grete Möckli Euch unterrichtet hat.

Es wird mir immer klarer, daß wir die Zelte auf Bornholm abbrechen müssen, ganz gleichgültig, ob wir hier ein würdiges Unterkommen haben oder nicht. Freilich gibt es da einen Einwand, der recht schwer wiegt. Die Lage Westdeutschlands hat sich außerordentlich verschlechtert. Eine Spannung zu den Westalliierten hat sich herausgebildet. Wieweit das dadurch bedingt ist, daß die Westalliierten gezwungen sind, mit Rußland zu verhandeln, vermag ich nicht anzugeben. Nun schrieb Signe gleichsam liebenswürdig von Carl Johan[284], daß er alle Menschen übergehe, auch die in Deutschland, die Signe kenne, denn er sei ein Mensch. Sie verwahrt sich nun dagegen, daß es sich dabei um eine gegenseitige Liebe handele. Was soll ich dazu denken? Ich könnte weder wünschen, daß es sich um eine Liebe handele und noch weniger, daß es sich nicht darum handele. Signe ist schließlich alt genug, daß sie derartige Anwandlungen haben könnte.

Aber gesund muß Signe werden. Ihr müßt auf alle Fälle einen Arzt zurate ziehen.

Die Finanzsituation ist für mich, hauptsächlich wegen der Schulden, auch jetzt noch, nachdem ich einen Ehrensold beziehe, sehr schwer. Aber ich kann doch damit rechnen, daß ich binnen kurzem eine Monatseinnahme von etwa DM 500.– – haben werde. Das ist natürlich nicht viel; aber notfalls ließe sich damit auskommen. An eine gemeinsame Rei-

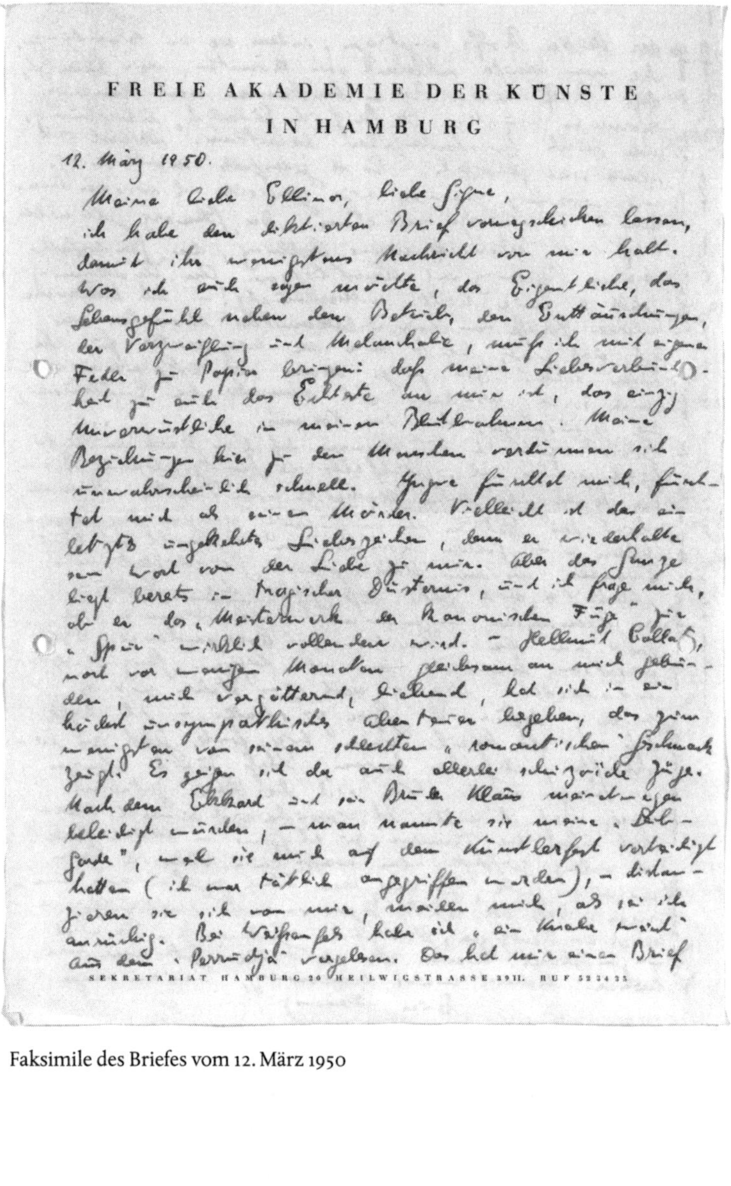

FREIE AKADEMIE DER KÜNSTE
IN HAMBURG

12. März 1950.

Meine liebe Ellinor, liebe Signe,
ich habe den diktierten Brief vorausschicken lassen, damit ihr wenigstens Nachricht von mir habt. Was ich auch sagen möchte, das Eigentliche, das Lebensgefühl neben dem Betrieb, den Enttäuschungen, der Verzweiflung und Melancholie, muß ich mit eigener Feder zu Papier bringen: daß meine Liebesverbindlichkeit zu euch das Echteste an mir ist, das einzig Unverwüstliche in meinen Blutbahnen. Meine Beziehungen hier zu den Menschen verdünnen sich unwahrscheinlich schnell. Yngve fürchtet mich, fürchtet mich als einen Mörder. Vielleicht ist das ein letztes ungeheucheltes Liebeszeichen, denn er wiederholte ein Wort von der Liebe zu mir. Aber das Ganze liegt bereits in tragischer Düsternis, und ich frage mich, ob er das „Meisterwerk der kanonischen Fuge" zu „Spiel" wirklich vollenden wird. – Hellmut [illegible], noch vor wenigen Monaten gleichsam an mich gebunden, mich vergötternd, dichtend, hat sich in ein leidlich unsympathisches Abenteuer begeben, das zum wenigsten von einem schlechten „romantischen" Geschmack zeugt. Es zeigen sich da auch allerlei schizoide Züge. Nachdem Eckhard und sein Bruder Klaus meinetwegen beleidigt wurden, – man nannte sie meine „Leibgarde", weil sie mich auf dem Künstlerfest verteidigt hatten (ich war tätlich angegriffen worden), – distanzieren sie sich von mir, meiden mich, als sei ich anrüchig. Bei Weihnachtsfest habe ich „Ein Knabe weint" aus dem „Perrudja" vorgelesen. Der hat mir einen Brief

SEKRETARIAT HAMBURG 20 HEILWIGSTRASSE 39II. RUF 52 34 35

Faksimile des Briefes vom 12. März 1950

der Mutter Rolfs eingetragen, indem sie in Wendungen, die von Ursula entlehnt sein könnten, mir bedeutet, daß Rolf unter keinen Umständen nach Hamburg kommen würde. Der Brief ist lächerlich, überflüssig, aber durch Zwischendenzeilen bedeutsam. Herbert und Klaus sind glücklich. Es ist jedenfalls merkwürdig, mit ansehen, gewahren, wie gemieden ich wieder bin. Nun — es schmerzt uns etwas. Der Schmerz geht nicht tief. Ich erkenne meine Stellung, den Sonderfall meiner Begabung und Konstitution. An Anerkennung fehlt es mir nicht. — Merkwürdig! — Ich bekomme allerlei Briefe von mir unbekannten Menschen aus Ost und West, die in mir den Wegbereiter für ihr Leben sehen. Ein junger Mann aus Ostpreußen will mich sogar besuchen. Ich schmecke die Enttäuschung, die gegenseitige, schon im Voraus.

Gestern erfuhr ich auf Umwegen, daß ich in Zürich im Rundfunk sprechen soll, gleichfalls im Schutzverband. Bisher habe ich keine Nachricht vom Theater. Demnach scheint das Datum der Aufführung einigermaßen festzustehen. — — Soeben kommt eine Nachricht von Frau Ehrenberg aus dem Nordexpress. Sie schildert, wie schlecht es auch geht, daß Signe die Stellung in [illegible] angenommen habe. Wenn es sich dabei um die internationale Correspondance Organisation handelt, bin ich dagegen. Ganz und entschieden. Mag es mit uns stehen wie es will; dafür ist Signe zu schade. — Ich hoffe, daß ich ab April einen Weg finde, Geld zu beschaffen, abgesehen davon, daß Zürich einiges einbringen wird. Wie sich die Reise gestalten wird, weiß ich nicht. Ich versuche erst einmal Klarheit über die Termine zu schaffen. — Meine Seele ist völlig zerfetzt, das weißt Du. Aber ich bin an einer Seite, Dir und deinem Kind zugetan wie immer. Daß der [illegible] wiederholt — es ist ein salziger, [illegible] Geschmack. Er wird ein glücklicher werden als wir alle. Getrieben wie bisher. Nehmt meine Umarmung, meinen Kuß

Euer Henny

se in die Schweiz wage ich bei den augenblicklichen Gegebenheiten nicht zu denken. Ich weiß nicht, wie das Geld beschafft werden soll, es muß schließlich auch an die Verbringung eines Teils der Möbel von Bornholm gedacht werden. Ich habe mich entschlossen, an Fräulein Hanhart zu schreiben und sie zu bitten, ob sie eine Beihilfe zu dieser Reise leisten kann oder will oder möchte. Ich werde das in solcher Form tun, daß es nichts verdirbt. Geht sie auf meinen Vorschlag nicht ein, dann müssen wir wohl oder übel den Plan aufgeben, es sei denn, daß Dr. Cäsar sich in letzter Stunde entschließt, uns von Hamburg aus bis an die Schweiz zu befördern. Dieser Punkt muß also offen bleiben. Aber es ist mir auch klar, daß der Zustand auf Bornholm eben nur noch ganz kurze Zeit weitergetrieben werden kann. Ich versuche hier alles Mögliche, um sowohl den Verlag als auch unsere Existenz aufzubauen. Vorübergehend wird Dr. Cäsar wohl aushelfen; aber es kann sich doch eben nur um kleinere Summen handeln. Von Addi [Harms] ist nichts zu erwarten, weil er sein Geschäft erweitern muß und ziemlich große Bauvorhaben durchführt. Ihr müßt versuchen, die Gläubiger dort zu beruhigen. Es wird eines Tages alles beglichen werden; aber ich kann noch keinen Termin nennen.
Heute zum ersten Male fühle ich mich einigermaßen frisch. Die »Zeit« hat gestern von mir zwei Artikel erworben.[285] Aus der Ostzone habe ich einige begeisterte Briefe bekommen.
Frau Blagona wird diesen Brief direkt an Euch absenden; was ich persönlich auf dem Herzen habe, schicke ich gesondert auf einem Bogen Papier.

Es umarmt und grüßt euch herzlich
Euer
Hans Henny Jahnn.

Liebe Frau Jahnn, liebe Signe,
nehmen Sie auch von mir liebe Grüße, gute Besserung für Signe

Ihre
Vilma Blagona

Typoskript (Diktat), drei Blätter, beidseitig beschriftet

43. *Aus Hamburg-Blankenese nach Bornholm*

12. März 1950.

Meine liebe Ellinor, liebe Signe,
ich habe den diktierten Brief vorwegschicken lassen, damit ihr wenigstens Nachricht von mir habt. Was ich euch sagen möchte, das Eigentliche, das Lebensgefühl neben dem Betrieb, den Enttäuschungen, der Verzweiflung und Melancholie, muß ich mit eigener Feder zu Papier bringen: daß meine Liebesverbund[en]heit zu euch das Echteste an mir ist, das einzig Unverwüstliche in meinen Blutbahnen. Meine Beziehungen hier zu den Menschen verdünnen sich unwahrscheinlich schnell. Yngve fürchtet mich, fürchtet mich als seinen Mörder. Vielleicht ist das ein letztes umgekehrtes Liebeszeichen, denn er wiederholte sein Wort von der Liebe zu mir. Aber das Ganze liegt bereits in tragischer Düsternis, und ich frage mich, ob er das »Meisterwerk der kanonischen Fuge« zur »Spur« wirklich vollenden wird. – Hellmut Collat[z], noch vor wenigen Monaten gleichsam an mich gebunden, mich vergötternd, liebend, hat sich in ein höchst unsympathisches Abenteuer begeben, das zum wenigsten von seinem schlechten »romantischen« Geschmack zeugt. Es zeigen sich da auch allerlei schizoïde Züge. Nachdem Ekkard und sein Bruder Klaus meinetwegen beleidigt wurden, – man nannte sie meine »Leibgarde«, weil

sie mich auf dem Künstlerfest verteidigt hatten (ich war tätlich angegriffen worden), – distanzieren sie sich von mir, meiden mich, als sei ich anrüchig.[286] Bei Weißenfels habe ich »ein Knabe weint« aus dem »Perrudja« vorgelesen. Das hat mir einen Brief der Mutter Ralfs eingetragen, in dem sie in Wendungen, die von Ursula entlehnt sein könnten, mir bedeutet, daß Ralf unter keinen Umständen nach Hamburg kommen würde. Der Brief ist lächerlich, überflüssig, aber durch Zwischendenzeilen bedeutsam. Herbert und Klaus sind glücklich. Es ist jedenfalls merkwürdig, wie einsam, genauer, wie gemieden ich wieder bin. Nun – es schmerzt nur etwas. Der Schmerz geht nicht tief. Ich erkenne meine Stellung, den Sonderfall meiner Begabung und Konstitution. An Anerkennung fehlt es mir nicht. – Merkwürdig! – Ich bekomme allerlei Briefe von mir unbekannten Menschen aus Ost und West, die in mir den Wegbereiter für ihr Leben sehen. Ein junger Mann aus Ostpreußen w[il]l mich sogar besuchen. Ich schmecke die Enttäuschung, die gegenseitige, schon im Voraus.[287]
Gestern erfuhr ich auf Umwegen, daß ich in Zürich im Rundfunk sprechen soll, gleichfalls im Schutzverband.[288] Bisher habe ich keine Nachricht vom Theater. Dennoch scheint das Datum der Aufführung einigermaßen festzustehen. – – Soeben kommt eine Nachricht von Frau Ehrenberg aus dem Nordexpress.[289] Sie schildert, wie schlecht es euch geht, daß Signe die Stellung in Klemensker angenommen habe. Wenn es sich dabei um die internationale Correspondance Organisation handelt, bin ich dagegen.[290] Ganz und entschieden. Mag es mit uns stehen wie es will; dafür ist Signe zu schade. – Ich hoffe, daß ich ab April einen Weg finde, Geld zu beschaffen, abgesehen davon, daß Zürich einiges einbringen wird. Wie sich die Reise gestalten wird, weiß ich nicht. Ich versuche erst einmal Klarheit über die Termine zu schaffen. – Meine Seele ist völlig zerfetzt, das weißt Du. Aber ich bin an eurer Seite,

Dir und dem Kind zugetan wie immer. Daß der Blitz Yngve in mich niederschlug – es ist ein salziger, brenzlicher Geschmack. Er wird unglücklicher werden als wir alle. Getrieben wie keiner. Nehmt meine Umarmung, meinen Kuß

Euer Henny

Dank für eure Briefe! Einer ist offenbar abhanden gekommen. Meine Sorge um euch, um eure Gesundheit ist sehr groß. —

Handschrift, ein Blatt, beidseitig beschriftet

44. *Von Bornholm nach Bad Heilbrunn*

20.7.1950.

Meine liebe Ellinor –,
ich war gestern noch einmal in Kopenhagen, um meinen Pass zu ordnen. Inzwischen sind allerlei neue Bestimmungen herausgekommen, die auf alle Fälle Signes Reise erschweren. Ich hoffe, dass wenigstens ich mein alliiertes Visum in einigen Tagen bekomme[291], obgleich ich einen neuen Fremdenpass habe. Es wird wahrscheinlich mein letzter sein. Signe muss einen deutschen Hilfspass haben, wenn sie jetzt nach Deutschland reisen will. Dazu müssen sehr viele Papiere beigebracht werden, und das Ganze kostet, einschliesslich Sichtvermerk 58.– Kronen. – Wir armen Emigranten haben es ja dazu: – das ist offenbar die Ansicht von Bonn oder anderer Stellen. – – Auf alle Fälle wird ziemlich viel Zeit darüber verstreichen.
Wieso Du Schwierigkeiten wegen Deines Passes haben konntest, ist mir eigentlich unverständlich. Unverständlich, wieso diese ganze Nachfragerei entstehen konnte. Ich erkläre es mir jetzt mit den neuen Massnahmen, die sich auch für Signe bemerkbar machen. – Ich werde jedenfalls noch heut an Henny

[Voß] schreiben, dass sie Dir Deinen Pass eingeschrieben nach Bad Heilbrunn sendet. – Die Zeiten sind ja, auch allgemein genommen, verwirrter geworden, sodass Du Deinen Pass immer bei Dir haben musst. Ich hatte, als ich ihn von den alliierten Behörden zurückbekam, nicht im Entferntesten daran gedacht, dass die Behörden eine solche Nachfrage danach halten würden. Ich werde mein Versehen so schnell wie möglich ins Richtige bringen.
Hier sind Schwierigkeiten und Ärger. Ich bin ziemlich mutlos geworden. Heut zum ersten Male innerlich nervös. Auch Signe ging es heut schlecht. Wegen der Wohnung habe ich das unternommen, dass ich mich auch in Deutschland anmelde. Diese Möglichkeit ist neuerdings gegeben. Ich kann, so wie die Dinge für mich liegen, jetzt zwei Wohnsitze haben. Freilich glaube ich nicht, dass das grosse praktische Bedeutung haben wird. Wir werden doch so oder so gezwungen werden (trotz des Hauses auf der Insel), ganz nach Deutschland überzusiedeln. Ich habe diese Reiserei nicht nur satt – sie ruiniert uns auch wirtschaftlich. – Von Yngve hängt in dieser Sache nichts ab. Er mag sich entschliessen wie er will. Ich werde ihn auch nicht beeinflussen, zum wenigsten versuchen, es nicht zu tun. Das Verhältnis zu ihm hat mich zu sehr erschöpft. Ich spüre diesen Blutverlust der Seele nur zu deutlich. Davon ist eine Schwäche, eine Abgestumpftheit in mir. Ich liebe ihn nicht weniger; aber ich fühle mich so sehr zurückgewiesen, gleichsam in eine historische Rolle versetzt, dass ich in dieser ungeheuren Sache keinen Mächten mehr glaube oder traue. Durch Klaus habe ich erfahren, wie anders junge Menschen sein können, wieviel offener, heidnischer, vorurteilsloser und hilfsbereiter. Er will also für Yngve einstehen, wenn Yngve ihn als Menschen annimmt. Es gibt da garnichts mehr zu fragen. Alles hängt vom Ja oder Nein Yngves ab. Wenn ich dem Ausgang des Experimentes auch mit Bangen entgegen sehe, so

werde ich mich mit dem Resultat abfinden. Ich habe das auch mit Signe besprochen, die nun ihrerseits sehr zuversichtlich ist. – Ich möchte Dir schreiben, dass Klaus Signe sehr gern hat und umgekehrt auch sie ihn. – Immerhin, ich habe heut eine Zigarette geraucht; – das bedeutet einen unangenehmen Tiefstand des allgemeinen Vertrauens in mir. Es ist ja kein Problem gelöst. Alles steht nur auf dem Papier und hängt am Ende davon ab, ob meine Arbeitskraft, meine Intuition ausreichen werden. Und diese wieder erhalten sich nicht, wenn mein oder unser Privatleben erträgliche Formen annehmen oder behalten. So, wie es mit mir in letzter Zeit gegangen ist, kann es nicht weiter gehen. Dann bin ich in längstens einem halben Jahre fertig, ohne noch etwas geschafft zu haben. Ich kann weder Dir noch Signe in ausreichender Weise helfen. Was soll ich da an der Tante und Mieze ausrichten? – Ich erkenne die Tragik. Aber ich weiss keinen Rat. Schliesslich ist niemand damit geholfen, dass ich die Waffen strecke und mich davon mache. Klaus hat mir noch einmal mit seiner ungebrochenen Vitalität, mit seiner selbstverständlichen inneren Heiterkeit geholfen, dass ich mich etwas von Yngve distanzieren konnte und nicht mehr so sehr unter diesem willenlosen schöpferischen Koloss litt. Aber die Schwierigkeiten zermalmen mich doch allmählich. Ich habe zu wenig Lebenssubstanz – und die mir entgegengebrachte Liebe trägt nicht über die Abgründe meiner Jahre und meiner inneren Verfassung. Die Reise nach Amrum ist wahrscheinlich mein letztes hohes Spiel – und ich gebe es schon beinahe für verloren, weil die Schwierigkeiten von allen Seiten auf mich eindringen: – nicht zuletzt die ökonomischen.[292]

Ich hatte seit Tagen vor, Dir für einen Satz zu danken, den Du mir schriebst, dass Du von nun an mein lichter Engel sein möchtest, nachdem Du solange ein dunkler gewesen. – Ganz so dunkel bist Du ja nicht gewesen.[293] Wir haben es miteinander ausgehalten, und ich bin sogar dabei, die unabänderlichen Gege[n]sätze zwischen uns, die so verschiedene Veranlagung in den praktischen Dingen des Daseins, einfach als Tatsache hinzunehmen und sie unerheblich zu finden. Weil es eben gewaltige positive Beziehungen zwischen uns gibt, die wir zu betonen oder auch nur anzuerkennen nur allzuoft unterlassen. – Aber ich werde praktisch, in meiner Vorstellung, mit dem Problem Heilbrunn nicht fertig. Ich weiss auch nicht genug. Ich weiss, dass die Tante alt und schwach ist, ich kenne auch die Krankheit Miezes. Aber ich weiss doch nichts Genaues, weiss nicht, wie, im eigentlichen Sinne, die Äusserungen des Arztes gemeint sind. Ich habe eben nur eine schreckliche Angst, dass sich alles in eine endlose Quälerei verliert, und dass daran mehr entzwei geht als wir je wieder gut machen können. – Wie willst Du denn, ohne Geld, eine Lösung finden? – Die Akademie ist nicht oder nicht mehr so gestellt, dass sie mir dauernd ein Existenzminimum[294], geschweige denn den Lebensunterhalt garantieren könnte. Die letzthin bewilligte Erhöhung der Arbeitsbeihilfe ist nachträglich, trotz Senatsbeschlusses, wieder auf die Hälfte reduziert worden, sodass zum primitivsten Dasein und zur Bestreitung der notwendigsten Arbeitsunkosten jeden Monat eine erkleckliche Summe fehlen wird. Im Augenblick bleibt nur die Hoffnung auf irgendeinen Wiedergutmachungsbetrag und auf das Drehbuch. Beides aber sind unsichere Posten. – Einen Vertrag auf das Drehbuch habe ich noch nicht.[295] Vor allem aber: werde ich auf Amrum oder in absehbarer Zeit überhaupt dazu kommen, zu schreiben? – Das hängt vor allem von meiner seelischen Verfassung und von meinen Körperkräften ab. – Ich könnte die Amrumer Reise aufgeben. Vielleicht werde ich sogar dazu gezwungen. Aber mir scheint, es würde das Schlimmste sein, was angestellt werden könnte. Ich habe alles so billig wie möglich eingerichtet. Aber was nützt das Billigste, wenn das Geld ausbleibt? – Dass

ich Dir nicht mehr Geld geschickt habe, erklärt sich einfach aus dem Ausbleiben des Mainzer Geldes. Das Ganze ist auch für mich sehr niederdrückend – zumal ich nicht ahne, ob dies Hangen und Bangen immer so weiter gehen soll.
Das Geld aus Zürich ist hier eingetroffen. Aber die Summe bleibt weit hinter aller Erwartung zurück. Das Stück ist insgesamt nur sieben Mal gespielt worden. Das ist gleichbedeutend mit einem Misserfolg. Glücklicherweise hat man das in Deutschland nicht bemerkt, sodass Darmstadt nun endlich den alten Vertrag erfüllen will und eine Aufführung der »Armut« im Dezember plant.[296]
Boris habe ich noch nicht zu Gesicht bekommen. Aber ich will versuchen, seiner habhaft zu werden. Was verstehst du unter Hormonumstellung? – Wir alle sind von einer unbeschreiblichen Melancholie befallen. Nur Klaus ist noch einigermassen frei davon. – Von Yngve habe ich selbstverständlich nichts gehört. Im Hause Weissenfels ist man ein wenig böse auf mich, weil Eduard [Harms] es abgelehnt hat, sich ein Semester gegen Peter [Weissenfels] austauschen zu lassen. Vielleicht habe ich Eduard wirklich nich[t] dringlich genug geschrieben. Alles zerfliesst, nirgendwo ist Sammlung. In Ermangelung anderer Stimulanzien beginne ich zu trinken. Wenn ich des Abends das Fazit ziehe, wird mir die Brust ganz eng, und ich weiss mir nicht zu helfen.
21.7.1950. Ich kam gestern Abend nicht weiter, weil Signe noch spät erschien. Wir haben versucht, vernünftig zu sprechen. Sie ist sehr bestürzt, dass ihre Reisepapiere so umständlich zu beschaffen sind. Ich war heut in Rönne, um eine Reihe von Photokopien anfertigen zu lassen; aber darauf ist man nicht eingerichtet; ich muss also mit den Dokumenten nach Kopenhagen. – Heut habe ich auch die Klage an das Landsskatteret abgeschickt.[297] Man hatte mein Einkommen auf XXXXXXXX 11000.- Kr. angesetzt. (Die Maschine weigerte sich, diese un-

sinnige Zahl richtig zu schreiben.[298]) Endlich habe ich auch den Originaltext des Chant des Oyseaux von Jannequin in Händen. Ich habe mir die Komposition durchgesehen. Sie ist das vollkommene Vorbild für alle Musik mit wiederholten Schlägen und fällt somit aus ihrer Gleichzeitigkeit heraus. Daher der Ruhm Jannequins. Yngve wird ein paar harte Nüsse zu knakken haben wenn er dies Vogelgezwitscher, das auch lautlich nachgeahmt wird mit den instrumentalen Einfällen Francesco da Milanos in neuer Harmonie verbinden will – und das Ganze um eine 5. Stimme vermehren. – Ausser den Vogellauten findet sich ein kurzer tröstlicher Text, den ich hier im Wesensgehalt hersetze: »Erwache wieder, ermattetes Herz! Der Gott der Liebe weckt Dich. –«[299]

Damit möchte ich schliessen, damit der Brief nicht unvollendet bleibt.

Typoskript, ein Blatt, beidseitig beschriftet, nicht unterzeichnet

45. *Aus dem Schreibabteil des Zuges FD 285 der Deutschen Bundesbahn nach Hamburg-Blankenese*

Basel – Hannover, den 4. März 1951[300]

Liebe Ellinor,
mein Gedenken gilt selbstverständlich auch Signe, Klaus und Yngve.
Ich habe mich nun doch entschlossen, noch in Göttingen Halt zu machen, und schreibe deshalb diesen Brief im Zuge.
Die Sitzung der Akademie war sehr bewegt, und es scheint mir notwendig, daß Ihr etwas von ihrem Verlauf erfahrt.
Ich bin auch für die zweite Periode wieder zum Senator gewählt worden. Scheel hat meinen Antrag auf Bildung einer

Baukommission auf der Präsidialsitzung durch ungründliche Behandlung zur Erledigung gebracht, worauf die Klasse der Literatur meinen Antrag zu dem ihren machte und nunmehr verlangte, daß mein Antrag ohne Diskussion im Präsidium vor das Plenum käme. Das wird nun im April geschehen.[301] Die Urheberrechtskommission, die der Senat schon vor mehreren Monaten gebildet hat und die durch das seltsame Verhalten des Generalsekretärs inaktiv geworden war, ist neu gebildet worden, dieses Mal mit großem Aufwand durch das Plenum der Akademie. Scheel hatte geglaubt, daß er unserer Unzufriedenheit Rechnung tragen müßte, hoffte aber, daß wir nicht fähig sein würden, im Plenum unsere Ansichten durchzusetzen. Nun, es kam anders, als er sich gedacht hatte. Das Plenum war von sich aus mit der Bildung einer Kommission einverstanden. Döblin verlangte ein Übergewicht der Klasse Literatur.[302] Seine Wut war so groß, daß er kaum sprechen konnte, und wir alle fürchteten, daß er über den Vizepräsidenten Jordan und unseren verehrten Präsidenten Wagner hinweg dem Generalsekretär an die Kehle gehen würde.[303] So wurde es denn meine Aufgabe, den Antrag in sachlicher Weise zu begründen. Ich glaube, ich habe niemals klarer, präziser und gleichzeitig eindringlicher gesprochen als bei dieser Gelegenheit. Nicht eine einzige falsche Satzkonstruktion, nicht eine einzige Gedankenlücke, es war alles klar. Der Erfolg, daß selbst die mathematisch-naturwissenschaftliche Klasse mich zu ihrem Vertreter in der Kommission aufstellen wollte. Das war nun aus Gründen der Geschäftsordnung nicht möglich, so daß Präsident Wagner, also unsere höchste Instanz, in die Kommission gewählt wurde. Die Geisteswissenschaftler entschlossen sich, einen Juristen zu entsenden, und die Klasse Literatur stellte endlich gegen den Willen Scheels drei Vertreter. Dann wählte das Plenum mich zum Präsidenten dieser Kommission.

Hinterher behauptete Scheel, daß das Ganze ein teurer Spaß werden würde, drei Personen hätten ja genügt, worauf ich ihm antwortete, er hätte völlig recht, es sei jedoch seine Taktik gewesen, die die bereits gebildete Dreierkommission zerschlagen hätte, und mich interessiere es jetzt nicht mehr, welche Kosten entstehen würden. Er wollte mich dann überreden, zusammen mit Emge zur Verhandlung nach Bonn zu fahren, um, wie er sagte, Kosten zu ersparen.[304] Ich habe indessen eine Sitzung der genannten Kommission auf den 20. März in Mainz einberufen, um die verschiedenen Mitglieder erst einmal mit dem ungeheuren Komplex der Gesetzgebung vertraut zu machen.

Weiter beschäftigte sich der Senat dann mit der Umgestaltung des »Goldenen Tores«. Madame Giron und der Vorsitzende der französischen Militärregierung hatten schon im Januar gegen den katholischen Kurs der Zeitschrift Einspruch erhoben, da diese einseitige Tendenz geeignet sei, allmählich die Situation in Westdeutschland völlig zu zersetzen.[305]

Es wurde nun also ein Redaktionskomitee gebildet, das die Aufgabe hat, eine völlig neue Zeitschrift aufzubauen, die bei Rütten & Loehning erscheinen soll. Dieser Verlag gibt auch die Zeitschrift »Sinn und Form« in Potsdam (Ostzone) heraus. In diesem Redaktionskomitee sind Kreuder, Nossack und ich.

Ich bin mir darüber klar, daß es sich dabei um eine außerordentlich schwere Aufgabe handelt. Da wir aber in der Lage sind, hohe Autorenhonorare zu bezahlen, so hoffe ich, daß es binnen kurzem gelingen wird, der neuen Zeitschrift ein gültiges Gesicht zu geben.

Meine Tage waren von morgens bis abends ausgefüllt, so daß ich nicht dazu kam, euch eine Zwischennachricht zu geben. Selbst in den Nachtstunden hatte ich Besprechungen, u. a. mit Madame Giron.

Ich glaube, daß die Bemühungen von Kreuder und mir dazu

geführt haben, daß die Finanzbedürfnisse der Akademie einstweilen befriedigt werden.
Von Molo war zur gleichen Zeit in Bonn bei Heuß, um das Problem der Ehrensolde voranzutreiben.[306] Er hatte bemerkenswerte Erfolge, die sich freilich nicht ganz mit meinen Absichten decken. Es ist nun meine Aufgabe, mit dem hamburgischen Senat und Minister Dr. Grimme zu verhandeln, um die noch bestehenden Schönheitsfehler des Planes zu beseitigen.
Meine Verhandlungen in Darmstadt mit dem Regisseur Walter verliefen zwar herzlich aber doch in dem Sinne unbefriedigend, als ich den Eindruck gewann, daß Walter nicht der geeignete Mann ist, um die »Armut« einwandfrei zur Aufführung zu bringen. Einige Leute der Presse haben mich geradezu gewarnt. Aber so wie die Dinge liegen, kann ich an dem Gang der Ereignisse nichts ändern und habe deshalb auch versucht, Walter so weit wie möglich in meinem Sinne zu beeinflussen.
Zur Aufführung werden sehr viele Vertreter der Akademie zugegen sein, seitens der Stadt werden sehr große Anstrengungen gemacht, um die Aufführung zu einem Ereignis von Rang zu machen.
Ich habe in nächster Zeit übermäßig viel Arbeit vor mir, zumal »Das neue Werk«, das der NWDR gemeinsam mit der Akademie veranstaltet, von mir als Präsident ein energisches Eingreifen verlangt.[307] Es sind da neue Schwierigkeiten aufgetaucht, und es bleibt mir nichts anderes übrig, als Grimme meine ganze Entschlossenheit zu zeigen. Endlich bringen die Umstände es mit sich, daß ich auch das Geldproblem für die hamburgische Akademie einmal ungeschminkt in den Vordergrund rücke.
Ich sagte schon eingangs, daß ich mich entschlossen habe, in Göttingen Halt zu machen, um Weissenfels aufzusuchen und den unschönen Fleck zu beseitigen.
Am 9. März werde ich bestimmt zum »Neuen Werk« im Rund-

funk sprechen müssen. Vorher aber habe ich noch allerlei Boxkämpfe mit Dr. Hübner auszufechten.[308]

Ihr könnt Euch denken, daß ich im Augenblick sehr erschöpft bin. Aber ich habe auch die Gewißheit, daß ich dieses Mal ein Bündel von Siegen in der Hand habe, zumal sich die mathem.-naturwissenschaftliche Klasse geradezu begeistert an meine Seite gestellt hat.

Kreuders Vortrag war gut, im ersten Drittel, dem allgemeinen Teil, sogar sehr gut.[309] Leider bereitete uns Horst Lange allerlei Schwierigkeiten.[310] Seine 27 Augen- und Gehirnoperationen haben aus ihm einen pathologischen Fall gemacht, und zwei Gläser Sekt genügten, um ihn in der Plenarsitzung zu einem wilden Mann zu machen. Wir sind völlig ratlos und wissen nicht, welche Maßnahmen von uns ergriffen werden sollen, um Wiederholungen unmöglich zu machen.

Ich komme also mit gedämpftem Optimismus zurück. Meine Gespräche mit Jordan waren sehr aufschlußreich. Er vertrat die Ansicht, daß doch wahrscheinlich zwanzig Prozent, also ein Fünftel der Menschheit, den nächsten Krieg überleben werden, wobei freilich für Europäer auch nicht die Spur einer Hoffnung besteht. Diese Zahlen eines der berühmtesten Physikers überzeugen aber keineswegs Wissenschaft und Allgemeinheit, daß unsere Politiker mit der Aufrüstung sich den Wahnsinnigen gleichstellen. Was wir dagegen unternehmen sollen, ist uns einstweilen schleierhaft, da uns ja die Presse, die von den Alliierten ausgehalten wird, völlig verschlossen ist. Wir handeln einfach nach dem Grundsatz des »Trotzdem«. Wenn wir dann auf der Strecke bleiben, so ist damit nicht viel verloren. Schließlich ist es besser, für den Frieden als für den Krieg zu sterben.

Ich hoffe, daß ich bei meiner Rückkehr am Dienstag oder Mittwoch auch noch Klaus vorfinden werde. Hoffentlich seid Ihr alle einigermaßen gesund. Vergeßt nicht, daß ich Eurer immer gedenke, und zwar mit einem Zugetansein gedenke, das sich eben nur gelegentlich überschwenglich ausdrückt!

Henny

Typoskript (Diktat) mit handschriftlichen Korrekturen und Unterschrift, drei Blätter, einseitig beschriftet

46. *Aus Göttingen nach Hamburg*

Göttingen[311], den 21.3.52

Meine Liebe Ellinor!

Ich diktiere Signe diesen Brief, damit Du ihn recht schnell erhältst.
Meine Bemühungen, Jan Herchenröder aus dem Zuchthaus in Waldheim freizubekommen, haben[312] mir bisher nur einen ungehaltenen Brief Bechers eingetragen.[313] Einen Brief, aus dem ich nun erkenne, dass zum wenigsten er keine freundschaftlichen Gefühle für mich hat. (Gegenseitigkeit) Deshalb bitte ich Dich mit den Interzonenpässen nichts zu unternehmen und Dir einzig Deinen Pass zu besorgen. Am 28. werde ich sicherlich wieder in Hamburg sein, und ich kann dann die meisten Dinge selbst erledigen. Hier ist Hanna noch immer (schwer) krank, Fritz ist ohne Geld. Unerquickliche häusliche Szenen, hauptsächlich hervorgerufen durch den Sohn Dieter. Den Brief von Collatz lege ich im Original zur Kenntnisnahme bei, gleichzeitig meine Antwort an ihn.[314]
Ich wäre froh, wenn das Angebot von Stürtz möglichst bald hier sein könnte, damit ich dazu Stellung nehmen kann.[315] Heute Abend sehe ich Dr. Lang, den Schwager Risas.[316] Bitte an Yngve: Das Manuskript der Fantasie so schnell wie möglich zu korrigieren und druckreif zu machen.[317]

Alle Aufführungsrechte für meine Dramen sind bisher bei mir, nicht bei Weismann. Ich habe aber mit Weismann besprochen, dass ich diese Rechte evt. an den Bühnenvertrieb Blochs Erben abtrete, sofern die Firma mir einen angemessenen Vorschuss bezahlt.
Ich bitte Dich, alle Zeugennachweise bei dem Wiedergutmachungsamt durch mich besorgen zu lassen, damit keine Widersprüche entstehen. Denn die Unterlagen habe ich bearbeitet, und jede widerspruchsvolle Angabe gefährdet meinen Anspruch. Die ganze Sache hat Zeit, bis ich zurück bin. Ich bitte Dich auch nicht mit Hüttmann, Harms oder Thoms zu sprechen.[318]
Das Geld (250 DM) von der Akademie wird sicherlich etwas verspätet eintreffen, da die Finanzschwierigkeiten in Mainz gross sind.[319] Ich kann von hier aus nicht beurteilen, ob die 150 DM PEN-Geld nicht doch Anfang des Monats in Hamburg eingegangen sind. Wenn es nicht der Fall ist, werde ich an Tralow schreiben. Da das Geld mit der Post zu kommen pflegt, ist es also nicht angekommen. Ich schreibe an Tralow.[320]
Ich weiss nicht, warum Du mit Intendant Sellner, mit dem ich verhandelt habe, telefonierst.[321] Ich habe mit ihm klare Absprachen gemacht, und er bekommt kein Drama von mir, ohne dass ich es nicht vorher bearbeitet und gemildert habe.[322] Es kommt mir ausschliesslich auf Geld an, nicht auf Gesinnung, und ich möchte nicht, dass irgend etwas verdorben wird, weil ein Dritter die Situation nicht kennt. Ein Exemplar »Sinn und Form« nach Darmstadt zu schicken ist aufgelegter Unsinn. (O-W)[323] Ich habe nachgerade Schädigungen genug. Da keines meiner Dramen noch in dieser Spielzeit in Darmstadt aufgeführt werden wird oder kann, eilt es mit dem Versandt nicht so sehr, da ja Sellner mein Versprechen hat.
Ich werde sowieso mit Stürtz wegen des Drucks näher verhandeln müssen, und wahrscheinlich werde ich noch die eine oder andere Umarbeitung vornehmen.

Liebe Ellinor, ich schreibe dies, und es klingt vielleicht ein bi[s]schen hart; es ist nicht so gemeint; ich muss nur ungeheuer vorsichtig vorgehen, weil ich sonst alles, sowohl beim Wiedergutmachungsamt als auch bei den Theatern verderbe. Es handelt sich in beiden Fällen um Angelegenheiten, in die Du die nötige Einsicht nicht haben kannst. Und im Augenblick ist meine Situation nach allen Seiten hin, nach Ost und West gleichermassen gespannt. Wir arbeiten hier so viel, wie es meine schwachen Kräfte zulassen. Der erste Vortrag für den NWDR ist halb beendet, und Tagebuchblätter aus Frankreich für grosse Zeitungen werde ich auch hier noch zusammenstellen und schreiben können.[324]

Ich verstehe Deine Nervosität. – Ich selbst bin heute bis aufs Äusserste irritiert, weil das Wetter schlecht ist und ich sogar leichte Anfälle von Nierenschmerzen habe. Ausserdem ist meine rechte Hand noch immer sehr geschwollen, sodass ich schlecht schreiben kann. Aber Nervosität hilft nicht, sondern richtet nur Unheil an.

Der Brief von Collatz hat mich masslos geärgert. Fritz bezeichnet ihn als das Schreiben eines Psychopathen.

Signe sowohl wie ich freuen uns, Euch bald wiedersehen zu können. Ich glaube nicht, dass aus Yngves Autoreise nach hierher noch etwas wird. Vielleicht ist es auch im Augenblick gar nicht so sehr begrüssenswert, weil das Haus durch viele Menschen und durch die Krankheit Hannas überbelastet ist.

Sei umarmt von Deinen beiden Ausreissern.

Dein Henny deine Signe

P. S. Erst seit drei Tagen habe ich das Gefühl, als ob ich in einen normalen körperlichen Zustand zurückfinden könnte. Bis dahin ging es mir doch alles in allem so schlecht, dass ich sehr mutlos war.

Intendant Sellners Eile hat nur einen einzigen Grund: Er fürchtet, ich könnte von anderer Seite ein Angebot bekommen. Aber er darf beruhigt sein, ich halte mich an meine Abmachungen. Wegen des Wiedergutmachungsamtes dringe ich so auf Vorsicht, weil sich da noch einige Unklarheiten finden, die mit grosser Eindeutigkeit beseitigt werden müssen.

D.O.

Typoskript (Diktat) mit handschriftlichen Korrekturen, drei Blätter, einseitig beschriftet

47. *Aus Berlin nach Hamburg*

Berlin, 18. Sept. 53.

Meine lieben Drei! Diese Reise steht unter dem Zeichen von Katastrophen und Widrigkeiten. Schon die Abreise: Ich hätte am Montagnachmittag reisen sollen (wie ihr wisst). Durch eine Summe von Zufällen bekam ich meinen I[nterzonen]-Pass wirklich noch am Montag, sodaß ich Dienstag in aller Frühe 5 ½ h auf und davon kam, freilich in schlechtester Stimmung, die am Abend zuvor noch schlechter gewesen war. Ein paar Tausend Menschen wollten in den Zug. Ich bekam, nachdem ich vorübergehend Mütze und Mantel eingebüsst hatte, mein Abteil 1. Klasse. Aber schließlich auch eine 72-jährige Nazi-Greisin aus dem Osten dazu, die stolz darauf war, daß ihr 23-jähriger Sohn für den Führer gefallen war und nur bedauerte, daß die beiden anderen nicht zu Helden geworden waren. Die Frau brachte mich auf die Palme. Aber ich bin kein Denunziant. Dann versagten 2 Lokomotiven den Dienst, sodaß ich mit ein paar Stunden Verspätung in Berlin eintraf. Vorm Hôtel wartete das Auto auf mich. Im Rundfunk bekam ich schöne Butterbrote und den Schreckschuss, daß Sauer abgelehnt hätte, die Orgel zu bauen.[325] Ich begann nun alle Möglichkeiten zu erwägen. Gespräche nach Frankfurt wurden geführt und für den nächsten Tag eine Unterhaltung mit Sauer von Leipzig aus verabredet. – Am Abend waren wir schon in Leipzig. Ich sollte mit zu einem Empfang für den englischen Komponisten Bush.[326] Ich lehnte ab, weil ich zu erschöpft war. Am nächsten Morgen lernte ich den Engländer dann noch kennen. Gespräch mit Sauer: er will doch, sofern ihm Zeit gelassen wird und die Orgel in 2 Bauabschnitten erstellt wird. Darüber heute Verhandlungen in Frankfurt. Die Orgelkommission mußte in Leipzig bewogen werden, den Auftrag noch nicht an Jehmlich zu vergeben.[327] Jehmlich wurde vorübergehend zur Sitzung hinzugezogen, um über seinen Kostenanschlag Mitteilungen zu machen. Das Ganze unsympathisch. Er hatte sich einen Jesuitenpater mitgebracht, der freilich nicht zugelassen wurde; aber ein paar Tage zuvor im Rundfunkgebäude ein Gespräch zwischen Prof. Pischner und seinem Auftraggeber mitstenographiert hatte.[328] Diese ganze Situation ist zugleich ein Beitrag zur politischen Zeitgeschichte. »Kristliche Morgenluftwitterung.« Selbstverständlich versteckte Angriffe gegen mich – bis zu Unverschämtheiten. Diskussionen, daß ich den Orgelbau verteure. Ablehnung einer weitgehenden Garantie für die Arbeit, Angriffe gegen VEB-Betriebe wegen schlechter Arbeit. – – Nur, der Eindruck auf die anderen Mitglieder der Kommission war mit dem meinen konform. Wenn J.[ehmlich] den Auftrag erhält, kann ich mich zutode ärgern. – Und nun hängt alles davon ab, was bei und mit Sauer erreicht wird. – – Die Verhandlungen mit Peters waren glücklicherweise nicht so desperat.[329] Eine Verzögerung ist auch da eingetreten, weil das Papier noch nicht fertig ist. Aber es ist in der Herstellung; alles ist bewilligt, und Tabulatora nova I und II soll zu Weihnachten fertig vorliegen.[330] Das Finanzielle wurde weniger befriedigend, aber doch annehmbar gelöst. Der Ugrino-Verlag übernimmt alles, also alle Bände für Ost und West. Peters

Rundfunkorgel im Großen Sendesaal 1 des Studiogebäudes für den Deutschlandsender in Berlin (DDR)

Hans Henny und Signe Jahnn mit dem Organisten Johannes Ernst Köhler, der die Rundfunkorgel bei der Einweihung spielte, um 1957 in Berlin (DDR)

als VEB scheidet aus. Doch erhält der Ugrino-Verlag einen langfristigen (mehrjährigen) Kredit für die ungedeckten Herstellungskosten (Papier, Binden, Ausdruck), sodaß wir nichts mehr in diesen Titel zu investieren brauchen. Unsere übrigen Ausgaben verkaufen sich so gut, daß die Auslieferung gestoppt werden mußte. Also Scheidt wird, was die Herstellung betrifft, keine Sorgen mehr bereiten. Vielleicht ist es gut, daß Peters an dem Unternehmen nicht mitbeteiligt ist. Nun stehen freilich noch die Verhandlungen mit der IHA aus.[331] Denn die Bände müssen ja zu uns. Das Ganze wird schwierig sein; aber ich hoffe, daß die Akademie mithelfen wird. Schließlich das Papier für mehr als 8000.– DmW. ist ja auch beschafft worden.
Um alle Widrigkeiten zu krönen, Walter hat wieder einmal 2 Tage auf der Straße gestanden, um mich zu erwarten. Gestern Abend, als ich schon im Bett lag, verlangte er mich zu sprechen. Er kam auch herauf. Ich habe ihn nach 5 Minuten fortgeschickt. Was mit ihm los ist, weiß ich nicht. In einer halben Stund[e] Abreise nach Frankfurt. – Euer H.

Handschrift, Faltblatt, vierseitig beschriftet

48. *Aus Berlin nach Bornholm*

Berlin, Sonntag, 20. Sept. 53.

Ihr lieben Drei!
Nach einer gewaltigen Depression im Raum der Ereignisse scheint sich jetzt manches zu lichten. Sauer ist bereit, die Orgel zu bauen, doch nur »als beste Orgel Europas« und verlangt dafür 2 Jahre Zeit und einen nicht unerheblichen Preis (etwa 275 000). Am 9. Okt. soll endlich die Entscheidung fallen. – Yngves Orgelkonzert ist zur Aufführung in Erwägung gezogen worden, desgleichen sein Klarinettenquintett. Das Wichtigste

Ellinor und Hans Henny Jahnn trafen sich Weihnachten 1955 in Berlin. Hans Henny war auf dem Weg nach Moskau, Ellinor hielt sich zur Erholung im Schriftstellerheim *Friedrich Wolf* in Werder auf.

Ellinor und Hans Henny Jahnn im Hirschpark mit Tam, Mitte der fünfziger Jahre (Foto: Scheel)

vielleicht: es wird hier ein neues Theater eröffnet,[332] und Brecht möchte etwas von mir bringen. Ich habe den »Totentanz« vorgeschlagen.[333] Er will nun das Stück lesen und die Musik einsehen. Und dann wollen wir darüber verhandeln. – – Der vor wenigen Tagen völlig verzweifelte Walter ist wieder auf die Beine gekommen. Wir waren gestern im Café Warschau und trafen dort Lodders und einen Freund, den Sohn Grotewohls und einen mir nicht bekannten jüngeren Architekten.[334] Walter fühlte sich nicht wohl, neben Grotewohl jun. zu sitzen und vom Käse, den Lodders verteilte, zu essen. Er stellte aber mit ungeheurer Sicherheit fest, daß alle »Individualisten« seien. Nach dieser Begegnung entfaltete sich sein Geist. Er sprudelte geradezu von Einfällen, redete über die Liebe und über die merkwürdigen Gewohnheiten bestimmter hamburger Damen. Seine Erfahrung schlägt jede Vorstellung. Ich frage mich, wie er das alles hat überstehen können. Ich begreife auch nicht, woher er seine Bildung hat. Er spricht über Bücher, Kunstwerke, hat sichere Urteile über Menschen. – – Lodders will vielleicht am Sonntag nach Lüneburg fahren und hat sein Versprechen, uns alle nach Köln zu fahren, erneuert. – Ich selbst werde vielleicht am 28. in Darmstadt sein müssen, um dort ¼ Stunde für 150.– Dm. zu reden und einen Vertrag über »Th. Chatterton« abzuschließen.[335] Ein Telegramm liegt wahrscheinlich schon im Hirschpark. Egon Vietta hat mich aufgesucht.[336]

Gestern habe ich den Antrag an die IAH vorbereitet. Morgen wird die Akademie anempfehlen – und dann hoffe ich, wird Tabulatura I und II zu Weihnachten versandtbereit sein. Das Ganze ist für mich aufregend und mühevoll. Aber irgendwann irgendwie muß ich meine Bewegungsfreiheit zurückgewinnen, weil ich sonst nicht mehr schaffen kann. – Gleich muß ich wieder davon zu Schleifer. Er hat einen Antrag an die Regierung gestellt, sie möchte auf diplomatischem Wege eine Photokopie der c-moll-Messe Mozarts aus Polen beschaffen,

da ja Wien keine Photokopie des Werkes besitzt.[337]– Ihr seht, wir bemühen uns. Morgen muß ich auch noch einmal auf den Bau, um gewisse Veränderungen zu veranlassen.[338] – Heut Abend spreche ich mit dem Intendanten Langhoff[339], morgen nachmittag besucht mich Huchel.[340] Mit Leutner möchte ich auch noch zusammentreffen. – Zwischendurch muß ich meine Rede für Darmstadt schreiben. Übrigens hat der Sender hier vorgestern die 5. Symphonie und das Flötenkonzert von Nielsen übertragen.[341] Man hat durch eine Kabelleitung die Aufführung von Kopenhagen seinerzeit auf Band aufgenommen, möchte auch evt. Yngves Orgelkonzert aus der Jacobskirche aufnehmen. Dazu muß freilich der Rundfunk in Kopenhagen eine Leitung legen. – – Pläne, Pläne. – –
Ich muß schließen. Ich weiß nicht, ob euch mein voriger Brief nach Bornholm erreicht hat. – – Wenn meine Gesundheit stand hält, werde ich wohl noch einiges schaffen.

Euer Henny

Handschrift, ein Blatt, beidseitig beschriftet

49. *Aus Hamburg-Blankenese nach Petzow bei Werder*

Hamburg-Blankenese, den 27. 2. 56

Liebe Ellinor!
Nur ein paar kurze Zeilen, um Dir zu sagen, dass die Situation für mich hier ärger ist, als ich sie in Berlin vermutete. Rundfunk und Presse haben am Tage, als der L[essing]-Preis vergeben werden sollte, verbreitet, dass ich in Gefolgschaft Herrn Ulbrichts in Moskau aufgetreten sei und im Namen der Hamburger Akademie gesprochen hätte.[342] Beide Tatsachen sind unrichtig. Aber der Schaden für mich ist eingetreten.
Ich wollte es Dich nur wissen lassen und diese Mitteilung

mit der herzlichen und dringenden Bitte verbinden, in keiner Richtung und keinem Menschen gegenüber irgend welche Hypothetischen Hilfsmaßnahmen[343] anzubahnen oder einzuleiten. Mit dieser Bitte ist es mir ernster als mit jeder anderen, die ich Dir gegenüber letzthin geäußert habe.

Ich glaube Dir die Mitteilung der nüchternen Tatsachen schuldig zu sein. Ich war heute bei dem Kultursenator.[344] Er war freundlich, stellte sich unvorbehalten an meine Seite, erklärte aber, dass nach diesen weithin verbreiteten Nachrichten es für die Kommission unmöglich sei, noch für meine Kandidatur einzutreten. Ich habe Huchel gebeten, unter keinen Umständen nach Hamburg zu kommen.[345] Was weiter werden wird, weiss ich nicht. Wir befinden uns, wie Du weisst, in einer schwierigen finanziellen Situation. Immerhin scheint die Herausgabe der »Gärtnerin« noch nicht gefährdet.[346] Möglicherweise aber der »Chatterton«.[347]

Nun etwas Erfreuliches: Eduard hat seine Examen mit Magnum cum Laude bestanden und ist heute Mittag hier in Hamburg eingetroffen.[348]

Wir versuchen, trotz aller Schwierigkeiten jetzt, die an und umgebauten Zimmer wohnbar zu machen. Natürlich müssen wir uns aufs aller höchste bei unseren Ausgaben einschränken. Signe und ich, wir haben den Mut noch nicht verloren, obgleich wir mit einer Art Schrecken dem 1. März entgegensehen, zumal das Wiedergutmachungsamt immer neue Einwendungen macht und neue Beweise verlangt.[349]

Es tut mir Leid, dass ich Dir nichts Freudigeres mitteilen kann. Ich bitte Dich nur nochmals, nichts zu unternehmen und über das Geschehene nachzudenken.

Nimm herzliche Grüsse von Signe, Yngve, Eduard und mir

Dein
Henny

Typoskript mit handschriftlichen Korrekturen, ein Blatt, einseitig beschriftet

50. *Von Bornholm nach Hamburg-Blankenese*

Bornholm, 12. Juni 1958

Meine liebe Ellinor!

Heut ist der erste schöne Tag, den ich auf Bornholm erlebe; d. h.: die Sonne scheint. Die Luft ist noch kalt, und der leichte Wind, der über die Insel streicht, schmeckt noch immer nach Winter. Das Gras und die Frühlingsblumen sind in einem gewaltigen Wachsen; das Sommerkorn hingegen ist zurückgeblieben, kaum aus dem Boden. Aber alle Zeichen deuten darauf hin, daß Morgen die Sonne Anstrengung machen wird, um einiges nachzuholen. – Die ersten zwei Tage hatte ich so etwas wie Angst vor der Einsamkeit, zumal bei mir nicht der geringste Antrieb besteht zu arbeiten. Dabei bin ich rundherum ausgeschlafen und am morgen früh wach. Aber die verdammt harten Herzschläge am Abend brauchen offenbar allerhand an Kraft und lassen der freien Phantasie kaum Raum. Die Abende sind das Schlimmste hier; aber ich versuche, sie immer allein zu verbringen. Ich lebe sehr bescheiden: Schwarzbrot und Butter, manchmal ein Spiegelei, etwas Kaffee und Milch. Marie hat sich nicht davon abbringen lassen, daß ich bei ihr am Abend, etwa 17^{h}, zu Mittag esse.[350] Sie will dafür leider keine Bezahlung, und das ist mir nicht recht. Es ergeben sich daraus nämlich allerlei Konsequenzen in Bezug auf die Gäste in unserem Haus hier. – So war Marie mit Frau Weiß nicht ganz zufrieden; sie fand an ihr geizige Züge – und die Gastfreundschaft wurde mehr deswegen gewährt, weil Marie sich nicht darüber im Klaren war, welches Verhältnis Signe zu Frau Weiss hatte.[351] – Immerhin, es ist zeitweilig lustig und mit ziemlich viel Alkohol bei Marie im Hause zugegangen, den wohl Frau W. beschaffte. – – Ich bin nun peinlich darauf aus, jeden Öre an Waren, Milch, Eier, kleinen Einkäufen sofort zu bezahlen, obgleich ich es ihr gleichsam aufdrängen muß.

Es kann sonst hinterher Mißverständnisse geben. Jedenfalls sagte mir Marie, man könne sich doch denken, daß sie und Kalle nicht reich seien und ihre Ausgaben genau bedenken müssten. – Ich schreibe dies, weil ich ein wenig Furcht vor dem Anrücken der Familie Peter habe – in Bezug auf Gelddinge.[352] Sie sind arm und sicherlich dankbar für jede Hilfe. Aber sie dürfen sie nicht zum geldlichen Nachteil für Marie vom Staalehus annehmen. – Marie fordert nicht; das ist ihr Fehler; aber sie ist tief enttäuscht, wenn man sie nicht nötigt, das ihr Zukommende anzunehmen. Und, vergiss nicht, es ist hier, ausgenommen Butter, alles sehr teuer. Das Paradies wird auch hier durch Nato-Kanonen mit der Einheitsteuerung verflucht. – Ich bitte dich, mit Frau Peter, was ich andeutete, zu besprechen, damit da kein Unglück geschieht. Die Sprache wird das ihre tun, um Mißverständnisse zu begünst[i]gen. Und eine gewisse Kontroverse mit Herrn Peter bildete sich bei seinem letzten Besuch. Marie hat mir darüber nicht gesprochen. Überhaupt ist sie nachsichtiger geworden. Freilich erschrocken war sie über Signe. Es hat da eine Entfremdung gegeben. Marie sagte, es sei nicht mehr die alte Signe. – Gehetzt, nervös, herrschsüchtig. Es sei wie eine einzige Lebensangst. Vielleicht ist es wirklich so. Sie fürchtet die Zukunft – und manchmal befällt mich eine grässliche Ahnung, daß es diese Zukunft für sie garnicht gibt. Jedenfalls finde ich für mich keinerlei Anzeichen, die mich beruhigen könnten. Der Brief, den mir die beiden, Signe und Yngve schrieben, war sehr lieb, aufgeschlossen. Aber Signes Schrift zerfahren, im Gegensatz zu der Yngves. – Ich hätte gern gewußt, wie Du das Dirigieren Yngves fandest.[353]
Ich merke allmählich, daß dieser Brief, der ein Geburtstagsbrief sein soll, garnichts Ausgeglichenes, Tröstliches oder auch nur Bemerkenswertes enthält. Es kann wohl kaum anders sein. Wir blicken zurück, zum wenigsten ich tue es – und

bemerke unversehens, daß ich soweit gekommen bin wie ich kommen konnte. Es wäre Torheit, daran zu glauben, daß meine Krankheit, dies verwundete Herz, sich nennenswert bessern könnte. Jede körperliche und gereizt geistige Anstrengung, bringen mich innerlich aus dem Gleichgewicht und erschöpfen die Reserven (sofern es davon noch welche geben sollte). Ich bin mir dessen bewußt, daß ich bei irgend einer Unbedachtsamkeit – und auch ohne eine solche – am Wege liegen bleiben kann. Glaube nicht, daß es mir im Augenblick schlechter ginge als sonst; im Gegenteil: die Ruhe tut mir gut; aber sie bringt keinen Aufschwung, nicht einmal einen kleinen Entschluß. Meine Schreibhefte liegen vor mir; aber ich öffne sie nicht einmal. Ich komme mir wie ein Faulenzer vor – und vielleicht bin ich es sogar. Wenn ich bedenke, was meine Kollegen, rein äußerlich, jährlich produzieren, befällt mich ein Schrecken wegen meiner unzulänglichen inneren Bereitschaft, systematisch zu arbeiten. Ich habe den »Perrudja« durchgesehen für den Druck, und es fiel mir dabei auf, welchen Fleiß ich darauf verwendet haben muß, um diese Form, diese Fülle von unmittelbaren Inhalten zuwege zu bringen. Friedel sagte mir damals, als das Buch gedruckt vorlag, und es hat mich tief verletzt: wenn ich mir noch mehr Mühe damit gegeben hätte, wäre es ein unangreifbares Meisterwerk geworden. Ich weiß jetzt – oder glaube es zu wissen, daß seine Kritik unberechtigt war; ich habe das Maß gegeben, das in mir war. Heute, nach mehr als drei Jahrzehnten, bin ich außerstande, auch nur das Geringste zu verbessern. Ich habe durch Wortumstellung nur einen Teil der Sätze in besseren Fluß gebracht. Das ist alles, was ich dem Roman habe zukommen lassen können. Um nun nicht ohne Maßstab zu sein, habe ich nebenher das »Tagebuch eines Landpfarrers« von Bernanos gelesen. Es enttäuschte mich diesmal. Ja, ich glaubte im Formalen und im Inhalt, ihm nicht nachzustehen. Und die langen Perioden, die

Hans Henny Jahnn mit Yngve Jan Trede vor dem Hirschparkhaus. Ab September 1950 lebte Yngve Jan Trede bei der Familie Jahnn

es bei ihm und mir gibt, glaube ich sogar besser bestanden zu haben als er, vor allem deshalb, weil ich völlig selbständig betrachte, während er sich an ein religiös-pietistisch-katholisches Vokabular anlehnt und die Hilfe hat, Himmel und Hölle, das Gute und das Böse gegenein[an]der auszuspielen, es zu betrachten, einzuordnen und den Begriff der Gnade und des Teufels. Also diese Welt der religiösen Übereinkünfte und Wertbestimmungen habe ich als Hilfe nicht. Und mit einer Art erstauntem Schrecken habe ich bemerkt, daß ich von den übrigen weltlichen Übereinkünften auch fast nichts habe verwendet oder habe verwenden können, um ein Bild der Wirklichkeit zu entwerfen. – –

Hans Henny Jahnn mit Signe und Yngve Jan Trede, um 1956/57 (Foto: Lieselotte Strelow)

Ich will nicht sagen, daß mein Geist nicht rege wäre; es gelingt mir sogar, über meinen Vorstellungen abends einzuschlafen. So weiß ich sehr genau, was ich in dem neuen Drama aussagen will; aber irgend ein formales Hindernis hat sich eingefunden, das ich überwinden muß, wenn ich vorwärtskommen will.[354] – Die Krankheit Kleists.

Außerdem der quälende Gedanke, daß wir Signe helfen müssten, und daß ihr Verhalten eine Hilfe nahezu ausschließt.

Mein Besuch in Stockholm hat übrigens meine Lust, am Epilog zu arbeiten, nicht gefördert.[355] Es ist eine neue Zeit gekommen, die Hypertrophie der allgemeinen Gleichgültigkeit, die ein Zeichen des Untergangs ist. Man interessiert sich für die Konsequenzen des eigenen Verhaltens nicht. Das ist unfassbar; aber man stellt es fest.

Ja, ich wünsche Dir, was ich uns allen wünsche, eine bessere Zuversicht, eine größere menschliche Muße und das Vertrauen, daß die Liebe doch etwas bewirkt, wenn auch die Verblendung durch Angst und Ungewissheit über uns zusammenzuschlagen droht.

Es umarmt Dich
Dein Henny

Handschrift, zwei Blätter, beidseitig beschriftet

51. *Von Bornholm nach Aarau*

Bornholm, 7. Juli 1959.

Liebe Ellinor!

Es ist heute schon Dienstag, und ich bin noch nicht angefangen zu arbeiten. Eigentlich ist die große Müdigkeit erst heute da. Ich habe allerlei Gedanken; aber sie durchstoßen das Bewußtsein nur halberwege. Es war hier die letzten Tage, auch heute noch, sehr heiß. Lübb ist oft vom Hause fort und dementsprechend rot oder braun von der Sonne.[356] Am Sonntag, als ich allein war, kamen am Nachmittag Brandt-Möllers[357] mit einem gemieteten Auto, um mich mit an den Strand zu nehmen. Viele Menschen in Sandkaas. Frau Bjørn[?] zeigte sich.[358] Auch Doris soll auf der Insel sein und bei Frau Silberstein wohnen.[359] Am Abend im »neuen« Hause B-M's. Es sieht dort alles noch sehr stecken geblieben aus. Im Sommer mag es angehen; zum Winter wird es schlimm werden. Sie bereuen den Kauf. Sie haben Geldsorgen. Sie wissen im Grunde nicht, wie sie sich einrichten sollen. Beide sind unpraktisch – und dann reicht ein durchschnittliches Lehrergehalt nicht. Er hat starke Minderwertigkeitskomplexe, auch körperlich, weil er als Kind Rachitis hatte und dadurch einen eingefallenen Brustkorb – ein Loch. Beide wollen versuchen, »Fidus«-Bilder zu malen, um aus den Schulden herauszukommen. Man sieht, sie sind Phantasten. Langer Spaziergang nach Hause. Bei Kalle und Marie [Olsen]: Erdbeeren noch und noch. Mehrere hundert Pfund haben sie schon verkauft; ein paar hundert sind noch an den Sträuchern. Heute, seit morgens um 4^h haben sie allein 68 Pfund gepflückt. Signe soll gegrüßt werden mit dem Bemerken: sie könne sich dick und dumm in den Beeten fressen – wenn sie hier wäre. Auch Honig haben wir geschleudert. Aus einem einzigen Korbe gab es 60 ℔. Das war schon die zweite Entnahme. Bei der Kirschblüte gab es schon 40 ℔, und zum Herbst wird es noch einmal eine ähnliche Ernte geben. – Wir haben es so eingerichtet, daß wir, Lübb und ich, gegen Bezahlung bei Marie zu Mittag essen. Sie hat es angeboten, sie wollte es so am liebsten. Schließlich ist es für mich das Bequemste. – –

Es kam also Brandt-Møller, und ich mußte unterbrechen. Er erzählte von seinen nihilistischen Stimmungen, von einem rothaarigen Freund, der nichts tut und nur den schiefen Gang der Menschenwelt betrachtet.

Im Garten hat der Bärenklau zu blühen begonnen. Ein unsagbar strotzender Anblick. Auf den mächtigen schneeweißen Blütendolden tummeln sich die Insekten. Z. B. ein großer grüngoldener Käfer. Mit seinen Vorderfüßen öffnet er die einzelnen jungen Blüten, um den Honig zu saugen. – Das Laub der Wallnußbäume ist prächtig wie nie zuvor. Der spanische Stamm sitz[t] voller kleiner Nüsse; die übrigen Bäume sind auch in diesem Jahre güst – bei höchster Lebensfrische. Der Taxus hat sich erholt; er ist über und über grün. Die Buchsbaumhecke sieht in diesem Jahre müder aus. Aber sie ist in ihrer Größe und Dichtigkeit etwas Ungewöhnliches.

Mit Lektor Davidsen habe ich im Telefon gesprochen.[360] Er hat Signes Schreiben dem Rektor vorgelegt. Die Antwort wird er in den nächsten Tagen schicken. Übrigens hatte Davidsen vorgestern Geburtstag. Er hatte bei Marie einige Hähnchen bestellt. – Eine leichte Magenverstimmung scheint abzuklingen.
Ich nehme an, daß Du inzwischen in die Schweiz abgereist bist und adressiere deshalb diesen Brief an »alle«.
Nimm meine Umarmung

Herzlich
Dein Henny

Grüße an »alle«!

Handschrift, ein Blatt, beidseitig beschriftet

52. *Von Bornholm nach Aarau*

Bornholm, 19. Aug. 1959.

Meine liebe Ellinor!
Dein langer Brief hat mich ungemein gefreut.[361] Daß ich Dir nicht früher antwortete, erklärt sich nicht damit, daß ich wenig an Dich denke. Ich habe mir vorgenommen, alle Zeit, die mich einigermaßen frisch findet, zur Arbeit am Drama zu verwenden.[362] Es ist das eine Aufgabe, viel umfassender als ich mir ursprünglich vorgestellt hatte. Aber ich bin hier ziemlich vorangekommen; das ist immerhin tröstlich. Gestern habe ich die Schlußszene vollenden können. Aber damit ist die Arbeit nicht beendet, denn ich habe den Ablauf nicht hintereinander zu Papier gebracht. Es fehlen noch drei sehr gewichtige und schwer zu formulierende Szenen, und auch an der letzten Szene muß ich noch manches verändern, weil sie dramaturgisch sehr kompliziert ist. Aber die Grenzen für Inhalt und Verlauf liegen end-

lich fest – und das gibt mir das Gefühl, daß ich in absehbarer Zeit fertig werden kann – sofern nichts Störendes dazwischen kommt.
Daß schwere Wolken am Himmel sind, darf ich Dir nicht verheimlichen. Die Wiedergutmachungssache steht geradezu schlecht für mich. Das Amt hat alles aufgeboten, um zu beweisen, daß der Verlag mir nicht gehörte, und daß damit alle Ansprüche zurückzuweisen sind. Monna als Ausländerin kann überhaupt keine Ansprüche stellen, da sie beweisbar nicht verfolgt war.
Es wird also notwendig sein, daß Monna noch einmal nach Hamburg kommt, um eine Erklärung abzugeben, freilich eine, die uns nützt und nicht schadet. Auch Ludwig Voss hoffe ich noch bemühen zu können, evt. auch Werner Helwig. – Ich muß mir große Mühe geben, um von der ungünstigen Lage nicht umgeworfen und arbeitsunfähig zu werden. Solange ich hier auf Bornholm bin, möchte ich nichts Formuliertes von mir geben. Außerdem bin ich Monna gegenüber mißtrauisch insofern, als sie gefühlsmäßige Wa[h]rnehmungen mit Verstand verquickt, wodurch dann das berüchtigte weder[-]Fisch-noch-Fleisch-Gericht entsteht, das auf alle Fälle gegen mich ausgelegt wird. Das ist z.B. durch ihre Postkarte an das Amt geschehen, in der sie, als Zeuge aufgerufen, erklärte, man möchte sich an mich wenden, dessen Aussagen sie gerade bekräften oder entkräften sollte. Auch von Ernst Eggers, Richters etc. hat das Wiedergutmachungsamt derartig viel Widerspruchsvolles aus bestehenden Akten beigebracht, daß kaum noch ein Weg für meine Erklärungen offen ist. Es ist also schwarz in schwarz. Deute Monna ruhig alles an, aber hindere sie, etwas zu unternehmen, solange der Kurs meines Rechtsanwalts noch nicht festliegt. – Die ungünstige Entscheidung gegen mich war schon vom Amt diktiert – und nur ein Einspruch Dr. Claussens, daß wir neue Dokumente be-

schaffen würden, hat den schlimmen Ausgang hinausgeschoben.[363]
Von Hamburg habe ich nichts, nichts gehört. Hier im Hause habe ich mich an die Einsamkeit gewöhnt; kaum noch Beklemmungen am Abend. Die drei schweizer Freunde Eduards wohnen bei Marie. Sie reisen heute zurück. Ich glaube, es hat ihnen auf der Insel gefallen. Das Wetter ist unvergleichlich schön. Die Abende, manchmal nebelverhangen, manchmal voller Farben, haben kaum ihresgleichen. Jetzt überstrahlt der Mond die windstillen, dampfenden Mulden. Gesundheitlich geht es recht gut. Kleine Beschwerden begreife ich allmählich als Alterserscheinungen. So hatte ich leichte Zahnschmerzen, die das linke Ohr in Mitleidenschaft zogen. Alles erträglich, doch feststellbare Störungen. Von Werner Helwig hatte ich einen sehr schönen, ungemein tröstlichen Brief.[364] Nicht, daß er Angenehmes berichten konnte, im Gegenteil; aber Offenheit, Herzlichkeit, Anteilnahme, Verstehen. Es war der einzige Brief, der hier seit fast drei Wochen ankam. Seeli erzählte von Signe, daß sie sehr beschäftigt sei, aber sich durch jedes und jeden ablenken ließe.[365] Er fand sie in keinem guten Zustand. Die Friedrich-Ebert-Stiftung hat ihren Antrag auf Stipendium abgelehnt.[366] – Ich schließe, damit der Brief fortkommt. Es umarmt Dich

Dein Henny

Herzliche Grüße a[l]len!. Am Meer war ic[h] nur ein einziges Mal – ohne zu baden.

Handschrift, ein Blatt, beidseitig beschriftet

Beim Interview im Garten vor dem Hirschparkhaus, Ende der fünfziger Jahre

53. *Von Bornholm nach Aarau*

1. Sept. 1959.

Meine liebe Ellinor!

Dank für Deine Karte (die letzte ohne Datum).[367] Ich habe inzwischen noch allerlei Papiere gefunden, die zwar nicht eindeutig sind, aber das Wiedergutmachungsamt wenigstens unsicher machen müssten. Wenn nur Monna und evt. Eduard

eindeutige Aussagen machen würden! Hier habe ich oft an Dich gedacht, und alles erscheint mir weniger schlimm als in Hamburg. Wir müssen so oder so zusammenstehen, denn wo gibt es sonst Menschen, zu denen man sich für immer hingezogen fühlen könnte?
Ich schreibe in großer Eile, weil ich sogleich nach Allinge fahren muß. Das Drama ist gestern fertig geworden.[368] Ich habe also das Programm erfüllt, obgleich es manchmal für mich so aussah, als ob ich's nicht schaffen würde. Allerdings liegt damit noch sehr viel Arbeit vor mir, denn manches muß straffer gefasst und besser formuliert werden. Doch das ist überwiegend eine Fleißarbeit, die ich laufend durchführen kann. Alles in allem »steht« das Drama nun. Es ist eine Art Riesenschau geworden. Aber das Urteil darüber wird später bekannt gegeben werden. Die letzten Sätze (also die Vollendung) bezahlte ich damit, daß ich während der Nacht darauf tausende von Formulierungen, also die geschriebenen und nicht geschriebenen Entwürfe zu den Dialogen in wirrem Durcheinander hersagte. Die Erinnerung an alle Erwägungen und verworfenen Sätze war im Traum so stark und so lückenlos, daß ich (also im Traum) unablässig redete, verbesserte, formulierte. Der Mechanismus war also noch nicht zum Halten gebracht. Ich könnte nicht sagen, daß ich erschöpft bin; aber irgend eine Art von Bewußtlosigkeit ist doch da, die aber bestimmt keine 24 Stunden mehr anhalten wird. Ich habe wieder erfahren, daß nach einer gewissen Zeit der Muße, meine Phantasie wieder ganz wach ist, und daß das mir eigentümliche Prinzip des Schreibens (oder Schaffens) in Wirksamkeit tritt. Ich habe doch nun an diesem Stück (oder Stoff) mehrere Jahre gearbeitet. Ich habe hier und da Einschiebsel geschrieben, etwas kaum Dazugehöriges. Und gerade das wurden die Bausteine. Das Gesicht der Arbeit ist nicht durch die »Idee« bestimmt, die Tendenz, sondern durch die Entfaltung neben der Tendenz,

das Leben. Das scheint mir, ist gut, wenn es auch viele geben wird[,] die mich darum tadeln. So ist es aber kein »Zeitstück«, ein Gebilde, vor dem es mir graut.
Genug davon. Wir werden uns bald in Hamburg sehn. Vergiss bitte nicht, Muschg zu besuchen! Grüße an alle!

Es umarmt Dich
Dein Henny

Handschrift, ein Blatt, beidseitig beschriftet

Anmerkungen

1 Hubert Fichte: Versuch über die Pubertät. Roman. Frankfurt a.M. 1976 (erstmals 1974), S. 22.

2 So Fichte in einem Brief an Ellinor Jahnn, Briefe II, S. 1379.

3 Michael Fisch: Gesten und Gespräche. Über Hubert Fichte, Aachen 2005, S. 33.

4 Diese Erinnerung veröffentlichte Peter Rühmkorf im *Rowohlt Literaturmagazin* 35/1995 (Reinbek), S. 65 f. Ausführlicher setzte er sich mit Jahnn 1972 in *Die Jahre die Ihr kennt* auseinander.

5 Ellinor Jahnn an Willi Weismann, 8. Oktober 1949, DLA, A: Weismann.

6 Adolf Muschg: Hans Henny Jahnn. Eine Rede vom Weißen Wal, Hamburg 1994, S. 7.

7 Werner Helwig: Eine nachgetragene Autobiographie, hg. von Ursula Prause, Bremen 2014, S. 180.

8 Schriften I, S. 1101.

9 Schriften II, S. 18.

10 Walter Muschg: Gespräche mit Hans Henny Jahnn, Frankfurt a.M. 1967, S. 157.

11 Oscar A.H. Schmitz: Das wilde Leben der Boheme. Tagebücher 1896–1906, hg. von Wolfgang Martynkewicz, Berlin 2006, S. 370. – Eine frühe Spur der Familie Philips findet sich im Nachlass von Karl Wolfskehl (DLA). Es handelt sich um eine Postkarte vom 13. März 1895, in der Philips u.a. von der kleinen »Butz« grüßen lässt, ein Kosename, den Ellinor gelegentlich auch in ihrer Beziehung zu Jahnn verwendete.

12 Zitat nach Bürger 2003, S. 178.

13 Zitat nach Bürger 2003, S. 178.

14 Hubert Fichte: Versuch über die Pubertät. Roman. Frankfurt a.M. 1976 (erstmals 1974), S. 75.

15 Jahnn schreibt auf Briefpapier des Rheinland-Hotels Köln, Domstraße 11.

16 »Friedel«, Kosename von Jahnns Freund und Partner Gottlieb Friedrich Harms (1893–1931). Beide lernten sich auf der Realschule in St. Pauli kennen. Erste gemeinsame Unternehmung war die Ostseereise im Frühjahr 1914. 1915 bis 1918 Aufenthalt in Norwegen. 1919 Mitbegründer der Glaubensgemeinde Ugrino. Autodidakt wie Jahnn. Als »Oberleiter« Ugrinos war Harms verantwortlich für die Musikeditionen. Unter seiner Leitung erschienen bei Ugrino/Abteilung Verlag die kritischen Gesamtausgaben der musikalischen Werke von Vincent Lübeck, Arnolt Schlick, Samuel Scheidt und Dieterich Buxtehude. Zusammen entwickelten Jahnn und er eine neue Schleifenwindlade: die sogenannte Harmslade. Die Patentierung für die »Schleiflade zur Register- und Windsteuerung in Windkoppeln von Orgeln und ähnlichen Musikinstrumenten« erfolgte 1925.

17 Am 16. November 1926 hatten Ellinor Philips und Jahnn geheiratet. Nun hielt sich Ellinor von Ende Dezember 1926 bis Ende Januar 1927 in St. Peter an der Nordsee auf. Gottlieb Harms besuchte sie dort, nachdem er von einem längeren Paris-Aufenthalt zurückgekehrt war.

18 Das Ziel war es, den Auftrag zusammen mit der Firma E. Kemper, Lübeck, zu übernehmen.

19 In der Hamburger Rothenbaumchaussee 137 wohnte Jahnn vorübergehend bei Ellinors Mutter. Wahrscheinlich schon Ende Januar konnte das Ehepaar eine Dreizimmerwohnung in der Rothenbaumchaussee 187 beziehen. Diese wurde zuvor aufwendig renoviert. Hier fanden auch Versammlungen der Glaubensgemeinde Ugrino statt. Im Mai 1929 wurde die finanzielle Lage schwierig, deshalb zogen die Jahnns zum Ehepaar Harms in deren Dreizimmerwohnung am Heidberg 53 in den Stadtteil Winterhude.

20 Jahnn schrieb am 8. Januar 1927 tatsächlich einen zweiten Brief (Briefe I, S. 292 f.).

21 Bei Cutex handelt es sich um einen Nagellackentferner.

22 Friedel litt an einem chronischen Nierenleiden und war ständig in ärztlicher Behandlung.

23 Ellinor ließ sich in St. Peter wegen eines Hautleidens behandeln (Brief an Harms vom 8. Januar 1927).

24 Jahnn verwendet Briefpapier des Hotels International in Lübeck.

25 Ernst Eggers (1895–1942), mit Jahnn befreundeter Kaufmann, finanzierte zeitweilig die Aktivitäten der Glaubensgemeinde Ugrino. In den Erinnerungen der Ugrino-Anhängerin Margarete Möckli heißt es über ihn: »Im ersten Weltkrieg verlor er ein Bein. Dann: Schmerzen bis zu seinem Tode, die er wechselnd mit Betäubungsmitteln und Alkohol vertrieb. / Ich sah ihn zuerst in Eckel. Schon der erste Eindruck bestätigte: er gehörte wirklich dazu. Um Eckel gab es nie Streit. Dabei war er jedem einzelnen, Ellinor und Friedel so innig wie Henny verbunden.

1922/23 erschien er noch regelmässig in Eckel als der Schenkende, elegant, gut aussehend, gütig, grosszügig, warm« (zit. nach Bürger 2003, S. 102).

26 Im Sommer 1927 verliebte sich Harms bei einem Besuch in Verscio in Ellinors jüngere Halbschwester Sibylle – »Monna« – Philips (1907–1994). Die beiden heirateten am 1. Juli 1928 und zogen nach Hamburg. Signe Jahnn und Eduard Harms kamen beide 1929 zur Welt und wuchsen anfangs wie Geschwister auf.

27 Textverlust durch Ausriss. – Möglicherweise Hinweis auf eine öffentliche Veranstaltung in Jahnns Orgellaboratorium. Am 31. Juli 1932 erschien eine Ankündigung im Hamburger Fremdenblatt: »Orgelabend von Hans Henny Jahnn. Am Mittwoch, 3. August, 7 ½ Uhr abends, veranstaltet Hans Henny Jahnn vor seinem Haus (Bauernhaus) im Hirschpark in Dockenhuden einen Orgelabend. Eintritt in den Hirschpark frei.«

28 Nicht ermittelt.

29 Erich Wenzel, Sekretär und technischer Assistent Jahnns in den Jahren 1931 bis 1934. Er übernahm große Teile der Orgel-Korrespondenz und die Pressearbeit. Wahrscheinlich ist hier das Stadtarchiv von Altona gemeint.

30 Nachdem Jahnn vom 8. bis zum 10. Oktober 1932 an der Tagung der Berliner Arbeitsgemeinschaft für die Orgelbewegung im Schloss Charlottenburg zu Berlin teilgenommen hatte, wo er mit Oscar Walcker und Günther Ramin zusammentraf, reiste er in der zweiten Novemberwoche in Orgelgeschäften nach Stavanger, Oslo und Bergen. Anschließend hielt er sich einige Tage zu Hause in Blankenese auf und fuhr dann weiter in die Schweiz, wo er die längste Zeit Carlo und Elsa Philips besuchte. Auf dieser Reise kam es zu einer Begegnung, die in den folgenden Jahren außerordentlich bedeutsam werden sollte. Im Sommer 1932 hatte sich der junge Schweizer Literarhistoriker Walter Muschg an Jahnn gewandt. Muschg, der damals Privatdozent in Zürich war, hatte kurz zuvor *Perrudja* gelesen, war von dem Werk begeistert und schrieb erstmals darüber in dem Artikel *Dichtung des Schweigens* (Die literarische Welt, 28. Oktober 1932). Nach 1933 gehörte Muschg zu Jahnns wichtigsten Förderern und Unterstützern in einer der schwierigsten Phasen seines Lebens (Bürger 2003, S. 299, 312–317).

31 Textverlust durch Ausriss, Vorschlag der Herausgeber. – Am 4. Dezember 1932 schrieb Jahnn an Ellinor: »Meine Ausschlagwunden sind geheilt bis auf die eine auf der Fußwölbung. Und die hat beunruhigendes Ausmaß angenommen.« (Briefe I, S. 478)

32 Oscar Walcker (1869–1948), Orgelbauer, Inhaber der Firma E. F. Walcker & Cie, Ludwigsburg. Wichtiger Geschäftspartner Jahnns. Walcker lernte ihn 1922 anlässlich eines Konzerts von Karl Straube auf der Praetoriusorgel in Freiburg kennen. Die intensive Zusammenarbeit begann 1931. In Ludwigsburg machte Jahnn Zwischenstation auf seiner Orgelreise, die ihn im November 1932 von Bergen in Norwegen bis in die Schweiz führte.

33 Fréderic Haerpfer (1879–1956), Inhaber der Orgelbaufirma Haerpfer & Erman in Boulay. Haerpfer wandte sich mit Brief vom 13. November 1932 an Jahnn und bat um Rat bei der Begutachtung der historischen Schwalbennest-Orgel in der Kathedrale zu Metz. Inwieweit Jahnns Berechnungen oder Beratungen in die erfolgte Restaurierung einflossen, ist wegen lückenhafter Dokumentation ungeklärt (Lipski: Hans Henny Jahnns Einfluss auf den Orgelbau, S. 102 f., siehe auch Brief Nr. 8).

34 Der Orgelkommission gehörten Joseph Bonnet, Marcel Dupré und Felix Rangel von den Beaux Arts Paris an. Ein offizieller Auftrag dieser Kommission wurde Jahnn nicht erteilt.

35 Jahnn spielt auf seinen äußerst niedergeschlagenen Brief vom 24. November an Ellinor und Sibylle Harms an (Briefe I, S. 476 f.).

36 Carlo Philips (1868–1936), Altphilologe, Übersetzer und Schriftsteller. Von seiner ersten Frau Marie hatte er sich getrennt, als Ellinor und ihre Geschwister noch Kinder waren. Seit den zwanziger Jahren lebte er mit seiner dritten Frau Elsa in der Schweiz.

37 In der Handschrift: Schlagfertig

38 Ellinor ermahnte Jahnn in ihrem Brief vom 27. November 1932, sich zurückhaltend gegenüber ihrem Vater Carlo Philips zu verhalten und die Möglichkeit zu nutzen, sich zu erholen:

> »Sei aber auch nicht selbst so unbeweglich in deiner Haltung. Bedenke, dass jeder Mensch gezwungen ist, in seiner Form leben zu wollen, auch dass, wenn es nicht geschieht, doch nur ein Zerrbild entsteht, doch nur alles ein schlimmes Ende geben muss. Das kann doch der Sinn nicht sein. Wir müssen doch über uns hinaus Verständnis oder Güte für anderes Leben haben. Es nützt mich gar nichts, gar nichsts, nichts, dass ich Dich bejahe. Wenn Du mir keinen Spielraum geben kannst neben Dir für mein Wesen, dann kann ich nicht leben. Noch wehre ich mich. Bald werde ich den einzigen Sinn darin finden, an meiner Unzulänglichkeit für Dein Leben zu sterben. Ich spreche das nicht leicht aus. Ich finde es bruttal. Aber ich komme nur mit ganz grobem Geschütz gegen Dich auf. Ich sterbe auch nicht leicht. Ich fühle mich dem Leben verwoben. Aber das Schuldgefühl und das tägliche Unheil ist stärker. Es sind für mich drei Leben nebeneinander, das Vergangene mit Friedel, das jetzige mit Dir und den Kindern und ein drittes, durch mein persönliches Wesen mir unrettbar diktiertes, das ich Dir in keinerlei Weise nahe bringen kann, das Du nicht verstehst oder nicht willst. Carlo hat bestimmt in grossen Zügen recht. Aber es ist trotzdem so, dass ich mit Freuden untergehe und damit dem Prinzip gegen seine Klugheit opfere. Er ist ein Gott, den ich nicht anbeten kann. / Unser Leben hat ein festes Gefüge bekommen. Trotz allem und die Kinder wachsen auf in diesem Bau, um sie brauchst Du nicht zu bangen. Es ist doch Dein Geist, der herrscht und mit dem sie vertraut werden und sich nicht fürchten.«

39 Wahrscheinlich spielt Jahnn auf Ellinors Brief vom 23. November 1932 an, in dem sie ihn bat, mehr auf sich selbst zu achten:

> »Haben Dir die Gespräche mit Herrn [Walter] Muschg keine Anregung dafür gegeben? Oder wenn Du so erschöpft bist, dass sich Dir keine fassbaren Errungenschaften und Aussichten vor Augen stellen können, so hast Du doch schliesslich auch das Recht, nur sehr einfach über diese beiden Jahre zu erzählen. Ich wünschte wirklich, dass einmal, eine Woche ohne Anforderungen für Dich möglich wäre: Nur ausruhen, elend, ein Nichts sein dürfen und es vor niemandem verantworten müssen.«

40 Seit dem 8. März 1933 verfügten die Nationalsozialisten unter der Führung von Carl Vincent Krogmann über eine Mehrheit im Hamburger Senat. Am 12. März 1933 berichtete das Hamburger Tageblatt, die regionale Tageszeitung der NSDAP, dass der Altonaer Bürgermeister Max Brauer (SPD) »unauffindbar« sei. Brauer hatte sich seit 1929 mehrmals erfolgreich um finanzielle Beihilfen für Jahnn von öffentlicher Seite eingesetzt. Unter denjenigen, die Anfang März 1933 in »Schutzhaft« genommen wurden, befand sich auch der Altonaer Bausenator Gustav Oelsner. Mitte März wurde Jahnn erstmals denunziert. In einer Gastwirtschaft in Blankenese wurde er selbst Zeuge von Gerüchten, die man über ihn verbreitete und die wahrscheinlich der Anlass einer ersten Haussuchung am 17. März 1933 waren: Vier »Hilfspolizisten« kamen in Jahnns Abwesenheit in den Hirschpark und beschlagnahmten eine von Gottlieb Harms in den zwanziger Jahren angeschaffte Pistole und eine Postkarte. Am folgenden Tag schrieb Jahnn an Walter Muschg: »Vorübergehend schien es so, als ob bei uns eine kleine innerpolitische Beruhigung eintreten würde. Es finden sich aber Anzeichen dafür, daß mit den Frühlingsstürmen auch andere aufziehen. Bei mir ist gestern Nacht eine Haussuchung gewesen, und zwar wurde ich verdächtigt, selbstverständlich grundlos, Kisten mit Waffen bei mir eingelagert zu haben. Außer, daß alle Sachen und Schriften durchstöbert wurden, geschah nichts weiter. Möglich, daß ein negatives Ergebnis auf ungebildete Leute ähnlich beunruhigend wirkt wie eine aufgedeckte Verschwörung. Bei der geistigen Haltung, die ich Zeit meines Wirkens eingenommen habe, denke ich nicht daran, etwa dauernde Schikanen hinzunehmen.« Anfang April entschloss sich Jahnn sicherheitshalber zu einem längeren Dänemarkaufenthalt und reiste am 15. April mit dem Schiff über Malmö nach Kopenhagen. Von dort aus fuhr er für einige Tage mit der Familie des Orgelbauers Theodor Frobenius in deren Sommerhaus nach Solrød (Bürger 2003, S. 300–317).

41 Georg Gretor (1892–1943), Redakteur der Kopenhagener Tageszeitung Politiken.

42 Erstdruck unter dem Titel »Kleine Reise durch Kopenhagen« in: Hamburger Fremdenblatt, 22. August 1933 (Schriften I, S. 821–825).

43 Jahnn arbeitete an *Armut, Reichtum, Mensch und Tier.*

44 Kai Nielsen (1882–1924), dän. Bildhauer. Jahnn erwähnte ihn mehrfach, im Nachlass finden sich historische Fotografien von Skulpturen. Das *Statens Mu-*

seum vor Kunst in Kopenhagen besitzt neben Skulpturen auch Ölskizzen von Kai Nielsen. Im *Reisebrief* heißt es: »Erwähnt man Thorvaldsen, darf man den größeren dänischen Bildhauer nicht auslassen: Kai Nielsen, 1924 vierzigjährig gestorben. Die Glyptothek hat seit Jahren schon einige Werke von ihm besessen, darunter die Wassermutter, eine halbhingelagerte weibliche Figur, die gerade sechzehn Kinder geboren hat – wie der Museumsdiener erzählt, nach der Meinung Nielsens von sechzehn verschiedenen Vätern stammend. [...] Dennoch deuten viele Werke des Bildhauers daraufhin, daß er sehr heidnisch alle Menschenmassen als Einheit sah und auserwählte nicht gelten ließ. [...] In neuester Zeit hat das Haus eine liegende Frauenfigur erworben. Bis jetzt nur als Abguß in Kunststeinmasse. Ein hinreißend schönes Werk. Alles andere der dänischen Abteilung versinkt daneben.« (Schriften I, S. 823 f.) – Siehe auch Brief Nr. 9.

45 Ellinor schrieb am 19. April 1933:

»Lieber Henny, aus Geldmangel kriegst Du wieder nur eine Karte. Dein Brief gekommen. Bin froh, dass es nicht allzu finster aussieht. Du bist untergebracht für die kleine Zeit und hast ein paar unbestimmte Aussichten. Wir sind auch untergebracht. Dein Haus steht noch, in dem ich aus und ein gehen kann noch[?]. Ostern waren wir ohne Martha, mit Maya und Tante. Ich habe Schwein[e]fleisch auf dem Rost gebraten, Kartoffeln auf Dampf (würden auch Dir schmecken) und Bananenspeisen m. gebranntem Zucker und Apfelwein bereitet, im übrigen geruht. Die Kinder Ostereier gesucht und wieder versteckt. Bella fängt an Höhlen zu graben. Jetzt gehe ich wieder meiner periodischen Beschäftigung nach – einen Juden totzuschlagen – oder wenn Du das nicht verstehst, bin ich auf Geldfang. Walcker hat geschrieben, will einstweilen 100 kr schicken. Ist auf Reisen, hat meinen Brief wegen Kammerorgel-Dänemark noch nicht in Händen. [...] Alle Abrechnungen über Orgeln scheinen leider über Walcker zu gehen, auch die in Frankfurt gebauten Kammerorgeln. St. Gertrud heute perfekt, doch darf Dein Name auf Grund der von Berlin kommenden Verdächtigungen nicht genannt werden. Man ist in Aufregung, weiss, Du bist aus der Kirche getreten und durch den Umzug n. Altona automatisch wieder drin etc. Wie weit sonst Deine Stellung in Hmb. noch unerschüttert ist, kann ich noch nicht übersehen. Auch nicht wie weit man zu Dir steht. Groot steht doch sehr ausserhalb und ich bin sehr vorsichtig in Erkundigungen. Brinkmann ist nicht sachlich genug, habe ihn auch nicht gesprochen, werde auch von mir aus nichts unternehmen. Also beunruhige Dich nicht. Was Du an Gertrud verdienen wirst, wusste Rather noch nicht, will mir aber eine Abrechnung schicken. Jedenfalls mag ich keine grösseren Anforderungen an ihn stellen. Leider hast Du auch die 10 kr von Frau Eber nicht, wie abgemacht, Deiner Familie überantwortet, was mich in eine peinliche Situation brachte. Von Robinsohn u. Groot nichts gekommen. Hast Du das Geld auch? Oder ei[ne] Abma[chu]ng darüber, wann es kommt? – Von der Tagung werden Dir[?] Voss und Wenzel je einen Bericht liefern, sie war wohl, wie sie

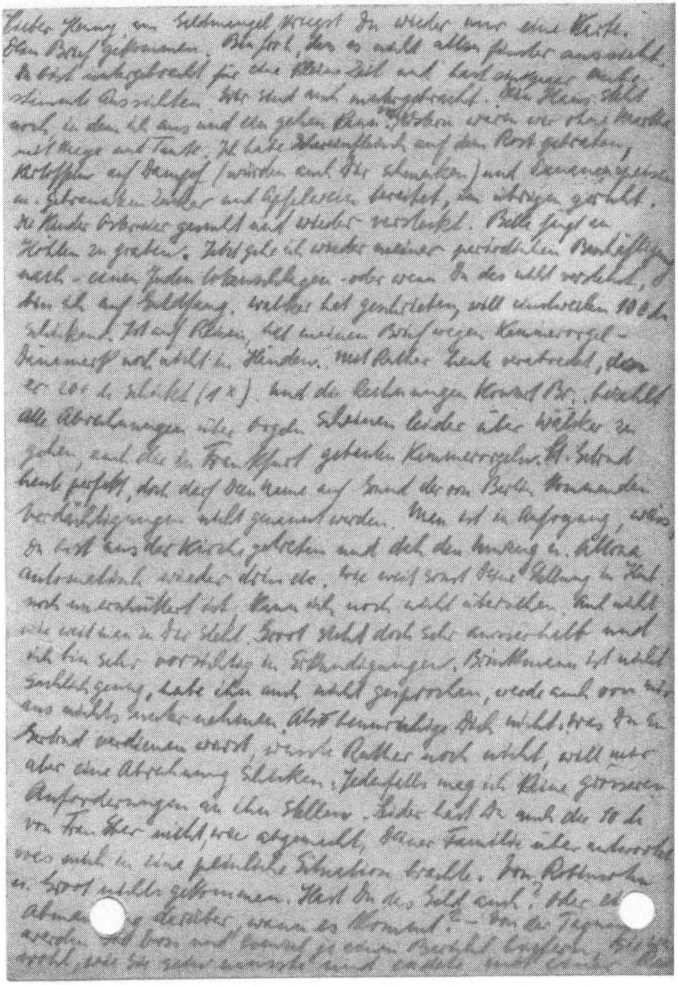

Faksimile der mit Bleistift geschriebenen Postkarte von Ellinor Jahnn vom 19. April 1933

sein musste und endete mit einer Rede auf die Erhebung. Diese Flaschen und reines Orgelwerk! Es gab noch Leute, die danach fragten, ob diese Mensur, eine von Dir erfundene Sache sei, sonst wurde Dein Name offiziell nicht genannt. Mir tat nur leid, dass ich nicht auch die Orgeln einmal so hintereinander hören konnte (abends in Altona habe ich auf der Orgelempore gesessen) – dass ich überhaupt so wenig von Musik verstehe und bei unserm Leben immer Aussenseiter bleiben muss. – Biehle geht es jetzt an den Kragen. […] Bitte sei nicht böse über diese Karte, ich bin heute nicht brauchbar, sehr leer und vor U. / Es küsst Dich Deine B. / Grüsse an Frobenius.«

46 Nachbarin in Blankenese.

47 Georg und Risa Schmeding, wohlhabende Blankeneser Nachbarn. Risa Schmeding unterhielt einen Salon, in dem regelmäßig Vorträge zu künstlerischen und kulturellen Themen stattfanden.

48 Die Orgelbaufirma Theodor Frobenius & Sønner in Lyngby bei Kopenhagen. Ab 1930 arbeitete Jahnn zunächst mit Theodor und später mit dessen Sohn Walther Frobenius an zahlreichen Orgelbauprojekten in Skandinavien zusammen. Während seiner Bornholmer Jahre die wichtigste Einnahmequelle.

49 1932 hatte Jahnn zusammen mit der Firma Walcker eine Kammerorgel mit horizontalen Pfeifen für kleine und private Räume konstruiert.

50 Niels Otto Raasted (1888–1966) war Organist und Komponist, seit 1924 an der Domkirche in Kopenhagen.

51 Johannes Biehle (1870–1941), Orgelexperte. Leiter des Instituts für Orgelbau an der Universität und TU Berlin ab 1927. Schon im 1927 gegründeten Orgelrat waren Biehle und Jahnn Kontrahenten. Als Angriff auf Jahnn ist Biehles Erklärung als Vorsitzender der Technisch-wissenschaftlichen Arbeitsgemeinschaft und Gesellschaft für Orgelbau im Januar 1933 zu sehen. Am 15. April 1933 schrieb Jahnn über seinen Konflikt mit ihm und der nationalsozialistisch-protestantischen Organisation der Deutschen Christen an Walter Muschg: »nun bin ich zu Schiff nach Dänemark. […] Der Anlaß war, vier meiner Bekannten wurden verhaftet. Sicherlich grundlos. Weiter: einige N. S. D. A. P.-Zeitungen begannen eine Hetze gegen mich. Prof. Biehle, ein alter Gegner von mir, schlug sich zum Haßverein der ›Deutschen Christen‹ und hielt von dort aus Brandreden gegen mich, gegen meine Tätigkeit als Orgelbauer. Folge, die Deutschnationalen ließen mich aus Furcht vor Gewalttätigkeiten fallen. Selbstverständlich war ich persönlich noch nicht gefährdet. Aber meine literarischen Werke, meine Friedensliebe, meine Aufklärungsarbeit über den Giftgaskrieg ließen es geraten sein, eine Pause der Unsichtbarkeit einzulegen.« (Briefe I, S. 505 f.)

52 Im Typoskript: mir

53 Orgel im Dom zu Uppsala. Trotz umfangreicher Vorarbeiten erhielt Jahnn nicht den Auftrag für die Restaurierung. Ellinor hatte ihn auf seiner Orgelreise im Frühjahr nach Uppsala begleitet. Im Brief an Walter Muschg vom 2. Februar 1934 heißt es: »Du weißt, ich fuhr hinauf, um den Auftrag Up[p]sala zu erobern. Das ist vollkommen fehlgeschlagen, die Konkurrenz wird mit dem Auftrage davongehen.« (Briefe I, S. 643)

54 Es ging um die Restaurierung der Schwalbennest-Orgel im Straßburger Münster. Jahnn erhielt letztlich den zunächst für sicher gehaltenen Auftrag nicht, stattdessen ging er an die Straßburger Firma E. A. Roethinger.

55 Albert Schweitzer (1875–1965) lehrte an der Straßburger Universität Philosophie und Theologie und begann dort sein Medizinstudium; außerdem war er Organist in Straßburg. Kontakt zu Jahnn seit 1922. – Abbé F. X. Mathias (1871–1939), Musikwissenschaftler, Organist am Straßburger Münster. Er veröffentlichte zahlreiche Aufsätze über die Orgelbauer-Familie Silbermann.

56 Die Orgel im Dom zu Stavanger (Norwegen).

57 Jahnn hoffte, den Auftrag für die Konzertorgel des neuen Konzerthauses in Göteborg zu bekommen. Die Verhandlungen über dieses Projekt erstreckten sich über mehr als ein Jahr. Noch am 22. Mai 1934 schrieb Jahnn an Ellinor, dass »der Auftrag Göteborg, der meine größte Orgel darstellen wird, nunmehr in das offizielle Stadium gekommen« sei. Letztlich zerschlugen sich die Pläne für die »größte Konzertorgel Europas« dann aber doch (Briefe I, S. 692).

58 Vermutlich hatte Jahnn mit Herman Mannheimer (1867–1942) und dessen Familie zu tun und spielte auf den Hamburger Finanzfachmann Carl Melchior an. In den zwanziger Jahren standen Jahnn und die Glaubensgemeinde Ugrino in Kontakt mit dem berühmten Hamburger Bankier Max Warburg und dessen Bankhaus.

59 Jahnn schrieb an *Armut, Reichtum, Mensch und Tier.*

60 Jahnn arbeitete am zweiten, niemals vollendeten Teil seines Romans *Perrudja.*

61 Der Essay »Germanische Rundbauten in Dänemark« blieb zu Lebzeiten unveröffentlicht (Erstdruck: Schriften I, S. 826–877). Für diese Arbeit ist eine umfangreiche Materialsammlung überliefert. Jahnn recherchierte vor Ort und fertigte Bauaufnahmen sowie Fotografien für die geplante Veröffentlichung an.

62 Jahnn verwendete das zwölfbändige, von Max Ebert herausgegebene *Reallexikon der Vorgeschichte* (Berlin 1925).

63 Sibylle Harms hatte Verwandte (Fam. Richter) in Berlin-Friedenau, die sie regelmäßig und auch Ende September 1933 besuchte.

64 Siehe Anm. S. 44.

65 Wahrscheinlich spielt Jahnn auf seinen Brief vom 7. und die Postkarte vom 9. Februar 1934 an (Briefe I, S. 655–658, 660). Ellinor schrieb am 7. Februar:

> »Lieber Henny / hoffentlich bekomme ich Deine Adresse in Berlin. Ich habe Dir gestern ein Telegramm geschickt, weil ich fürchtete Du würdest noch einen Tag ohne Nachricht schwer ertragen. Ich konnte Dir aber nicht vorher schreiben, weil ich einfach zu überwältigt war von dieser Ansammlung teils verschuldeter teil[s] unverschuldeter Vorfälle und von der Art, wie W.[alter] M.[uschg] reagierte. Er war einfach ein Richter, und frug nur nach der Tat. Ich musste erst abwarten, was er Dir geschrieben, obwohl es besser gewesen wäre, Dich vorher zu instruieren. Ich habe mir eine genaue Übersicht gemacht

über die Lebensführung in den letzten drei Monaten. Es hatte sich gerade alles ausbalanciert gehabt. / Hoffentlich bekomme ich Deine Berliner Adresse. Ich habe an Elli geschrieben und ihr manches erklärt. Nach dem Zusammentreffen sovieler Meldungen von andrer Seite musste alles schlimmer aussehen als es ist. Ich will damit mich nicht verteidigen. Ich kenne meine Fehler sehr gut. Leider treten aber auch immer wieder äussere Umstände auf, die es mir erschweren, gegen diese Schwächen aufzukommen. Ich will Dir vielleicht noch manches schreiben. Wenn Du da bist, wird man von vielem überwältigt und es ist doch nötig über einiges nachzudenken. Auf Hilfe v. S. Ellis f. den Kauf wage ich wenig zu hoffen. 1. Weiss ich nicht, ob sie überhaupt kann, 2. Sie haben grosse Bedenken und die festigen sich noch dadurch, dass Du Dich über viele sachliche Fragen nicht äusserst. Lass doch Otto Wenzel einmal an Muschg schreiben. Und ihm seine Ein- u. Aussichten darlegen. Bitte ihn wirklich darum! Das ewig Ungewisse, das Nichtzuwartenkönnen geht eben auch über ihre Kräfte und es ist für den Nichtganzbeteiligten auch wirklich schwerer als für den der darin steckt. / Deine Buz.«

66 Am 1. Februar 1934 schrieb Walter Muschg, der zusammen mit seiner Frau Elli Jahnns Aufenthalt in der Schweiz ermöglicht hatte: »In Männedorf hat sich eine gewisse Verstimmung über Ellinor gebildet, weil sie in der Begleichung von Rechnungen, in der Sauberhaltung der Wohnung usw. offenbar bei den Hausgenossen + anderswo einigen Anstoss erregt hat. [...] Wir haben den Eindruck, dass Frau Hanhart die Wohnung nicht mehr unbegrenzt lange überlassen will, d. h. dass wir wohl moralisch verpflichtet sein werden, ihr in absehbarer Zeit den entsprechenden Vorschlag zu machen. [...] Der Rede kurzer Sinn – den ich Ellinor nicht gesagt habe – ist einfach der, dass Dein Aufenthalt hier allen nur zur Freude gereicht, dass aber Ellinor allein offenbar sich nur schwer einzufügen vermag. [...] Das Leben + Sprechen mit Dir wird immer das Kostbarste bleiben, was ich ungeschmälert zu hüten haben werde + worauf ich mich jetzt wieder freue.« (Briefe II, S. 1226) Ellinor selbst berichtete am 5. Februar von den Vorwürfen:

»Weil ich nicht jeden Tag die Zimmer etc pünktlich u. genau gemacht habe wie die Pfarrersfrauen, hat man das Gerücht zu Frau Hanhart, von ihr zu Frau Boesch, von Frau Boesch zu Muschgs gebracht, wie sich Gerüchte zw. 3 Mündern verändern, ohne Klatschsucht od. dergleichen, das weisst Du. In Muschgs Gehirn kam es als unsauber und liederlich, weil ich alle Woche eine Putzfrau hatte, auch faul. Ohne dass alle diese Worte ausgesprochen wurden. Jedenfalls hat man mir das letztere besonders übel genommen. Auch dass wir morgens vom Bäcker die kleinen Weissbrote bekamen. Ich hatte inzwischen heraus, dass es teurer wird und die Umbestellung schon ausgesprochen. [...] Jedenfalls sind das mehrere schlechte Eindrücke für Muschgs. Es brauchen nur noch ein paar wirkliche Kleinigkeiten dazu zukommen (aus der Situation vor Weihnachten, als das Metzer Geld nicht kam) Sie fürchten, dass solche Eindrücke im Dorf Dir sehr schaden können, weil Du nun so lange fort warst und ich allein hier, und Frau Hanhart hat die Wohnung für einen Schriftsteller gegeben, der nur still und zurückgezogen arbeiten will, nicht aber für seine Frau, besonders wenn sie unangenehmes Aufsehen erregt. Was daran Vermutung ist und was begründet, weiss ich nicht.«

67 Seit dem 1. Dezember 1933 wohnten Jahnns zur Untermiete in Männedorf am Zürchersee bei Dr. Bösch-Hanhart.

68 Jahnn spricht über die nach seinen Plänen durch die Firma E. F. Walcker & Cie, Ludwigsburg, weitgehend neu erbaute Orgel der St. Maximilians-Kirche in Düsseldorf (»Orgelbauer bin ich auch«, S. 39 f.).

69 Ludwig Voß (1898–1984) war Grundschullehrer in Ollsen (Lüneburger Heide). Dorthin zog sich Jahnn bereits während der Entstehungszeit des 1929 veröffentlichten Romans *Perrudja* mehrmals zum Schreiben zurück. Voß beschäftigte sich intensiv mit Musik und Literatur, lernte Jahnn 1921 kennen und wurde Ugrino-Mitglied (Bürger 2003, S. 209 f.).

70 Olga – »Olli« – Jäger (1890–1970), verheiratet mit Georg Jäger, dem Direktor der Lichtwarkschule in Hamburg-Winterhude. In den zwanziger Jahren war sie Ugrino-Mitglied und seitdem vor allem mit Ellinor befreundet. Eltern von Herbert Jäger.

71 Jahnn musste Dänemark im April für drei Monate verlassen, die dänischen Behörden verlängerten seine Aufenthaltsgenehmigung nicht. Otto Wenzel, der Verwalter von Bondegaard von April 1934 bis Juni 1935, und Monna Harms hatten sich verlobt. Wenzel musste Dänemark ebenfalls verlassen, auch er erhielt keine Aufenthaltsgenehmigung. Im Juni 1935 bereiste er Südafrika und ließ sich nach der Rückkehr in Breslau nieder. Er war der Bruder von Erich Wenzel, der vor Hitlers Machtübernahme als Jahnns Sekretär arbeitete.

72 Marisa – »Mascha« – Schillskaja (1892–1968), russisch-deutsche Übersetzerin, befreundet mit Werner Helwig, Ernst Fuhrmann und Erich Wenzel. Sie lebte in Düsseldorf.

73 Brief vom 15. April 1935 (Briefe I, S. 808–813).

74 Am 8. April 1935 hatte Jahnn Walter Muschg noch berichtet: »Daß Werke von mir in Deutschland herauskommen werden, ist nach wie vor unwahrscheinlich. Ich habe zwar in letzter Zeit für das Berliner Tageblatt eine kleine Novelle geschrieben, nachdem man mich dazu aufgefordert hatte; aber ich habe noch nicht erfahren, ob sie auch wirklich erscheinen wird.« (Briefe I, S. 807) Vermutlich handelte es sich um die Erzählung »Gerechtigkeit – oder eine Motorbootfahrt« (Fluß ohne Ufer III, S. 652–658).

75 Marie-Luise – »Mieze« – Philips (*1894), Schwester von Ellinor Jahnn.

76 Heinrich August Voss, vom Hamburger Vormundschaftsamt bestellter Nachlassverwalter für Eduard Harms.

77 Anspielung auf Verhandlungen über die Zukunft von Ugrino/Abteilung Verlag. Am 14. März 1935 wurden Sibylle Harms und ihr Sohn Eduard Besitzer des Unternehmens. Die offizielle Neuordnung des Verlags war nach dem Tod von Gottlieb Harms und durch Jahnns Auswanderungspläne notwendig geworden. Neue Verlagsleiter wurden Hilmar Trede, Ernst Eggers und Werner Bauer. Am 28. April 1935 trafen sich Jahnn, Eggers und Trede zu einer ersten Konferenz in Bad Harzburg, wo Ursula Trede, die zweite Frau von Hilmar Trede, ein Erholungsheim leitete. Es wurde entschieden, die Tätigkeit des Verlags auszubauen. Strittig blieb die Gestaltung des Programms: Eggers und Trede plädierten für die Herausgabe preiswerterer Ausgaben, die leichter zu verkaufen seien, und für den Nachdruck bereits vergriffener Ugrino-Ausgaben. Jahnn hingegen bestand auf dem ursprünglichen Konzept, der Herausgabe von Erstausgaben und darauf, die begonnenen Gesamtausgaben von Buxtehude, Scheidt, Lübeck und Merulo fortzusetzen (Hengst/Lewinski, S. 210 f.).

78 Anspielung auf die Jahre 1931 bis 1933, in denen das Kavaliershaus im Blankeneser Hirschpark Wohn- und Arbeitsstätte Jahnns gewesen war. Es wurde zum Treffpunkt für Ugrino-Anhänger und Freunde sowie Veranstaltungsort für Orgelkonzerte und Vorträge. Außerdem wurden die Geschäfte von Ugrino/Abteilung Verlag von dort aus erledigt. Seit dem Auszug der Familie Jahnn aus dem Hirschparkhaus wurde es von Ellinors Mutter, ihrer Schwester und ihrer Tante Helene Steinius bewohnt.

79 Anny Voß (geb. Broocks, *1909) war 1926–1946 mit Ludwig Voß verheiratet.

80 Maurice Maeterlinck (1862–1949), belgischer Schriftsteller.

81 Hilmar Trede (1902–1947), Musiklehrer und Musikwissenschaftler. Vater von Yngve Jan Trede. Um 1928 Musiklehrer an der Hamburger Volksmusikschule. Über diese Einrichtung vermutlich erster Kontakt zu Jahnn und Gottlieb Harms. Seit ca. 1931 Mitwirkung bei Ugrino/Abteilung Verlag, von 1934 an offiziell Lektor des Ugrino Verlages und Herausgeber der Werke Buxtehudes. Seit 1942 in Freiburg am Deutschen Volksliedarchiv tätig. Übersetzer von Werken Keplers in Zusammenarbeit mit Hans Kayser (Hengst/Lewinski, S. 191–195).

82 Ursula Trede, geb. Franz, zweite Frau von Hilmar Trede und Mutter von Yngve Jan Trede.

83 Judit Kárász (1912–1977), ungarische Fotografin. Stammte aus einer jüdischen Familie. Erster fotografischer Unterricht in Ungarn durch Lazlo Kassák, dem Begründer der Socio-Fotobewegung. 1930 und 1931 studierte sie in Paris, und vom Sommersemester 1931 bis Mitte 1932 war sie Bauhaus-Schülerin bei Walter Peterhans in Dessau. Kurz vor der offiziellen Schließung des Bauhauses durch die Regierung in Sachsen-Anhalt wurde sie 1932 vom damaligen Schulleiter Mies van der Rohe wegen ihrer Kontakte zur Kommunistischen Studentenfraktion der Schule verwiesen. Von 1933 bis 1935 war sie mit dem Medizinstudenten Karl – »Charli« –

Müller-Touraine (gest. 1986) verheiratet, dem Bruder von Hanna Weissenfels. Im Juli 1935 verbrachte sie erstmals einige Wochen auf Bornholm. In den folgenden Jahren musste sie zwecks Verlängerung der dänischen Aufenthaltserlaubnis das Land verlassen. Erst die von Jahnn 1938 organisierte Heirat mit einem Dänen ermöglichte es ihr, längere Zeit auf Bornholm zu bleiben. Ende 1939 geriet das Zusammenleben mit Ellinor und Hans Henny Jahnn aus persönlichen Gründen in eine schwere Krise. Im September 1940 begann Kárász eine einjährige Ausbildung zur Weberin in Sønderborg. Anschließend lebte sie bis 1945 wieder auf Bornholm. Nach Kriegsende übersiedelte sie nach Sønderborg und Kopenhagen. Im Dezember 1949 kehrte sie nach Budapest zurück, wo sie bis zu ihrem Tod als Fotografin im Museum für Kunstgewerbe arbeitete. Jahnn begegnete sie nur noch einmal für ein kurzes Treffen im August 1958 in Berlin.

84 Jahnn spricht von Margrit Franz, die 1937 Carl Mumm heiratete.

85 Gertrud Trede (geb. Daus, 1901–1996), Pädagogin und Musikerin, erste Frau von Hilmar Trede und Mutter des gemeinsamen Sohnes Michael (*1928). Gertrud Trede stammte aus einer emanzipierten jüdischen Familie, ließ sich 1932 von Trede scheiden und konnte 1939 mit ihrem Sohn nach England emigrieren.

86 Über die Zukunft von Ugrino/Abteilung Verlag verhandelte Jahnn seinerzeit auch mit dem Musikverlag B. Schott.

87 Am 15. April 1935 hatte Jahnn Monna Harms einen ausführlichen Brief geschrieben, in dem er sich mit ihrer Liebesbeziehung zu Otto Wenzel und deren zu erwartenden Folgen für das gemeinsame Leben und den Ugrino Verlag auseinandersetzt (Briefe I, S. 808–813).

88 Es wurde über die Idee diskutiert, das Häuslerhaus Granly in der Nähe von Bondegaard zu erwerben, in das sich Jahnn zum Schreiben zurückziehen wollte. Ellinor fragte in einem Brief vom 25. April 1935: »Hast Du Dir noch einmal überlegt, ob es nicht wirklich vorteilhaft wäre, wenn wir das kleine Haus kaufen könnten? Auch für uns beide. Und ob Du nicht erreichen könntest dafür eine höhere Hypothek bewilligt zu bekommen?«

89 Hans Kayser (1891–1964), dt. Musiktheoretiker. Begründete eine moderne Theorie der Harmonik. In Jahnns Bibliothek befanden sich die Werke *Der hörende Mensch* (Berlin 1930) und *Orpheus. Vom Klang der Welt* (Potsdam 1926). Lebte seit 1933 in der Schweiz. – Jacques Handschin (1865–1955), schweiz. Musikforscher und Organist, Schüler von Karl Straube und Max Reger. Seit 1935 Ordinarius an der Basler Universität. Die Daten eines Rundfunk-Vortrages konnten nicht ermittelt werden.

90 Aug. Laukhuff, Fabrik für Orgelteile in Weikersheim.

91 In der Handschrift: eher

92 Datum gestempelt.

93 An Walter Muschg berichtete Jahnn rückblickend am 17. Oktober 1935 über den Tod seines Vaters: »Mein Vater starb, wie er gelebt hat, ohne Krankheit, ohne Kampf, sozusagen auf die von ihm selbst bestellte Minute. Wenige Tage vor seinem Ableben, brachte er mir gegenüber seine Wünsche für die Zukunft vor: auch einmal ein Ausnahmemensch sein zu dürfen. Er meinte, daß ich es wäre. Und dies Schicksal sei garnicht zu hoch zu bezahlen. Ich war sehr nachdenklich über diesen Ausspruch. Denn mein Vater war ein Mensch, der sein Leben genossen hatte. Er hatte die Welt mit allen Erdteilen gesehen. Er hatte ohne wesentliche Sorgen, zwar arbeitsam, aber doch als unabhängiger Mann gelebt. Und pries das Schicksal seines Sohnes, der unsicher da stand. So ist denn mein Familiengefühl weiter vereinsamt.« (Briefe I, S. 843)

94 Jahnns ältester Bruder Ludwig Jahn (1886–1954).

95 Arthur – »Addi« – Harms (1898–1951), jüngster Bruder von Gottlieb Harms, Jahnn fühlte sich ihm eng verbunden und nannte ihn in der Regel seinen Schwager. Die Erbengemeinschaft von Johann Joachim Gottlieb Harms (gest. 1922) bestand aus seinen Söhnen Gottlieb, Arthur, Bernhard und Paul; nach dem Tod von Gottlieb kam dessen Sohn Eduard hinzu.

96 In der Handschrift: Gegengenteil

97 Der in Hamburg seinerzeit bekannte Maler Heinrich Stegemann (1888–1945) gehörte zu Jahnns engen Freunden.

98 Über Hilmar Trede hatte Jahnn Kontakt zu Hans Kayser und dessen Institut in Bern aufgenommen. Kayser gehörte zu den Gründerfiguren der neueren Harmonik, die dem Grundproblem der pythagoreisch-harmonikalen Tradition nachgeht, nämlich den Beweis zu erbringen, dass es sich bei den analogen Gesetzen der Geometrie und der Musik um Naturgesetze handelt.

99 Helene Steinius (1865–1951), die Tante Ellinors. Zu Mama siehe S. 11.

100 Datum gestempelt.

101 Jahnn verhandelte weiterhin über den Kauf des Hauses Granly.

102 Maya Chruzecz, Schneiderin und Kostümbildnerin. Geliebte des Dichters und Dada-Mitbegründers Tristan Tzara. Ließ sich um 1922 in Hamburg nieder. Zunächst Freundschaft und Liebesbeziehung mit Gottlieb Harms. Besuche auf Bornholm. Mitglied im »Bund zur Erneuerung Ugrino«. Kontakt zu Jahnn bis in die späten fünfziger Jahre.

103 Senta Buse, geb. Arlt, Ehefrau von Franz Buse, Mitbegründer der Glaubensgemeinde Ugrino und einer der engsten Freunde von Jahnn und Gottlieb Harms.

104 Jahnn hatte die Postkarte vermutlich von seiner Reise nach Norwegen im Februar 1935 mitgebracht. Am 25. Februar hielt er in Bergen den Vortrag »Aufgabe des Dichters in dieser Zeit«, eine aktualisierte und erweiterte Fassung seiner Rede anlässlich der Goethe-Feierlichkeiten des Jahres 1932 in Hamburg. Es war sein letzter öffentlicher Auftritt als Redner bis zum November 1946. Aurland ist der Name einer dünn besiedelten Region am Aurlandsfjord, hier fanden Jahnn und Harms während des Ersten Weltkriegs Zuflucht. Damals hatte der gleichnamige Hauptort des Gebiets nur 300 bis 400 Einwohner.

105 In der Großheidestraße in Hamburg-Winterhude wohnte Ernst Eggers. Diese Anschrift war auch die offizielle Adresse der »Vereinigung zur Wahrung der Interessen der Glaubensgemeinde Ugrino e. V.«.

106 Jahnn arbeitete am zweiten, niemals abgeschlossenen Teil seines Romans *Perrudja*. Große Teile der Handlung sollten auf der südlichen Erdhalbkugel spielen (vgl. Bürger 2003, S. 196 f.).

107 Frieda – »Friedel« – Thoms (*1900), in erster Ehe mit Hans Richters verheiratet, kannte Jahnn bereits seit 1919 und war für die Büroarbeiten der Glaubensgemeinde Ugrino zuständig. 1946 gehörte sie zu den Gründungsmitgliedern des »Bundes zur Erneuerung Ugrino«.

108 Jahnn verhandelte mit dem von Paris aus operierenden Albatross Verlag über die Veröffentlichung von *Das Holzschiff*, dem ersten Teil der Trilogie *Fluß ohne Ufer*.

109 John Holroyd-Reece (1897–1969), britischer Verleger.

110 Werner Helwig (1905–1985), Schriftsteller. Erste Begegnung mit Jahnn um 1927. 1931 arbeitete er mit Jahnn zusammen an dem Drama *Neuer Lübecker Totentanz*. Kontinuierlicher Kontakt bis 1959. In seinem Brief vom 28. August 1937 hatte Helwig Jahnn auf die Möglichkeit einer Verbindung zum Albatross Verlag aufmerksam gemacht: »Habe viel über Dich mit meinem Verlag gesprochen. Da der Konzern sich jetzt noch einen grossen Musikverlag für England angliedert, besteht ein ausserordentliches Interesse an einer Zusammenarbeit mit Ugrino Verlag. Vor allem von der Buxtehude Ausgabe wird für England sehr viel erwartet. Sende bitte sofort einen Ugrino Prospekt, am besten auch einen Buxtehude Probeband. Für Zurückgabe garantiere ich Dir. [...] Ob allerdings Deine Dichtungen den Leuten liegen, weiss ich nicht. Damit nicht zuviel Hoffnung entsteht, vermute ich erst mal: nein. Trotzdem bitte ich Dich bevor Du mit jemand anders übers Holzschiff abschliesst, die Sache Albatros vorzulegen.«

111 Jahnn verhandelte mit dem Theater Basel über die Uraufführung von *Armut, Reichtum, Mensch und Tier*.

112 Elli Muschg (geb. Zollikofer *1906). Unterstützte Jahnn seit 1933 finanziell und steuerte einen Großteil der Summe für den Kauf des Hofes Bondegaard bei. Ihrer Familie gehörte das Schloss in Altenklingen im Kanton Thurgau.

113 1937 kam der 16-jährige, als verhaltensauffällig geltende Friedel Krahmann als zahlender Gast nach Bornholm. Er war der Sohn von Freunden Hilmar Tredes. Als Folge dieses Aufenthalts wurde Jahnn von Mitgliedern der Familie Krahmann denunziert, was zum Scheitern der Veröffentlichung des Romans *Das Holzschiff* im Hamburger Goverts Verlag führte (hierzu Briefe I, S. 1037–1073). Über diese Affäre berichtete Jahnn am 6. September 1937 an Werner Helwig: »Ich habe ziemlich ernste Zeiten hinter mir. Ein Onkel unseres Gastes [Friedel] Krahmann hatte mich denunziert. Die Sache ist, soviel man von auswärts beurteilen kann, vollkommen aus der Welt geschafft. Ich habe sogar militärischen Urlaub für mehrere Jahre erhalten, und damit die neue Form der Auslandspässe. Aber auf der Strecke ist das Holzschiff geblieben. Es wird jetzt nicht in Deutschland erscheinen. Ob es im Ausland verlegt werden wird, weiss ich noch nicht.« (DLA)

114 Fritz Weissenfels (*1898) war ein mit der Familie Trede und Jahnn befreundeter Arzt in Göttingen. Seine zweite Frau Hanna (*1903) war eine Schwester von Karl Müller-Touraine, dem ersten Mann von Judit Kárász.

115 Leif Gregersen, dänischer Violinist, mit Jahnn befreundet, seit 1935 verheiratet mit Doris Héron (1895–1979). Jahnn kannte die beiden aus den letzten Ugrino-Jahren. Héron, eine wohlhabende Hamburgerin, verehrte Jahnn, seit sie *Perrudja* gelesen hatte, und lebte zusammen mit Gregersen zeitweise ebenfalls auf Bornholm.

116 Um welchen Brief es sich handelt, konnte nicht ermittelt werden. Zu Karl – »Charli« – Müller-Touraine siehe Anm. 83.

117 Rass, Dackelrüde auf Bondegaard.

118 Heimatgefühle? [...] Henny] Handschriftlich.

119 Jahnn verwendet Briefpapier der Fa. Th. Frobenius & Co., Lyngby.

120 Ellinor besaß keinen gültigen Pass, um Dänemark verlassen und nach Deutschland einreisen zu können. Sie überlegte, nach Hamburg zurückzukehren, weil das Zusammenleben mit Judit Kárász auf Bondegaard immer schwieriger wurde.

121 Johannes Anker-Larsen (1874–1957), dänischer Schriftsteller und staatlicher Zensor für Literatur, der sich erfolglos für eine Aufführung von *Armut, Reichtum, Mensch und Tier* am Kopenhagener Dagmar-Theater eingesetzt hatte.

122 In der Handschrift: Angagement.

123 Thorkild Roose (1874–1961), dänischer Schauspieler und Regisseur, der am Kgl. Theater in Kopenhagen arbeitete.

124 Daten zum Bau einer Rundfunkorgel konnten nicht ermittelt werden.

125 1934 hatte sich Jahnn um den Auftrag für den Bau einer Konzertorgel im Neuen Konzerthaus Göteborg bemüht. – Marcussen & Sohn, dänische Orgelbaufirma in Apenrade.

126 Io, Stute auf Bondegaard.

127 Ellinor schrieb:

»Lieber Henny, ich möchte Dir gern auf Deinen langen Brief v. 30 VI antworten aber es kommt nicht dazu, hauptsächlich weil ich mich so elend fühle. / Rheuma, Betäubungsmittel, jetzt Pillen v. Charli, die mir übel machen (acidacetylosalicyliz). Nur mit Überwindung leiste ich noch die paar Angelegenheiten, die ich mir vorgenommen habe. Vor jeder neuen Entscheidung graut mir, aber hier möchte ich auch nicht mehr bleiben. Damit Du endlich Nachricht bekommst, schreibe ich um die wichtigsten Ereignisse. [Textverlust durch Lochung] war ca 5 Tg hier. Aber dadurch ist natürlich nichts verändert. Ich glaube auch bei ihnen nicht. / Leila war rossig 2 Tg vor der Tierschau, nach langen Überlegungen blieb nichts übrig als sie zu Vereon[?] zu bringen, nachdem der Tierarztassistent sie auf »sauer« behandelt hatte. Ausspülung[?]. Jutta war ohne Füllen auf der Tierschau und erhielt die dritte Prämie. Monna schickt noch nähere Nachricht. Sie war auch dort. Die Kinder haben sozusagen dauernd Geburtstag, sie sind ja sehr bescheiden in einer Art. Das Rad für Eduard haben sie v. eigenem Geld gekauft, zusammen. Der Ring gefällt S. gut. Das Tuch steht mir nicht, ich bin so blass und dünn. Aber es ist sehr schön. Wir mussten annehmen, dass es Dir sehr eilte mit der Hoferweiterung, nach Deinem letzten Brief an M[onna] + an Gr[egersen.] Ich habe nur den Satz missverstanden: dass auch v. anderer Seite wohl was kommen müsse, sich aber auf Gr. bezog und nicht auf Elsa. Wenn er jetzt verkauft, so hast Du wohl das Geld in der Hand, aber nicht genug, wenn Fr[obenius] nicht kann und die Belastung Tejn bleibt dieselbe. Ich habe gehört, dass Jakobsen 25 000 haben will und sehr schlechte Erde hat. Nun, das ist also nicht das nächste, nur Deine Briefe waren so dringlich. Ausser mir versteht ja keiner, warum Du so schreibst. Ich wäre froh gewesen, wenn Du auf einige sachliche Erwägungen eingegangen wärest. Du wolltest gleich an die Polizei schreiben. Sie ist wieder bei Mama gewesen vor einigen Tagen. Ich hoffe Du hast nun geschrieben. Hast Du einen Scheck an Tante u. Olli Jäger geschickt? Bedenke, M.[ieze] ist herzkrank u. wenn was passiert ist sehr vieles noch unendlich schwieriger, also was man ihr aus dem Weg kann – – Warum wolltest Du die event. Beschleunigung der Passangelegenheit durch ein Attest (Mamas Zustand) nicht versuchen. Du schriebst nichts mehr davon. Gestern fragte die Polizei hier nach Deiner Adresse für die Gesand[t]schaft in Kopenhagen. Vielleicht ist jetzt was gekommen. Morgen kommen meine Passbilder hierher. Hast du mal selbst ans Partei Amt geschrieben? Ich [unleserliches Wort] auf einer alten Karte v. Tante v. 30. V. dass es sich dort um die Wehrdienstkarte handelt. (wenn Dir damit gedient ist) Ich habe gestern Miramon v. I. gemacht. Es ist zwar erst 7 Wochen, aber ich glaube es wirkt. Ob es mir in meinem Zustand gut tut, weiss ich nicht. Wir haben noch keine Nachricht über Anzahl der Schweinekarten. Das letzte mal gab es nur 6. In der Zeitung steht, ein Gutsbesitzer kriegt 2 Jahre lang keine, weil er früher zuviel bekommen hat. Wir hatten (vor 14 Tg) 8 junge Schweine, von 12 geborenen. Ich hoffe, dass die nächste Woche eine Entscheidung bringt. Es küsst Dich Deine Buz / Dein Brief hat mich ruhiger gemacht. Nun müssen wir leider in Geduld abwarten zu was unsere Kräfte ausreichen werden. Die Wartezeit hier steigert die Furcht vor dem Versagen.«

128 Lejla, Stute auf Bondegaard.

129 Jakobsen war ein Landwirt auf Bornholm.

130 Ich habe […] machen wird. – Am Anfang und am Ende dieser Passage finden sich in der Handschrift Kreuze.

131 Ich verstehe […] ist. – Am Anfang und am Ende dieser Passage finden sich in der Handschrift Kreuze.

132 Kannst […] ihr bekommen? – Am Anfang und am Ende dieser Passage finden sich in der Handschrift Kreuze.

133 Jahnn experimentierte zunächst mit dem Urin von Pferden und erfand ein Präparat, das er nach der Stute Mira Miramon nannte.

134 Jahnn verwendet Briefpapier des Hotels Kongen af Danmark in Kopenhagen.

135 Mit Bertolt Brecht stand Jahnn seit 1923 in unregelmäßigem Kontakt. – Über den Verkehrsunfall wurde am 24. Oktober 1938 in der Tageszeitung Politiken berichtet. Brecht schrieb daraufhin einen erklärenden Brief »über das beklagenswerte Unglück« an die Redaktion: »Zum Glück fuhr ich nicht schnell (höchstens, wie es alle Zeugen bezeugen, 30 Stundenkilometer) […]. Sonst wäre der Unfall noch weit schlimmer ausgefallen.« (Bertolt Brecht, Briefe 2, bearb. von Günter Glaeser, Große kommentierte Berliner und Frankfurter Ausgabe, Band 29, Frankfurt a. M. 1998, S. 118, 618)

136 Jahnn verwendet Briefpapier der Fa. Th. Frobenius & Co., Lyngby.

137 Die Karte ist bisher nicht gefunden worden.

138 Werner Benndorf (1912–1945), Schriftsteller und Lektor des A. H. Payne Verlags in Leipzig, der 1940 *Fluß ohne Ufer* unter Vertrag nahm. Bei A. H. Payne erschien 1941 Áron Tamásis Roman *Ein Königssohn der Sekler*, den Jahnn zusammen mit Judit Kárász übersetzt hatte. Offiziell fungierte Jahnn als alleiniger Bearbeiter. Es war die einzige Buchpublikation während des Nationalsozialismus, an der er maßgeblich beteiligt war.

139 Jahnn hielt sich zunächst für Orgelbauarbeiten und Recherchen für den Ugrino Verlag in Kopenhagen auf. Anschließend fuhr er nach Berlin, um Gustaf Gründgens und Marianne Hoppe im Schloss Bellevue zu treffen und um mit dem Atlantis-Verlag zu verhandeln. In Leipzig sprach er mit Werner Benndorf und Karl Maack vom Payne-Verlag. Weitere Stationen der Reise waren Hamburg und Göttingen bis zur Rückkehr Ende Mai. Dies war Jahnns letzter Deutschlandbesuch bis 1946.

140 Lotte war Jahnns Stute. Knud Sonne war lange Zeit Vorarbeiter auf dem Hof Bondegaard und genoss Jahnns besonderes Vertrauen.

141 Fritz Pihl (1884–1959), Reichsanwalt in Kopenhagen.

142 Vermutlich der Ingenieur Jørgen Rybner (1902–1973), Leiter eines phonetischen Laboratoriums in Kopenhagen.

143 Vermutlich Fritz Ingerslev (1912–1994), dänischer Experte für Akustik.

144 Nicht ermittelt.

145 Jahnns erstes Hamburger Domizil nach dem Zweiten Weltkrieg war das »Winterhuder Fährhaus«. Vermittelt von Heinrich Christian Meier stellte ihm der Inhaber des Hotels, Otto Friedrich Behnke, sein Büro zur Verfügung.

146 Seit Oktober 1945 lebte Judit Kárász in Virum und arbeitete als Weberin, siehe Vorwort, S. 15 und Anm. 83.

147 Am 5. November 1946 betrat Jahnn zum ersten Mal seit 1941 wieder deutschen Boden. Er erhielt lediglich eine Genehmigung für eine Besuchsreise. Am 19./20. Dezember kehrte er nach Bornholm zurück. Einem Terminplan zufolge, den Jahnn für die Zeit vom 16. bis 28. November 1946 erstellte, machte er Station in 18 westdeutschen Städten.

148 Seit dem Auszug aus dem Hirschparkhaus im Februar 1937 wohnten Ellinors Mutter, ihre Schwester Marie-Luise und ihre Tante Helene Steinius in Bad Heilbrunn in einem Haus der Familie.

149 Yngve Jan Vincent Trede (1933–2010) war der Sohn des mit Jahnn befreundeten Musikwissenschaftlers Hilmar Trede und seiner Frau Ursula. Den Vornamen Yngve hatte Jahnn selbst im November 1933 vorgeschlagen, während der Arbeit an dem Drama *Armut, Reichtum, Mensch und Tier*, in dem eine Figur namens Yngve von zentraler Bedeutung ist (Briefe I, S. 594). An Hilmar Trede schrieb Jahnn am 3. Januar 1934: »Du weißt ja, daß ich ein voller Heide bin, wohlgemerkt im guten Sinne, und daß ich Dir den Namen Yngve als heimliche, allerdings nicht erkennbare Rache gegen Kriegsgeschrei vorgeschlagen habe, es ist nämlich der Name jenes Gottes, zu dem man im Norden um Ernte und Frieden betet.« (Briefe I, S. 626) Seit dem Wintersemester 1950 studierte Trede an der Staatlichen Hochschule für Musik in Hamburg Komposition, Dirigieren, Klavier und Musiktheorie. Ein Stipendium für die Villa Massimo in Rom erhielt er 1961. 1963 heiratete er Signe Jahnn. Von 1973 bis 1995 war Trede Professor für Musik am Königlich Dänischen Konservatorium in Kopenhagen. Als Cembalist und Pianist Mitglied beim Ensemble Musica Danica seit 1974.

150 Vermutlich der frühere Senator Paul Neumann (SPD), der nach dem Zweiten Weltkrieg in Hamburg maßgeblich an der Gründung des »Reichsbunds der Kriegs- und Zivilbeschädigten, Sozialrentner und Hinterbliebenen« beteiligt war.

151 Der »Bund zur Erneuerung Ugrino e. V.«, gegründet am 26. Januar 1946 durch ehemalige Anhänger der Glaubensgemeinde Ugrino, löste sich bereits 1950 wieder auf. Der Verein unterstützte Jahnn in diesen Jahren durch Spenden und ermöglichte ihm die erste Deutschlandreise. Der Ugrino Verlag wurde ebenfalls 1946 wiederbelebt.

152 Mit Theodor Steltzer (1880–1967), dem Ministerpräsidenten von Schleswig-Holstein, traf sich Jahnn am 8. Dezember 1946. Gegenstand des Gesprächs war die Einrichtung eines Staatsgutes, auf dem Jahnn seine in Bornholm begonnenen Hormonbeobachtungen fortführen wollte (Briefe II, S. 542).

153 Liebe Ellinor! Henny … Friedel: Postskriptum von Frieda Thoms.

154 Jahnn hatte eine Lebensmittelvergiftung (Briefe II, S. 554).

155 Im Typoskript: nat

156 Die Wahl zum Präsidenten der PEN-Sektion Nord-West-Deutschland erfolgte am 10. Mai 1947 im Hamburger Rathaus. – In der Berliner Zeitung vom 22. Mai 1947 erschien dazu die Meldung: »Hans Henny Jahnn, der durch seine expressionistischen Dramen und als Wiedererwecker der barocken Orgelbautradition bekannt ist, kehrte vor kurzem aus der Emigration nach Hamburg zurück. Er hat dort zusammen mit Carl Albert Lange und Erich Lüth das vorläufige Präsidium der neugegründeten Sektion Nordwestdeutschland des Pen-Clubs übernommen.« (Staatsarchiv Hamburg. Bestand 135–1 V, Staatliche Pressestelle: I J VII d Schriftsteller Dichter)

157 Ilse Thate war Cembalistin und Pianistin, Ugrino-Mitglied und gab Konzerte im Hirschpark. Gunda von Savigny war mit ihr eng befreundet.

158 Unter dem Titel »Deutscher Existentialismus vor zwanzig Jahren. Hans Henny Jahnn. ›Perrudja‹« setzte sich Hans Mayer in *Die Fähre* (2. Jg., H. 9, 1947) und in *Deutsche Blätter* (4. Jg., H. 34, 1947) mit Jahnn auseinander. Derselbe Autor wurde später unter dem Pseudonym Jean Améry berühmt.

159 Hans Richters, Kaufmann und Werbefachmann, hatte Jahnn bereits 1920 nach der Lektüre von *Pastor Ephraim Magnus* kennengelernt. Später wurde er zum Initiator des im Januar 1946 gegründeten »Bundes zur Erneuerung Ugrino«. Als Generalbevollmächtigter Jahnns in den ersten Jahren nach dem Zweiten Weltkrieg stellte er auch den Kontakt zu dem in München neu gegründeten Willi Weismann Verlag her.

160 Lotte (geb. 1938) gehörte zu Jahnns Lieblingspferden in den Jahren auf Bornholm.

161 Der Publizist und Leiter der staatlichen Pressestelle in Hamburg Erich Lüth (1902–1989) begegnete Jahnn erstmals Anfang der zwanziger Jahre.

162 Hans Blunck, Freund von Henny Voß, der 1928 geborenen Tochter von Ludwig und Anny Voß. Später Studienrat in Neumünster.

163 Im Typoskript: kanpp

164 Nachdem Jahnn den Hof Bondegaard aus wirtschaftlichen Gründen jahrelang verpachten musste, konnte er ihn am 1. März 1945 wieder übernehmen. Nach Kriegsende sah er sich allerdings schon bald gezwungen, ihn endgültig aufzugeben und zu verkaufen. Auf für Jahnn völlig unvorhersehbare Weise führte dies nicht zur finanziellen Rettung, denn der Verkaufserlös wurde vom dänischen Staat sofort als deutsches Eigentum beschlagnahmt. Mit immer wieder neuen Irritationen und Rückschlägen zogen sich die Verhandlungen über die Freisetzung von Jahnns Kapital bis in die zweite Hälfte des Jahres 1948. Die Familie geriet dadurch an die Grenze des wirtschaftlichen Ruins. Vermutlich haben erst die Briefe von Max Brauer, die er an den dänischen Finanzminister H. C. Hansen im Mai 1948 und die »Genossen« der Sozialdemokratischen Vereinigung für Dänemark im Juli schrieb, die Wende herbeigeführt. Sein Brief vom August 1947 an den dänischen Generalkonsul in Hamburg hatte offenbar keine Wirkung (Staatsarchiv Hamburg. Bestand 135–1 V, Staatliche Pressestelle: II J VII d Schriftsteller Dichter).

165 Günter Caesar (*1910) war ein mit Jahnn befreundeter Arzt in Hamburg; 1927/28 Schüler Carl Mumms an der Odenwaldschule.

166 Der später überregional bekannte Pädagoge Georg Picht leitete den Birklehof in Hinterzarten. Nach dem Tod Hilmar Tredes am 11. Februar 1947 stellte sich die Frage, wer als Yngve Tredes Vormund fungieren könnte.

167 Am 17. Juli traf Jahnn schließlich mit Yngve Trede in Hamburg ein. Yngve hielt sich vom 21. August bis zum 20. November 1947 auf Bornholm auf.

168 Hanns Ulbricht (1905–1972), Schriftsteller. Mitglied der »Animalisten«. 1949 bis 1952 Sekretär der Klasse der Literatur der Mainzer Akademie der Wissenschaften und der Literatur.

169 Hellmuth Jaeger, Landrat des Landkreises Ludwigsburg von 1945 bis 1947.

170 Ulrike Hanhart, lebte in der Schweiz. Freundin von Ellinor Jahnn und Förderin von Jahnn; Besuche auf Bornholm.

171 Fritz Moufang war ein mit der Familie Trede befreundeter Industrieller. In einem späteren Brief vom 24. Februar 1949 an Yngve Trede urteilt Jahnn sehr viel kritischer über ihn: »Ich bin nicht froh darüber, daß Du bei Moufang warst und zu Ostern wieder da sein wirst. Ich habe Herrn Moufang anfangs vertraut; aber er hat mich in einer Weise verdächtigt, ja sogar beschuldigt, daß Deine Besuche bei ihm eine Belastung unserer Freundschaft bedeuten. Aber ich erkenne, daß Herr Moufang Deiner Mutter und Dir Vorteile bietet, die ich mit nichts aufwiegen kann. Schließlich ist es ein Vorteil, wenn Du dem Konfirmationsbetrieb in Hinterzarten fern bist. Ich erwarte allerdings, daß Du, was den Sommer angeht, Dein Wort hältst. […] – [Ich] befasse mich nun auch damit, wie für Dich gesorgt werden könnte, falls in der Ökonomie von Hinterzarten ernsthafte Krisen eintreten sollten oder irgend ein Entschluß Deinerseits Deine technische Ausbildung sinngemäßer als jetzt gestalten sollte. Ich habe alles mit Fritz [Weissenfels] besprochen, und Du brauchst in keiner Weise besorgt zu sein. Freilich glaube ich nicht, daß Herr Moufang, von dem ihr augenblicklich abhängt, in Schwierigkeiten kommen kann. Reichtum bleibt auch unter wechselnden Verhältnissen Reichtum, besonders aber, wenn der Vertreter dieses Reichtums Ratgeber einer Militärmacht ist, die Deutschland mitbesetzt hält. Wir, Fritz und ich, müssen alles geben, wenn wir Dir oder euch sinnvoll helfen wollen. Bei Moufang handelt es sich immer um ein Schöpfen aus dem Vollen.«

172 Danach drei Zeilen bis zur Unleserlichkeit gestrichen. Darüber von Ellinor Jahnns Hand: *Es nicht vorraussehen.*

173 Ellinor schrieb am 3. Juli 1947:

> »Lieber Henny, das Telephonieren ist natürlich ein wenn auch teurer Trost; aber doch recht unvollkommen. Ich habe viel Lust u. Trang Dir zu schreiben, es fällt mir nur so schwer u. meine Feder ist so schlecht sowohl in geistiger wie auch wörtlicher Bedeutung. Ich habe es wirklich auch nicht verdient, eine bessere Füllfeder zu besitzen. […] Es ist dumm, dass wir nichts verabredet haben, wo ich Dich unterwegs einmal erreichen kann. Ich bin jetzt schon so weit, dass ich gar nichts mehr fühle. Nur so von sehr fühlloser Hand mit der Wurzel ausgerissen u. neben dem Loch auf die Erde geworfen. Kann umgepflanzt werden, aber das neue Erdstück ist nicht umgegraben. Was ist schon so eine ausgerissene Pflanze! Deshalb muss ich doch noch heute Abend Porree u. Tomaten pflanzen, nichts für Dich und Yngve, aber Wirsingkohl, Sellerie, Blumenkohl u.s.w. sind schon in der Erde.«

174 Da Judit Kárász als Jüdin im Nationalsozialismus massiv gefährdet war, erhoffte sich Jahnn durch ihre Aussagen gegenüber den dänischen Behörden offenbar eine positive Wirkung im Streit um das beschlagnahmte Kapital der Familie.

175 Jahnn verwendet Briefpapier der Fa. Th. Frobenius & Co., Lyngby.

176 Jahnn kam am 5. März 1948 erneut in Hamburg an. Stationen seiner dritten Deutschlandreise waren Hinterzarten, Göttingen (Familie Weissenfels), die Schweiz (mit Besuchen bei Sibylle Grüter-Philips, Eduard Harms und Margarete Möckli) sowie Liechtenstein, um Werner Helwig zu treffen. Am 19. Mai war Jahnn wieder zurück auf Bornholm.

177 Jahnn verhandelte über Aufführungen seines Dramas *Armut, Reichtum, Mensch und Tier.*

178 Maria Anna Philips starb am 19. Februar 1948 in der Heilanstalt Eglfing-Haar bei München.

179 In der Handschrift: hat

180 Am oberen linken Blattrand findet sich eine Bleistiftnotiz von Ellinor Jahnn: *(Bitte nicht weiterzuschicken.)*

181 Der bekannte Theaterregisseur Jürgen Fehling (1885–1968) hatte 1926 in Berlin die erfolgreiche Uraufführung von Jahnns *Medea* inszeniert. Jahnn hoffte, ihn nun auch für *Armut, Reichtum, Mensch und Tier* gewinnen zu können. Schon am 19. Februar 1948 berichtete das Flensburger Tageblatt über Fehlings Pläne mit Jahnns Drama. Am 12. März 1948 meldeten das Hamburger Echo und andere Zeitungen: »Jürgen Fehling ist vom Hamburger Senat aufgefordert worden, die Uraufführung des Dramas ›Armut, Reichtum, Mensch und Tier‹ von Hanns Henny Jahnn am Hamburger Deutschen Schauspielhaus zu inszenieren. Fehling, der das Stück ursprünglich im Hebbel-Theater Berlin herausbringen wollte, hat die Einladung grundsätzlich angenommen.« Die Hoffnungen zerschlugen sich aber bald, weil sich Fehling durch antisemitische Ausfälle desavouierte. Hans Richters berichtete Willi Weismann am 17. März 1948: »In der Fehling-Sache verhandeln wir immer noch. Gestern sprach ich längere Zeit mit ihm telefonisch. Nach seinem Berliner Eklat macht er sich bestimmte Hoffnungen auf den Hamburger Intendantenposten und stellt auch für die Übernahme der hiesigen Uraufführungsinscenierung mancherlei Bedingungen, die eine Einigung umsomehr erschweren, weil der hiesige Intendant Hellmer auch mitbestimmen möchte. Wir werden uns nun – wenn es Fehling nicht gelingt, den in Berlin anwesenden Hamburger Bürgermeister Brauer für seine weitreichenden Pläne zu gewinnen – schweren Herzens entschließen müssen, eine andere Lösung zu finden, was sehr schwierig sein wird, weil man hier keinen geeigneten Regisseur hat, geschweige denn einen, der auch nur annähernd Fehling das Wasser reichen könnte.« – Am 31. März 1948 setzte er seinen Bericht fort: »Die Städtischen Bühnen in Hannover und Essen haben die ›Armut‹ auch angenommen, letztere wollen noch Anfang Juni spielen. Da Fehling wegen einer antisemitischen Äußerung Kortner gegenüber sich auch den Groll des Intendanten Hellmer in Hbg. zugezogen hat, besteht nur noch eine Möglichkeit, ihn in die Uraufführung einzuschalten, wenn Essen ihm die gleichzeitige Uraufführung überträgt.« (DLA, A: Weismann)

182 In der Handschrift: daß

183 Alida Klute, Yngve Tredes erste Lehrerin für Tasteninstrumente; in ihrem Brief vom 22. Januar 1948 beschuldigte sie Jahnn, er führe aktiv ein Zerwürfnis zwischen Yngve und seiner Mutter herbei und habe sie als »spießig«, »klein« und »arm« beschrieben. Zur ersten Begegnung siehe Brief Nr. 42.

184 Carl Mumm (1903–1985), mit Jahnn befreundeter Lehrer und Schriftsteller; Schwager Ursula Tredes. Er unterrichtete zunächst an der Odenwaldschule und wurde später Studienrat in Bickenbach an der Bergstraße. Mumm war der geistige Kopf der Mainzer ›Animalisten‹ und beschäftigte sich mit Buddhismus und Parapsychologie.

185 Jahnn verwendet sein Briefpapier von Bondegaard-Granly.

186 Ellinor schrieb am 11. März:

> »Ich danke Dir für Deinen lieben und guten Brief aus Kopenhagen. Gestern schrieb ich eine ausführliche Antwort. Heute finde ich diese beim Durchlesen erstens unleserlich (bewirkt im schönen Verein von undeutlicher Schrift, schlechter Feder Tinte und Papier) zweitens kann ich nun einmal nicht mehr zu Dir über persönliche Dinge reden oder schreiben. Jedenfalls nicht so lange sie bei mir selbst noch Tränen hervorrufen. Es ging mir in diesen ersten

10 Tagen nach Deiner Abfahrt sehr chaotisch, gearbeitet habe ich fast nichts. Vielleicht war auch das Wetter mit daran schuld. Tagelanger dichter Nebel, der sich des Nachts als Eis auf alle Gegenstände legte, die Bäume standen erstarrt, die Tannen schmal, zusammengedrückt unter der Last, hunderte von Telefonpfählen zersplitterten und die Drähte – dick wie Schiffstaue vom Eis lagen in den Straßengräben. Noch heute, nach 5 Tagen kann ich nicht mit Signe telephonieren. [...]. Rechnungen strömen ein, verschiedene durch Rechtsanwälte. [...]« – Am 10. März hatte sie geschrieben: »Lieber Henny, ich danke Dir für Deinen guten und lieben Brief vom 3. Es sind schon 12 Tage vergangen seit Deiner Abreise, aber der chaotische Zustand der dieser Abreise folgt, dauert diesmal besonders lange. Ich kann mich weder aufraffen, das Haus zu ordnen und zu säubern noch mich geistigen Vorgängen offen zu halten oder Schreibmaschine schreiben, nähen, wie ich so gerne wollte. Aber langsam fühle ich doch dass ich mich ausruhe und dann wird es wohl kommen. Ich habe Dich immer geliebt, vom ersten Augenblick, da Du zu mir sprachst. Aber ich bin Nachkomme eines Geschlechtes, dessen Kräfte erschöpft sind. Meine Liebe, und meine Fähigkeit zu lieben, sind nicht eins. / Meine Triebe gehen, gingen Wege, die mir selbst fremd waren. Als Du Senta holtest und Ihr mich anriefet, musste ich wohl deswegen so weinen, weil ich wusste, dass daraus mir viel Traurigkeit erstehen würde. Ich habe gar auch Friedel geliebt, ohne mich hingeben zu können. Jetzt irre ich umher, ein ungestillter Geist, das Verlangen nach Erfüllung, nach Zärtlichkeit, Schönheit, ist noch lebendig, aber an Deiner Seite fühle ich mich nur als abstoßend hässlich, und die Möglichkeit, mich vor fremden Menschen zu behaupten, ist mir auch abhanden gekommen. Der erste wirkliche Trost, der mir von Deiner Seite gekommen ist, war unser Gespräch über Signe. Dass sie vielleicht weitertragen soll, was nicht verloren gehen darf. Dein Erbe – und meines, trotz allem. Ich bin so müde, Henny, von dem, dass unabgebrochen[?] etwas in mir vorsichgeht, was sich nicht manifestiert in irgend einer Form. Ich kann weder schreiben noch malen, noch tanzen, noch irgend etwas organisieren, was dem entspricht, was da in mir vor sich geht. Natürlich denke ich dann oft, ich bin einfach halb verrückt.«

187 Walter Kraft (1905–1977), Organist und Komponist. Seit 1929 an St. Marien zu Lübeck. Bekannt mit Jahnn durch die Orgelbewegung. Kraft sollte ursprünglich die Musik zur Uraufführung von Jahnns Drama *Neuer Lübecker Totentanz* anlässlich des Ostseejahres 1931 schreiben. An der Musikhochschule in Freiburg im Breisgau leitete er die Meisterklasse für Orgel von 1947 bis 1972. Am 18. August 1947 führte er im Rahmen eines Ugrino-Konzerts eine Fuge von Yngve Trede in Hamburg auf (Walitschke, S. 17).

188 Jahnn verwendet sein Briefpapier von Bondegaard-Granly.

189 Hans Hedtoft Hansen (1903–1955), Sozialdemokrat, dänischer Politiker und vom 13. November 1947 bis zum 30. Oktober 1950 dänischer Staatsminister.

190 Vermutlich spielt Jahnn auf die Ausgabe des Hamburger Echo vom 23. März 1948 an, in der sich auch das »Gespräch mit dem Dichter Hans Henny Jahnn« von Hermann Lober findet (Dramen II, S. 1353).

191 Igor Strawinskys *Oktett für Blasinstrumente* von 1923 (*Bildnis eines 14-Jährigen*, Schriften II, S. 164, 1258).

192 Wolf von Beneckendorff (1891–1960), Schauspieler in Zürich, seit 1949 in Berlin am Schiffbauer Damm (Berliner Ensemble). 1946 Mitglied des »Bundes zur Erneuerung Ugrino«; rezitierte auf Jahnns erster Deutschlandreise nach 1946 Passagen aus *Fluß ohne Ufer*.

193 Johann Friedrich Struensee (1737–1772), Arzt in Altona. Als Leibarzt des geisteskranken Königs Christian VII. von Dänemark kam er 1769 nach Kopenhagen. Von ihm erhielt Struensee Generalvollmacht, wodurch er Einfluss auf die Regierungsgeschäfte besaß. Als Anhänger der Aufklärung konnte er Reformen durchsetzen. – Worauf Jahnn genau anspielt, konnte nicht ermittelt werden.

194 Jahnn kehrte nach einem Aufenthalt in Göttingen und Hamburg, wo er am 28. April 1948 in der Universität den Vortrag *Mein Werden und mein Werk* hielt, nach Hinterzarten zurück.

195 Der Birklehof ist ein reformpädagogisch orientiertes Gymnasium und Internat in Hinterzarten. Yngve Trede ging dort zur Schule, und sein Vormund Georg Picht (1913–1982) leitete das Institut von 1946 bis 1955. Von 1965 an lehrte Picht, der mit Jahnn mehrere Briefe wechselte, Religionsphilosophie an der Theologischen Fakultät der Universität Heidelberg. Seine Frau Edith Picht-Axenfeld (1914–2001) gab Yngve Trede Klavier-, Cembalo- und Orgelunterricht.

196 Jahnn verhandelte mit dem Nordwestdeutschen Rundfunk (NWDR) über eine Nachtsendung. Dabei sollten die beiden ersten Orchesterkonzerte Yngves gesendet werden. Außerdem wollte Jahnn die »gewagteste Stelle« aus dem *Epilog* vortragen (Brief an Helwig, 26. Februar 1948, Schriften II, S. 1261). Am 10. und 11. Juni sendete der NWDR schließlich erstmals Werke Tredes in seinem Nachtprogramm (Walitschke, S. 17).

197 Alfred Schelzig (* 1898), Schriftsteller und Kritiker aus Hinterzarten.

198 Herr und Frau Peters: nicht ermittelt.

199 Herbert Jäger (* 1928), Sohn von Georg und Olga Jäger aus Blankenese. Schon in der Kindheit hatte er Kontakt zur Familie Jahnn. Nach dem Krieg entwickelte sich eine enge Freundschaft zu Jahnn mit fast täglichen Besuchen im Hirschpark. Jäger studierte Jura und wurde später Professor für Strafrecht und Kriminalpolitik an den Universitäten in Gießen und Frankfurt.

200 Der Plan für die Musik zum *Neuen Lübecker Totentanz* entstand 1947. Am 18. November 1951 wurde das bereits im Dezember 1931 in der *Neuen Rundschau* veröffentlichte und 1932 als Hörspielfassung von der Norddeutschen Rundfunk A. G. gesendete Drama erstmals mit Kompositionen Tredes auf der Lektürebühne der

Hamburger Kammerspiele vorgestellt. Die Druckfassung der Neufassung mit Tredes Musik erschien 1954 im Rowohlt Verlag.

201 Gustav Scheck (1901–1984), Flötist. Von 1946 bis 1964 Rektor der Musikhochschule Freiburg. Über den Maler Heinrich Stegemann hatten sich Jahnn und Gustav Scheck vor dem Krieg flüchtig kennengelernt.

202 Jahnn erinnerte sich an Gottlieb Harms.

203 Das Ereignis, auf das Jahnn anspielt, lag 35 Jahre zurück. Ende Juni 1913 hatten seine und Harms' Eltern gemeinsam entschieden, die beiden Freunde zu trennen. Am 10. Juli wurde Harms für drei Wochen auf die Nordseeinsel Amrum geschickt. Jahnn allerdings wusste sich zu helfen. Heimlich holte er am 15. Juli seine Ersparnisse von der Bank. Am 17. Juli beendete er sein Geburtstagsgeschenk für Harms, das Drama *Jesus Christus*. Einen Tag später, an Harms' 20. Geburtstag, brach er nach Amrum auf – mit dem Vorsatz, von dort aus mit dem Freund weiter nach Island zu reisen. Auf Amrum kam alles aber anders als geplant. »Es waren schöne Träume, die ich hatte«, schrieb Jahnn am 19. Juli zur Mittagszeit in sein Tagebuch (Frühe Schriften, S. 117). Unter dem Einfluss einer einige Jahre älteren Freundin, die in diesen Wochen ebenfalls auf Amrum ihre Ferien verbrachte, hatte Harms von den Fluchtplänen Abstand genommen, und diesen Entschluss begründete er religiös. Jahnn war so verzweifelt, dass er nicht einmal davor zurückschreckte, sich mit Jesus Christus zu vergleichen: »Ich habe meinen Friedel – aber wenn ich nun gehe? – Ich habe ihn; doch er ist weit, weit fort, und wenn böse Nächte kommen, sitze ich allein da und weiß nicht, was ich machen soll. Ich kann beten – ich kann ja beten. – Aber bin ich stärker als Christus? / Der hat Jahre gebraucht, um so stark zu werden wie er mußte; ich aber habe meinen Friedel nur ein halbes Jahr gehabt. / Ein halbes Jahr bin ich erst ich gewesen, ein halbes Jahr erst ahn ich meinen Gott.« (Frühe Schriften, S. 118) Nur wenige Stunden später sollte sich die Situation auf unerwartete Weise ändern. Nachmittags ging Jahnn mit Harms segeln, und die folgende gemeinsame Nacht muss für die beiden entscheidend gewesen sein. Am 20. Juli notiert er euphorisch: »Wir haben die wunderherrlichste Hochzeit, die es überhaupt nur geben kann, gefeiert: mein herzallerliebster Friedel und ich! / Nun gehören wir für immer und ewig zusammen – und wir lieben uns so über alles! / War das eine wunderherrliche Hochzeitsnacht! / Wir beide lagen in einem Bett und küßten uns und freuten uns so maßlos und wußten: jetzt sind wir eins, jetzt sind wir eins! / So maßlos ist das Glück, daß ich nicht Worte weiß dafür. […] Und das gab uns Gott […] – Das gab er, sobald ich demütig und klein vor ihm wurde. Was alles wird er noch geben! / Ich ahn es nicht, ich weiß es nicht! / Nur eins weiß ich, daß er mich sehr liebt, daß er mir Friedel gegeben hat, damit ich nicht zusammen breche!« (Frühe Schriften, S. 122, ausführlich hierzu Bürger 2003, S. 59–69) – Die Amrum-Reise mit Yngve Trede erfolgte erst im August 1950.

204 Tal zwischen Freiburg und Hinterzarten.

205 Paul Theodor Hoffmann (1891–1952), Archivrat, Schriftsteller, u. a. Herausgeber des *Hamburger Jahrbuchs für Theater und Musik*. Ein freundschaftlicher Kontakt zu Hoffmann bestand schon in den zwanziger Jahren (Schriften I/II, S. 1106/1188).

206 Am oberen Rand des ersten Blatts von fremder Hand: »Schönste Grüße von Gaby und von Rudolf Maack«.

207 Rudolf Maack, Musikkritiker und Pädagoge in Hamburg. Ab 1945 Schulleiter der Oberschule Lokstedt. Für seine Hormonuntersuchungen stellte er Jahnn die Schüler einer achten Klasse zur Verfügung (Freeman, S. 523). Bereits in den zwanziger Jahren hatte er in der Hamburger Zeitschrift *Der Kreis* mehrfach über Jahnn und die Orgelreform geschrieben.

208 Hans Hasso Baron von Veltheim-Ostrau (1885–1956), Archäologe und Kulturforscher. Jahnn lernte ihn über Ernst Kreuder und Carl Mumm kennen.

209 Am 29. Juni meldete der Deutsche Pressedienst: »Hans Henny Jahnn: / ›Der Mensch ist zu allem fähig‹ / Ein Vortrag des Dichters / Wuppertal, 29. 6. 48 (dpd) / Der Dichter Hans Henny Jahnn, der Autor des am Freitag in Hamburg und Wuppertal uraufgeführten Dramas ›Armut, Reichtum, Mensch und Tier‹ sprach am Sonntag in einer Veranstaltung der Städtischen Bühnen Wuppertal über seine Auffassung vom Tragischen und über sein dramatisches Schaffen. / Jahnns Meinung ist es, dass alles tragische Geschehen nicht einer Schuld entspringe, sondern einer allmählich eingetretenen Querstellung des Individuums zu den Verhältnissen: ›Der Mensch ist zu allem fähig‹: Dies sei eine unanfechtbare Tatsache, der man jetzt näher gekommen sei als je. Die Dichtung müsse sogar hinter der Wirklichkeit der entfesselten Brutalität zurückbleiben. Ein tragischer Konflikt bedeute in seinen, Jahnns, Werken, immer, dass der Mensch zum Schauplatz von Ereignissen wurde, die der Konstitution des Menschen nicht entsprächen. Die Menschen seien darum im Grunde keine Verdammten. Man müsse daraus die Einsicht ableiten, dass keine Äußerung eines Lebewesens, auch nicht die abirrende, verwerflich sei. Man müsse an die Möglichkeit der Erweiterung der menschlichen Seele glauben. Die Liebe habe einen Totalitätsanspruch: Dies sei eins der eigentlichen Themen seines neuen Dramas ›Armut, Reichtum, Mensch und Tier.‹« (Staatsarchiv Hamburg. Bestand 135–1 V, Staatliche Pressestelle: I J VII d Schriftsteller Dichter)

210 Der Vortrag von Schelzig wurde am 15. Juni 1948 vom Studio Karlsruhe gesendet. Eine erste Begegnung mit Schelzig ergab sich für Jahnn um den 10. April 1948 in Hinterzarten.

211 Nicht ermittelt.

212 Der Schauspieler Bernhard Minetti (1905–1998) übernahm die Rolle des Manao in *Armut, Reichtum, Mensch und Tier* bei der Uraufführung am 25. Juni 1948 in Hamburg (Regie: Theodor Haerten).

213 In der Filmothek des Bundesarchivs, das alle Wochenschauen archiviert hat, findet sich kein Beitrag über Hans Henny Jahnn oder die Aufführungen von *Armut, Reichtum, Mensch und Tier*.

214 Nachgewiesen ist: »Interview zu Armut, Reichtum, Mensch und Tier«. Auf dem im Nachlass überlieferten Fragment ist von fremder Hand vermerkt: »gesendet 21/6.48. Echo des Tages. NorDr. Rundfunk.« (Dramen II, S. 971, 1358)

215 Trotz Verhandlungen mit diversen Theatern wurde das 1931 veröffentlichte Drama *Straßenecke* zu Jahnns Lebzeiten nicht aufgeführt.

216 H. Schepeler, Verlobter und späterer Ehemann von Rita Frobenius.

217 Dieterich Buxtehude (ca. 1637–1707), Komponist und Organist. Das Werk Buxtehudes erschien bei Ugrino/Abteilung Verlag bzw. im Ugrino Verlag von 1925 bis 1958.

218 Jahnn erhielt das Honorar für das Drama *Armut, Reichtum, Mensch und Tier*, das 1948 erschien, und für die geplante Veröffentlichung von *Fluß ohne Ufer* vom Willi Weismann Verlag.

219 Jahnn besuchte in München den Willi Weismann Verlag, um über Tantiemen und Honorare zu verhandeln. Im Archiv des Verlags findet sich eine undatierte Erinnerung Willi Weismanns: »Meine erste Bekanntschaft mit Hans Henny Jahnn war sein Drama Pastor Ephraim Magnus, das den jungen Menschen damals zutiefst ergriff. Später las ich den ›Perrudja‹ und war nun überzeugt, dass der deutschen Literatur ein zwar eigenwilliges, aber gewaltiges Genie zugewachsen sei. / Als ich 1946 meine verlegerischen Pläne verwirklichen konnte, galt deshalb mein erstes Bemühen diesem von den Nazis vertriebenen Dichter, mit dessen politischer Haltung ich mich auch verbunden fühlte. […] Nach abenteuerlichen Umwegen erschien 1948 [recte 1949] ›Das Holzschriff‹ als Präludium zu dem wohl bedeutendsten Werk unserer neueren Literatur. Und damit begann der Kampf um die Anerkennung. […] Manche fanden den Zugang zu diesem dunklen Epos und wurden Freunde des Dichters. Viele Leser aber wandten sich erschrocken ab. […] Das ist umso merkwürdiger, als der Mensch Jahnn so garnichts Erschreckendes ausstrahlt. Im Gegenteil: Wärme und Güte hüllen den Besucher ein. Bescheiden und ohne jegliches Getue, leger in Kleidung und Haltung, macht er es dem Fremden leicht, mit ihm in Kontakt zu kommen. […] Für Jahnn ist Leben und Werk eins und wie das eben ewig ist, so ist seine Prosa ein ›Fluss ohne Ufer‹.« (DLA, A: Weismann)

220 Die Uraufführungen von *Armut, Reichtum, Mensch und Tier* fanden am 25. Juni 1948 gleichzeitig in Hamburg und Wuppertal statt. Anschließend erschienen im Zeitraum vom 29. Juni bis 17. Juli in der westdeutschen Presse mehr als 30 Zeitungsartikel.

221 Das damals in Hamburg erscheinende Sonntagsblatt wurde von der Evangelischen Kirche herausgegeben. Jahnn spielt auf den mit ›Goswin‹ gezeichneten Artikel an, der am 4. Juli 1948 erschien: »Drama des magischen Menschen. Zur Uraufführung von H. Henny Jahnns Schauspiel ›Armut, Reichtum, Mensch und Tier‹«.

222 Die Aufführung am Schauspielhaus in Zürich fand letztlich erst am 20. April 1950 statt. Eine Aufführung in München kam nicht zustande.

223 Ellinor Jahnns erste Deutschlandreise und das Wiedersehen mit ihrer Schwester und Tante fand endlich im September statt. Selbst zur Beerdigung ihrer Mutter im Februar 1948 konnte sie nicht nach Deutschland reisen.

224 Georges Bernanos (1888–1948), frz. Schriftsteller. Seine Romane *Die Sonne Satans* (dt. 1927) und *Tagebuch eines Landpfarrers* (dt. 1936) befanden sich in Jahnns Bornholmer Bibliothek.

225 Jahnn bewohnte erstmals wieder zwei Räume im Hirschparkhaus.

226 Signe Jahnn war seit Anfang November 1948 erstmals wieder in Hamburg, um Englisch, Schreibmaschine und Stenografie zu erlernen. Sie wohnte bei Familie Jäger in Blankenese. Ellinor blieb vorerst auf Bornholm, weil die Familie in Hamburg noch keine Wohnung erhalten hatte.

227 Hubert Fichte (1935–1986), Schriftsteller. Dieser Brief dokumentiert eine der ersten Begegnungen mit Jahnn. Bereits am 16. April 1949 hatte Jahnn seiner Frau über Fichte berichtet: »Nicht Fritz [Weissenfels], sondern ich habe festgestellt, daß meine Krankheit bedingt ist durch den periodischen Ausfall eines Nebennierenhormons. Nun geschah ein merkwürdiger Zufall: Kälte- und Angstgefühle konnte ich im Laufe von fünf Minuten durch die Hormone von Fichte beseitigen. Die Hormone von Fichte waren aufgebraucht. Vergeblich suchte ich nach Fichte. Im Theater begegnete mir ein Junge, der mich freundlich begrüßte, und siehe da, es war er. Er ist begabt, schreibt mit seinen 14 Jahren (nachdem er in den Stimmbruch gekommen ist) Romane, Novellen, Gedichte, ist sehr musikalisch und hat als Filmschauspieler (Kind) große Einnahmen gehabt. Er hat meine Armut gesehen, ist ein uneheliches Kind, seine Mutter Souffleuse, und heute wird er mit Signe und mir in die ungekürzte Matthäus-Passion gehen.« Fritz Weissenfels berichtete Jahnn am 18. April 1949: »Fichte ist sehr begabt, 14 Jahre alt, hat in letzter Zeit sehr schöne Gedichte gemacht und wird wahrscheinlich in meinem Orgelfilm als Hauptdarsteller verwendet werden. Er ist ein uneheliches Kind und hat dank seiner schauspielerischen Begabung seine Mutter auf ganz gewöhnliche Weise, nämlich durch eingenommene Honorare, ernährt ohne daß er hochmütig oder unkindlich geworden wäre.« – Im Angesicht von Jahnns Tod bezeichnete Fichte diesen in einem Brief vom 16. Januar 1960 an Ellinor Jahnn als den großen »Beeinflusser« seiner Jugend.

228 Ralph, Jugendlicher in Göttingen, der im Haus der Familie Weissenfels lebte. Seine Depressionen behandelten Fritz Weissenfels und Jahnn mit Hormonen, die u. a. aus dem Urin von Hubert Fichte gewonnen wurden (unveröffentlichter Brief Jahnns an Fritz Weissenfels, 18. April 1949).

229 Adolf Grimme (1889–1963), Pädagoge und Kulturpolitiker, 1930–1932 Preußischer Kultusminister und 1946–1948 Kulturminister in Niedersachsen. 1948–1956

Generaldirektor des NWDR. Jahnn knüpft auch hier an einen Kontakt an, der schon Anfang der dreißiger Jahre bestand.

230 Nicht ermittelt.

231 Hans Schmidt-Isserstedt (1900–1973), Dirigent. Vom britischen Militär wurde er mit der Reorganisation des Hamburger Musikwesens beauftragt.

232 Die Korrespondenz mit Yngve Trede ist bisher unveröffentlicht.

233 Walter Schneider, Inhaber der »Walter Schneider Filmgesellschaft«. Jahnn führte Gespräche mit ihm und Hans Richters, dem Leiter der Firma, über Drehbücher zu einem Orgelfilm und einem »Dirnenfilm«.

234 Ab hier handschriftlich.

235 Karl Maack (1898–1980), Jurist. Inhaber des A.H. Payne Verlags und des Esche-Verlags in Leipzig. Jahnns Verleger von 1940 bis 1947. Er unterstützte die Arbeit an *Fluß ohne Ufer* durch zahlreiche Vorschüsse. – Jahnn verfasste den angekündigten und nicht überlieferten Brief am 6. Mai, denn Ellinor bedankte sich mit Brief vom 4., 7. und 13. Mai:

> »Mein lieber Henny / gestern Dein Brief vom 27.4. Ich habe auch ein sehr schlechtes Gewissen dass ich nicht schreibe. Der eine Tag vergeht nach dem andern und ich komme wenig zur Ruhe. Auch mir geht es körperlich viel besser – bis auf das Gedächtnis und die Fähigkeit, mit Menschen umzugehen. Auch mich überwältigt oft die Melancholie, die Abende sind voller Angst vor dem was ich nicht weiss oder ich weiss nicht was. [...] 13.5. Deinen Brief vom 6.5. erhalten. [...] Deine Besuche in H.[interzarten] finden für Y.[ngve] immer über den Wolken statt, hinterher kehrt er zur Muttererde zurück und träumt davon, aber er nicht einmal fühlt es so, dass das Schicksal in seiner Hand liegt. Er sollte Fichte kennen lernen. Vielleicht gehört das mit in das Spiel. (Ich habe nie gewusst dass Märchen so wirklich oder Realitäten so märchenhaft sein können. Oft fürchte ich mich. Was ist dahinter?) [...] Freuen tu ich mich: dass Signe doch in dem ½ Jahr nicht Fremde blieb, dass es Voss und Tochter sind, die Freunde geblieben, dass sie Olli [Jäger] gern hat, dass junge Menschen um Euch sind.«

236 Henny Voß (* 1928), Patenkind von Jahnn und Tochter von Anny und Ludwig Voß. Sie wohnte von 1948 bis 1951 bei Jahnn im Hirschpark und half ihm häufiger bei Sekretariatsarbeiten.

237 Mit dem Drama *Tod des Domitius* beschäftigte sich Jahnn zwischen 1938 und 1949 wiederholt. Das Projekt blieb unvollendet (Dramen II, S. 283–293).

238 Vilma Blagona, Sekretärin Jahnns.

239 Margarete Möckli-von Seggern (1896–1975), verheiratet mit Hans Fülscher, dann mit Hermi Möckli. Erste Begegnung mit Jahnn in Eckel 1919, seither befreundet. Beschäftigte sich mit Hormonforschung. Sie übersetzte das Buch von

Raymond Rivoire, *Neue Erkenntnisse und Erfahrungen auf dem Gebiete der Endokrinologie* (Bern 1944) ins Deutsche.

240 Alfred Döblin (1878–1957), der mit Jahnn seit 1929 in Kontakt stand, hatte diesen 1949 in die Klasse der Literatur der Akademie der Wissenschaften und der Literatur in Mainz berufen. Jahnn hatte ihm daraufhin am 14. August 1949 geschrieben: »Ich freue mich aufrichtig, daß Sie meiner gedacht haben. Nach fünfzehn Jahren ist man in seiner Heimat ein Fremder und fühlt sich überflüssig und zurückgesetzt, beides. Nun, ich sage Ihnen meinen innigen Dank, daß Sie mich einluden, der ›Akademie der Wissenschaften und der Literatur‹ beizutreten. Und schicke Ihnen mein Ja. – Von Herrn Prof. Dr. Wagner und Herrn Prof. Scheel habe ich noch nichts gehört. Das erklärt sich gewiß aus meinem Hinundherpendeln zwischen Hamburg und Bornholm. [...] Mein äußeres Lebensschicksal ist alles in allem recht unerfreulich geworden. Ich habe in Deutschland gleichsam den Anschluß nicht gefunden. Ich stecke in großer äußerer Dürftigkeit und bin tief enttäuscht, das[s] einzelne meiner Bekannten von einst, die heut politische Größen sind, mich nicht achten, nicht mehr achten oder so sehr von sich selbst erfüllt sind, daß ihnen die Bezirke des Geistes und ihre Träger gleichgültig sind. Als ich 1933 emigrierte, verlor ich in Hamburg so ziemlich alles, was ich besaß. Jedenfalls büßte ich zwei Orgeln ein, und mein Laboratorium im Hirschpark, das gerade eingerichtet war, wurde aufgelöst. In den letzten drei Jahren habe ich versucht, in meiner Vaterstadt wieder Fuß zu fassen. Bisher vergeblich. Man hat mich mit freundlichen Reden hingehalten. Meine Wohn- und Arbeitsräume im Hirschpark habe ich nicht zurückerhalten. Selbst meine kleine Anstellung als Orgelsachberater ist mir nicht zurückgegeben worden. – Meinem Verleger geht es, wie den meisten seines Standes, auch nicht glänzend. Dennoch bringt er jetzt die 1600 Seiten meiner ›Niederschrift des Gustav Anias Horn‹ heraus, ein sonderbares und nicht durchschnittliches Werk. Auch der ›Perrudja‹ wird neu aufgelegt und soll im November vorliegen. – Meine letzte Arbeit ist wiederum ein Drama, die ›Spur des dunklen Engels‹. Dies Stück ist für mich mit privaten Bängnissen belastet, weil mein Patenkind, Yngve Trede, den ich über alles liebe, in dem ich die Anlage zu einem Genie sehe, der jetzt 15 Jahre alt ist, dazu die Bühnenmusik schreibt. Das Alter ist gefährlich, und tatsächlich steckt Yngve, von der Pubeszenz befallen, in großen seelischen Schwierigkeiten. Ich sorge mich sehr um ihn, zumal ich seine musikalische Ausbildung nicht ausreichend finde. Ich müßte ihn jetzt unter meinen Fittichen haben; aber ich bin nicht sein Vormund, ich habe keinerlei Rechte an ihm, außer daß eine große geistige Zusammengehörigkeit zwischen ihm und mir besteht. Da die ›Spur des dunklen Engels‹ w[a]hrscheinlich in Zürich aufgeführt werden wird, möchte ich den Jungen auf einige Zeit in die Schweiz mitnehmen. Wird das große behördliche Schwierigkeiten bereiten? Er wohnt in der französischen Zone.«

241 Hermann F. Reemtsma (1892–1961) und Hans Domitzlaff (1892–1973), Inhaber bzw. Teilhaber der »Reemtsma Cigarettenfabrik«. Reemtsma gehörte zu den wichtigsten Förderern des künstlerischen Lebens in Hamburg und war vor 1945 Teilhaber des S. Fischer Verlags und später Kommanditist des zwangsweise aus dem S. Fischer Verlag hervorgegangenen Suhrkamp Verlags. Jahnn wollte den Reemtsma-Konzern um Unterstützung für den Ugrino Verlag bitten.

242 Jahnn irrte bei der Höhe der Geldstrafe: »Die Gegenüberstellung eines Aktphotos und des Bildes einer leeren Fleischerauslage mit der Unterschrift ›Angebot und Nachfrage‹ im Februarheft des ›Neuen Magazins‹ provoziert eine Anklage gegen den Verleger und seinen Redakteur Kurt Gelsner wegen Verbreitung unzüchtiger Schriften (das Urteil vom 25. August – DM 6000 Geldstrafe für Weismann, DM 2000 für Gelsner – wurde in der Berufungsverhandlung vom 18. November gemildert).« (Jochen Meyer: Broch – Canetti – Jahnn. Willi Weismann und sein Verlag 1946–1954, Marbacher Magazin 33/1985, o.P., Innenseite des Schutzumschlags.)

243 Kujahn Blask ist der Künstlername von Berta Emma Auguste – »Guschi« – Blask (1902–1970). Die Malerin wurde in Hamburg als Kind russisch-polnischer Einwanderer geboren. Ehefrau von Gustav Kujahn. Emigrierte 1934 nach Dänemark, da sie als Kommunistin in Deutschland gefährdet war. Mit ihrer abstrakten Malerei gehörte Kujahn Blask schon bald zur dänischen Avantgarde. Alexander hieß das jüngste ihrer vier Kinder. Guschi Blask war oft Gast auf Bornholm, meist wenn Signe Jahnn das Haus allein bewohnte.

244 Jahnn spielt auf den Arzt und Schriftsteller Friedrich Wolf (1888–1953) an, der von 1949 bis 1951 der erste Botschafter der DDR in Polen war. Jahnn kannte ihn durch ihre Zusammenarbeit im PEN.

245 Das Godeffroysche Herrenhaus im Blankeneser Hirschpark wurde von der britischen Militärregierung beschlagnahmt. Jahnn hoffte, nach seiner Rückkehr wenigstens die ehemaligen Wohnräume im Kavaliershaus im Hirschpark zurückzuerhalten. Er stellte aber auch den Antrag, eigene Arbeits- und Wohnräume im Herrenhaus zu erhalten. Mit diesem Ansinnen wandte er sich direkt an Max Brauer. An Paul Theodor Hoffmann schrieb er am 12. Mai 1947: »Bei einer Besichtigung an Ort und Stelle habe ich nun die Beobachtung gemacht, daß das Herrenhaus im Hirschpark, daß von englischen Militärbehörden beschlagnahmt ist und die Bezeichnung Transit Officers Mess B. P. C. trägt, faktisch nicht benutzt wird, so daß bei einer entsprechenden Hinwendung durch Herrn Bürgermeister Brauer die Freigabe sicherlich erwirkt werden könnte. / Dies Haus nun ist für meine Zwecke als Orgelbetreuer und Orgelbauer geradezu wie geschaffen. Es enthält neben anderen Räumlichkeiten 2 saalartige Räume, die in der jetzigen Form für reine Wohnzwecke kaum verwendet werden können, weil sie sowohl zu hoch als auch zu groß sind. In einem dieser Säle könnte die kleine Konzertorgel, die von mir durchkonstruiert wurde und zur Zeit in Kopenhagen im Bau ist, Aufstellung finden, und es wäre damit gleichzeitig ein Raum für mustergültige Aufführungen vorhanden.« (Briefe II, S. 552) Nachdem er zwei Räume im Kavaliershaus bewohnte, versuchte er weiterhin die Villa für die Freie Akademie der Künste oder für den PEN-Club nutzen zu können. Obwohl Jahnn auch hierin in Senator Biermann-

Ratjen einen Fürsprecher in der Behörde hatte, zerschlugen sich die umfänglichen Pläne völlig. Letztlich bezog Erich Thienhaus mit seinem Tonstudio die Villa.

246 Alfred Schulz-Bischoff, Präsident des Hamburger Wohnungsamtes.

247 Jahnn war in berechtigter Sorge, dass die am 28. August 1949 in der Frankfurter Paulskirche gegründete und heute in Darmstadt ansässige Deutsche Akademie für Sprache und Dichtung der Akademie der Wissenschaften und der Literatur, Mainz, in Fragen der öffentlichen Finanzierung bevorzugt werden könnte (Jahnn-Kreuder, S. 255 f.).

248 In der Handschrift: Käsehöcker

249 Eckart Ehrensberger (* 1929) war mit Herbert Jäger befreundet, der den seit 1950 nur noch sporadischen Kontakt zu Jahnn im Herbst 1949 herstellte (Freeman, S. 511). Klaus von Spreckelsen (* 1929) begann im Frühjahr 1950 ein Architektur-Studium an der Technischen Hochschule in Hannover und war mit Signe Jahnn und Herbert Jäger befreundet. Spreckelsen übernahm bald Sekretariatsarbeiten für Jahnn und wurde zu einem seiner engsten Vertrauten. Gespräche über Jahnns Architekturvorstellungen führten zur gemeinsamen Planung eines Wohnhaus-Neubaus um 1951 für die Familie Jahnn. Im Sommer 1950 fuhr er mit Jahnn und Yngve Trede nach Amrum, im November 1951 begleitete er Jahnn nach Südfrankreich. – Ellinor schrieb über ihn in einem undatierten, fragmentarisch überlieferten Brief zu Beginn der fünfziger Jahre:

> »Klaus' Konturen haben sich für mich verwischt. Du wirst das für eine Folge von Eifersucht halten. Ich glaube nicht. Zwar behandelt er mich mit der leisen Verachtung Deines Liebhabers, der das Vergangene, tot in die Gegenwart hineinragende, zweckmässig als abgetan ansehen möchte. Ich habe das, in leidenschaftlicher Form, bei Judit erlebt und überstanden. Aber dieses ist tötlicher. Ihm hast Du mich ausgeliefert, als Du ihm von unserer Ehe oder Nicht-Ehe berichtetest. […] Ich liebe Dich mehr als irgendjemand. Aber ich habe nicht die Fähigkeit gehabt, Dich so zu lieben, wie Du es brauchtest. Friedel ist tot. Ich habe ihn gleich geliebt. Was habe ich mit meiner Liebe ausrichten können? Ich habe S. geboren«.

250 Felix Jud (1899–1985), Buchhändler, Mitgründer des Norddeutschen Buchhändler- und Verlegerverbandes und Juror für die Vergabe des Friedenspreises des Deutschen Buchhandels. Die von ihm 1923 gegründete Buchhandlung existiert heute noch genau wie im Oktober 1949 am Neuen Wall in der Hamburger Innenstadt. Jud wurde u. a. dadurch bekannt, dass er während des Nationalsozialismus mit Äußerungen und Aktionen in seiner Buchhandlung offen gegen Hitler opponierte und verbotene Bücher verkaufte: »Mein Lager an verbotenen Büchern war zeitweise größer als das an erlaubten.« (Felix Jud im Gespräch mit Harald Troschke, 3. Mai 1983, Sammlung Historica. Tondokumente des deutschen Buchhandels, Frankfurt a. M. 1988) Im Dezember 1943 wurde er wegen seiner Beziehungen zum Hamburger Zweig der Weißen Rose verhaftet und verbrachte die Zeit bis zum

Ende des Krieges im Gefängnis und im Konzentrationslager Neuengamme. Eine erste Begegnung mit Jahnn ergab sich für Jud über den Kulturrat der Hansestadt Hamburg. Als erster Vorsitzender des Kulturrates war Jud verantwortlich für die Ernennung Jahnns zum Ehrenmitglied am 14. November 1946 im Phoenixsaal des Hamburger Rathauses. Zu diesem Anlass hielt Jahnn seine bisher unveröffentlichte »Erste Ansprache« in Deutschland (Staatsarchiv Hamburg. Bestand 135–1 V Staatliche Pressestelle: II J I b Kulturrat). Die Vorschlagsliste des Kulturrats für den »Arbeitsausschuss Literatur« vom Februar 1948 benennt »Hans Henny Jahnn, Schriftsteller (Kulturrat) / Felix Jud, Buchhändler (Kulturrat)« neben fünfzehn weiteren Persönlichkeiten (siehe Abb. S. 134).

251 In seinem Bücherkatalog vom Frühjahr 1950 druckte Felix Jud die Besprechung von Konrad Tegtmeier zum Erscheinen der *Niederschrift des Gustav Anias Horn*. Dieser Band war mit besserem Papier, in Ganzleinen und mit Schutzumschlag ausgestattet und erschien im Dezember 1949.

252 Im Oktober 1949 hatte Weismann eine Abschrift des Original-Typoskripts des Dramas *Spur des dunklen Engels* anfertigen lassen, die Jahnn selbstverständlich nicht ohne Korrektur in den Druck geben wollte. Ohnehin sollte das Drama nicht ohne die dafür von Yngve Trede komponierte Musik erscheinen. Der Erstdruck erfolgte schließlich erst 1952, siehe Brief Nr. 46 (ferner Dramen II, S. 295 und 1225).

253 Gustaf Gründgens (1899–1963), als Intendant des Düsseldorfer Schauspielhauses hätte er Jahnn und Yngve Trede über dessen Ausbildung beraten sollen. Jahnn hoffte offenbar auch, Gründgens für die Uraufführung des neuen Dramas gewinnen zu können. *Spur des dunklen Engels* blieb allerdings zu Jahnns Lebzeiten unaufgeführt.

254 Die *Hamburger Gruppe* war ein Zusammenschluss ortsansässiger Schriftsteller mit ausgesprochen elitärem Anspruch, zu dem Jahnn seit 1926 Kontakt hatte. Die Gruppe wurde 1925 auf Initiative des Tuberkuloseforschers und Schriftstellers Hans Much konstituiert. Neben ihm nahmen an der Gründungsversammlung Hans Leip, Ludwig Beil, Hans Friedrich Blunck, Hans Haalck, Felix Hecht, Rudolf Klutmann, Carl Albert Lange, Paul Schurek und der Leiter der Hamburger Sektion des *Schutzverbandes Deutscher Schriftsteller (S. D. S.)* Adolph Wittmaack teil. Politisch war die Gruppe zwar keiner Richtung verschlossen und grundsätzlich disparat, doch gaben mit Much und Blunck zwei konservativ-völkische Autoren den Ton an und drängten anders gesinnte Kollegen – wie den für seinen bohemehaften Lebensstil bekannten Hans Leip – zunächst in den Hintergrund. Im Herbst 1926 wurde auch der Architekt des berühmten Hamburger Chilehauses Fritz Höger Mitglied der Gruppe. – Am selben Tag berichtete Jahnn auch seiner Tochter Signe vom Wiederaufleben der *Hamburger Gruppe* und ergänzte, dass der Bildhauer Edwin Scharff eines der Mitglieder sein werde. Dieser Hinweis legt nahe, dass Jahnn hier auf die Gründung der Freien Akademie der Künste in Hamburg anspielt, welche allerdings konzeptionell über die *Hamburger Gruppe* hinauswies, da sie auch Abteilungen für Musik und die Bildenden Künste vorsah. Die Akademie ging erstmals am 3. Dezember 1949 mit einer Pressenotiz an die Öffentlichkeit (siehe Brief Nr. 41).

255 Jahnn zitiert aus Döblins Brief an ihn vom 24. Oktober 1949. Bei der »Jancke-Akademie« handelt es sich um die heutige Deutsche Akademie für Sprache und Dichtung, Darmstadt.

256 Jahnn befand sich seit dem 25. Januar auf seiner fünften Deutschlandreise, am 8. Juli war er wieder auf der Insel Bornholm, um diese bereits am 24. Juli wieder zu verlassen.

257 Gemeint sind Eckart Ehrensberger, Hans Richters und Klaus von Spreckelsen.

258 Das Bild *Composition* (Öl auf Leinwand. 100 × 81 cm) von Kujahn Blask entstand 1949. Die Formulierung lässt vermuten, dass Jahnn klar war, ein Kunstwerk unerlaubterweise ausgeführt zu haben (siehe Abb. S. 141).

259 Jahnn erwähnte Walter häufiger in seinen Briefen, dennoch konnte seine Identität nicht ermittelt werden. In Wulfsdorf bei Hamburg befand sich eine Erziehungsanstalt. Vermutlich handelt es sich um einen wohnungslosen Jungen, dem Jahnn für einige Tage Obdach gewährt hatte (Anders, S. 13; Briefe II, S. 605, 795). Nach einer Begegnung im September 1953 in Berlin schrieb Jahnn den Brief Nr. 48. Ein zweiter Brief vom 23. Februar 1954 an Signe und Yngve gibt weitere Hinweise: »Gestern hörte ich die Thomaner; Bach: ›Magnificat‹ und ›Ich hatte viel Bekümmernis‹. Es ist doch ein großes Erlebnis, kleine Jungen Sopran- und Altarien singen zu hören. Der Timbre ihrer Stimmen hat nicht seinesgleichen. – Ramin und Frau Ramin waren sehr angenehm. / Die Bänder aus Kopenhagen sind da. Ich werde wahrscheinlich heut Nachmittag das Konzert schneiden. Dass ich schon morgen komme, ist unwahrscheinlich. Ich habe bisher nur Huchel gesprochen. Brecht sehe ich heut oder morgen. Mit Bredel muss ich noch wegen der ›Neuen Literatur‹ verhandeln. Protestieren und Honorar fordern. Es sind mir nämlich durch den Raubdruck 600.– Dm W. entgangen, die Huchel mir bezahlt hätte. / Abends Gespräch mit der Freundin Walters. Was dabei ans Licht gekommen ist, spottet jeder Vorstellung. Als Buchhändler hat er aufgehört, weil er die Kasse (200.– Dm) unterschlagen hat. Das Haus hat ihm niemals gehört. Die Frau besass es und hatte darin einen Lebensmittelhandel. Die Polizei hat den W.[alter] durchschaut und hat der Frau mehrmals gesagt, sie solle doch nicht glauben, was der Bursche sich zusammenlöge. Man hat ihr weiter erklärt, dass man ihr keine Vertrauensstellung einräumen könnte, solange sie Beziehungen zu dem Mann unterhielte. Zu Weihnachten war er zwei Tage verhaftet, wegen der Geldunterschlagung (sie hatte die Summe inzwischen zurück bezahlt), er kam wieder auf freien Fuß, u.a. deshalb, weil er sich auf mich, den berühmten Prof. Jahnn berief, der sein Freund sei etc. – Seine Äußerungen über Herbert waren immerhin sehr weitgehend. Dass W. als Agent gearbeitet hat, scheint mir erwiesen zu sein. Sein wirklicher Name soll angeblich Charles de Kraemer sein; ich glaube es aber nicht; sein Alter 25, nicht 19. Ich verstehe jetzt, warum der Rundfunk vor einiger Zeit meinetwegen unruhig wurde. Ich meine nun, es muss zweierlei geschehen: 1.) dass man ihn wissen lässt, sollte er noch einmal bei uns (Herbert oder mir) auftauchen oder sich in irgend einer Form auf uns berufen, man die Polizei verständigen würde. 2.) Müsste man Frau Prof. Milch warnen. / Die Frau hatte die Absicht, nach Hamburg zu fahren, um ihm alle seine Schlechtigkeiten vorzuhalten. Ich habe ihr dringend abgeraten. Sie könnte in einen sonderbaren Verdacht kommen. Das hat sie eingesehen. // Also: Die Tür weisen. Bitte, verständigt Herbert sofort von den höchst merkwürdigen und zweifelhaften Unternehmungen unseres Schützlings. Ich glaube, da gibt es keinen Hopfen und kein Malz mehr. – Eine seiner Geschichten will ich hier noch zum Besten geben: – Sein Vater sei 1948 recht wohlhabend gestorben, in Hamburg. In die gute 2 ½ Zimmer Wohnung sei ich (zu ihm) eingezogen. Wir hätten dort längere Zeit zusammengelebt. Dann hätte er fort müssen (seine Begründung ist abermals eine abenteuerliche Geschichte mit einem Onkel, der ein Reisebüro besaß und Agent für, ich weiß nicht wen, gewesen sein soll). Seine guten Kleider, Möbel etc. hätte ich für ihn in Verwahrung genommen, aber er könne sie nicht zurückfordern, weil er mich nicht kompromittieren wolle etc. etc. – – All das ist im Grunde höchst amüsant. Leider nur: so etwas läuft auf der Straße und in den Kaschemmen umher und gibt jedem, der dafür Zigaretten oder Geld gibt, neue Erfindungen zum Besten. Offenbar ist er auf ältere Frauen versessen; die sind wohl am leichtesten zu erleichtern. – Gebt also Herbert Nachricht – und bittet ihn – nachzudenken, was zu tun das Angemessene ist. – Der Mantel ist wirklich gestohlen; aber man weiß nicht wo. Er hat auch berichtet, die Grenzwächter hätten ihm sein Geld abgenommen. / Dass irgend eine Polizei ihm einmal ein Papier ausgestellt hat, das <u>kein</u> Original war, scheint erwiesen gleichfalls. – – Ich wurde durch die Ankunft Herrn Ehrlichs, des Architekten, unterbrochen. Aufbruch zum Rundfunkgebäude. – – Zwei Stunden Sitzung. Alle Orgelfragen befriedigend gelöst. Am Nachmittag Orgelkonzert abgehört und geschnitten. Es ist ja ein herrliches Werk. (Versagen der zu engen Gedacktregister auf dem Tonband.) Recitativ klang am schönsten; [(]noch größere Tiefe der Akkorde hätte geradezu unwahrscheinlich geklungen.) Sonderbarerweise klang die Toccata in F gut (abgerechnet die Spielfehler); besonders die Canzone, die allen sehr gut gefiel. Bachs e-moll fiel auf der Bandaufnahme ab. Buxtehude klang sehr gut. Überall hörte ich die Fehlleistung der Mensuren Walther Frobenius'. Recht schlecht auch die Mixturen. Man hat die Bänder noch einmal von 20 m auf 40 m übertragen müssen. Dadurch einige Verzerrungen. Aber man wird senden. Konzert hervorragend beurteilt. Termin wird mir morgen mitgeteilt. – Besprechung mit Brecht sehr positiv. Man muss die Musiker aus Leipzig kommen lassen, da Berlin die berüchtigte Ordnung des Musikerwechsels hat. Wird gelöst werden!! Tangermünde soll vorangetrieben werden. Morgen Besprechung im Ministerium. Ankunft in Hamburg nicht vor Donnerstag. – Schon jetzt kann man beurteilen, dass der Orgelprospekt einen gewaltigen Eindruck machen wird, nur vergleichbar mit den großen gotischen Prospekten. Spieltisch ganz in die Orgel eingebaut.«

260 Rolf Italiaander (1913–1991), Journalist, Schriftsteller und Regisseur. Seit 1933 zahlreiche Reisen nach Afrika. Generalsekretär der Freien Akademie der Künste in Hamburg. – Hans Ludwig Spegg (1927–1991), Assistent und Freund Rolf Italiaanders.

261 Otto Feyen (1890–1980), Generalstaatsanwalt in Hamburg von 1947 bis 1956.

262 Anspielung auf den mit Jahnn befreundeten Ernst Buchholz (1905–1967), Jurist, Kunstsammler und Oberstaatsanwalt in Hamburg. 1950 war er Leiter der Pressestelle in der Generalstaatsanwaltschaft. Er war der Schwiegersohn des Malers Emil Maetzel, in dessen Wohnhaus in Volksdorf Jahnn verkehrte. Ehrenmitglied der Freien Akademie der Künste. Buchholz hielt eine Rede anlässlich einer Lesung Jahnns zur Woche des Buches am 1. Dezember 1954 in der Hamburger Kunsthalle. Über Hamburg hinaus war Buchholz bekannt durch sein Engagement für die Abschaffung des § 175 StGB, als Verfechter der Kunstfreiheit mit Bezug auf Art. 5 des Grundgesetzes und als Gegner des Schmutz- und Schundgesetzes.

263 Gert Omar Leutner (* 1919), Regisseur, Dramaturg am Deutschen Schauspielhaus Hamburg, Theaterdirektor. Bereits am 19. Dezember 1949 schrieb Jahnn an Hellmut Collatz: »Herr Leutner, augenblicklich die deutsche rechte Hand Mr. Fedriks, ist entschlossen, die Kulturschande des Verhaltens Hamburgs zu H. H. J. mit allen publizistischen Mitteln zu bekämpfen. Da Leutner keiner Partei angehört, mag etwas dabei herauskommen. Er ist ein sehr netter Mensch.«

264 Hellmut Collatz (1926–1996), Pianist und Graphologe, Sohn eines Arztes in Bad Nauheim. Musikalisch hochbegabter Schüler, der während der NS-Zeit öffentlich Werke von Felix Mendelssohn Bartholdy spielte und die Hitler-Büste seiner Schule mit Farbe bepinselte. Um einer Strafe zu entgehen, sollte er freiwillig der SS beitreten. Collatz verweigerte den Fahneneid, kam ins Gefängnis und anschließend bis Kriegsende in das KZ Neuengamme. In einem unveröffentlichten Brief vom 23. November 1949 an seine Tochter Signe schrieb Jahnn: »In Frankfurt hatte ich eine Begegnung mit einem Herrn Collatz, 23 Jahre alt, Pianist, Komponist, sehr belesen, klug, totunglücklich. Mit 17 Jahren sollte er hingerichtet werden, entkam aus der Todeszelle Nr. 58 in Spandau, weil das Gefängnis bombardiert wurde. Aber der Henker hatte ihn schon umarmt mit den Worten: ›Na, mein Junge, dein Hals ist ja noch weich, dann geht es schnell‹ –. Dieser Henker hatte bereits mehrere Tausend geköpft. – Collatz hatte kurz zuvor die Erschießung seines Freundes mit ansehen müssen, dem dabei das Herz und die Eingeweide herausgerissen wurden [...]. – – Auch in jenem Gefängnis war, wie im Konzentrationslager Dachau, der ›Perrudja‹ den klügeren Gefangenen ein Trost. Collatz kann den ›Perrudja‹ beinahe auswendig hersagen.« Vermutlich kam die Begegnung zufällig zustande. Kurzerhand nahm Jahnn im November 1949 Collatz mit nach Hinterzarten, da er in dem Pianisten einen geeigneten Gesprächspartner für Yngve Trede sah.

265 Am 3. Dezember 1949 trat die Künstlerorganisation mit einer Presseerklärung an die Öffentlichkeit. Reaktionen darauf gab es allerdings kaum. Der Pressesprecher des Hamburger Senates Erich Lüth machte mit Brief vom 20. Januar 1950 deutlich, dass das Rathaus die Ansprüche der Akademie nicht anerkenne und ohne vereinsrechtlichen Status nicht zur Kenntnis nehmen werde. Daraufhin erarbeiteten die Mitglieder eine vereinsrechtliche Form und Satzung. Das Gründungsprotokoll wurde am 13. Februar 1950 von Friedrich Ahlers-Hestermann, Ivo Hauptmann, Helmuth Heinson, Rolf Italiaander, Peter Martin Lampel, Hans Erich Nossack und Frank Wohlfahrt mit Jahnn als Präsidenten und Rolf Italiaander als Generalsekretär unterzeichnet.

266 Heinrich Landahl (1895–1971), Kommunalpolitiker, Senator der Hamburger Schulbehörde.

267 Die Identität von Borris konnte nicht ermittelt werden.

268 Jahnn erwartete von der Stadt Hamburg, Wohnräume im Blankeneser Herrenhaus im Hirschpark oder im Landhaus Baur im Baurs Park, dem sog. Katharinenhof, mit umgebautem Stallgebäude zu bekommen. Harry Reuss-Löwenstein (1880–1966) war Schriftsteller, Kunstkritiker und Maler und arbeitete für den Hamburger Anzeiger und das Hamburger Echo. Bekanntschaft mit Jahnn schon vor dem Krieg durch den Verein »Künstlerfest Hamburg« (Briefe II, S. 551–554).

269 Jahnn stellte seinen Antrag beim Amt für Wiedergutmachung erstmals mündlich am 2. Dezember 1949. Der Beamte Dr. Franz protokollierte das Gespräch: »Er ist schon vor 1933 in Wort und Schrift in nazigegnerischem Sinne aufgetreten, was dazu führte, dass er nach der Machtübernahme flüchten musste. Er gibt an, hierbei in seiner Wohnung in Blankenese, Hirschpark, erheblicher Werte verlustig gegangen zu sein. Es wurde Hr. Jahnn anheimgestellt diese Verluste unter genauer Bezeichnung formularmäßig beim Zentralrat für Vermögensverwaltung in Bad Nenndorf anzumelden. / Durch die Massnahmen der NS-Regierung wurde Herrn Jahnn die weitere Ausführung seiner schriftstellerischen Tätigkeit in Deutschland unmöglich gemacht und er wurde auch aus einer behördlichen Stellung verdrängt. Die nähere Bezifferung seiner diesbezüglichen Ansprüche behält sich Hr. Jahnn vor. / Zeugen für seine Verfolgung / Bürgermeister Brauer / Senator Kirch / Fr. Thoms / Hr. Harms, Witwe Fr. Harms / Hr. Hüttmann / Hr. Richters« – Jahnns Anspruch auf Entschädigung und Rückerstattung wurde zunächst anerkannt. Wiederholte Anträge und Eingaben wurden allerdings notwendig, weil in der Behörde Zweifel an Jahnns Angaben hinsichtlich der Verfolgung durch die Nazibehörden und des Ugrino Verlags entstanden waren (Staatsarchiv Hamburg Bestand 351–11 Amt für Wiedergutmachung 52186). Der Einfluss der britischen Militärregierung auf das Verfahren beim Wiedergutmachungsamt ist nicht ermittelt (siehe Brief Nr. 44, 46, 49 und 52).

270 Der Musikverlag Engstrøm & Sødring in Kopenhagen bezog vom Ugrino Verlag die Ausgaben von Buxtehude und Scheidt.

271 Jahnn verwendet Briefpapier des Ugrino Verlags Hamburg und Aarau/Schweiz.

272 Ralph, siehe Anm. 228.

273 Es bleibt unklar, welche Auszeichnung Jahnn hier meint. Laut Auskunft des Stadtarchivs in Bad Nauheim ist der Begriff »Ehrenkuraufenthalt« unbekannt und Jahnn nicht als Gast der Stadt dokumentiert.

274 Walter Menne (1908–2000), dt. Arzt und Künstler. Neben seinem Medizinstudium 1927–1934 nahm er Unterricht an Malschulen in München und Berlin. Kontakt zu Erich Heckel, der ihn in der Technik des Holzschnitts unterrichtete. Die Doktorarbeit *Die Welt des Arztes in der Kunst des Expressionismus* von 1934 wurde nicht angenommen. Nach erneuter Promotion 1939 Arzt am Rudolf-Virchow-Krankenhaus in Berlin, dann Truppenarzt und Pathologe. Seine einjährige Kriegsgefangenschaft verbrachte er an der amerikanischen Lazarettbasis Bad Nauheim. Dort organisierte er 1946 die erste Max-Beckmann-Ausstellung nach dem Krieg. Menne notierte in seinem »Lebenslauf (Malerei) […] Seit Anfang des Jahres 1946 freier Mitarbeiter der Frankfurter Rundschau; Sendungen bei Radio Frankfurt. Vorwiegend Arbeit an Holzschnitten, darunter Bildnisse von Hans Mayer und Hans Henny Jahn[n].« (Manfred de la Motte: Walter Menne, Galerie Georg Nothelfer, Berlin 1989) Wann und wo eine Begegnung von Menne und Jahnn stattgefunden haben könnte, bleibt ungeklärt. Möglicherweise ergab sich ein Kontakt über die Arztfamilie Collatz. Einer der Brüder von Hellmut Collatz besaß ein Foto-Studio in Bad Nauheim. Ungeklärt ist auch die Frage, wie der bisher unveröffentlichte Holzschnitt entstand (siehe Abb. S. 144). Ein Druck vom Holzstock (Originalgröße 83×54 cm) existiert nicht. Walter Menne schnitt in den Holzstock den Titel: »*Das Holzschiff*«. – Der Plan zu dem Artikel für die Gewerkschaftszeitung, der letztlich nicht zustande kam, entstand vermutlich bei Jahnns zweitem Besuch in Bad Nauheim Ende Februar.

275 Der Schriftsteller Hans Erich Nossack (1901–1977) gehörte in den fünfziger Jahren zu Jahnns engeren Hamburger Freunden.

276 Hermann Kasack (1896–1966), Schriftsteller, in der Nachkriegszeit berühmt für seinen Roman *Die Stadt hinter dem Strom* (1947).

277 Ernst Kreuder (1903–1972), Schriftsteller aus Darmstadt. 1947 regte er den ersten Kontakt zu Jahnns späterem Verleger Willi Weismann an (Hans Richters an Willi Weismann, 18. April 1947, DLA, A: Weismann). Mit seiner Erzählung *Die Gesellschaft vom Dachboden* (1946) und dem Roman *Die Unauffindbaren* (1948) gehörte er für einige Jahre zu den bekanntesten Autoren der Nachkriegszeit. 1953 wurde ihm der Georg-Büchner-Preis verliehen. Am 6. März 1950 hatte er Jahnn geschrieben: »ich will Dir nur kurz sagen, dass unsere Nachtgespräche mir das Bedeutendste und Schönste gewesen sind der diesmaligen Tagung. Die Sterne müssen gut gestanden haben, denn anschließend fand ja am anderen Morgen der Vortrag Döblins statt.« (Jahnn-Kreuder, S. 69)

278 Pascual Jordan (1902–1980), dt. Physiker. Seit 1949 Mitglied der Akademie der Wissenschaften und der Literatur. Hugo Spatz (1888–1969), dt. Neuropathologe und Psychiater. Als Direktor des Kaiser-Wilhelm-Instituts für Hirnforschung war er seit 1937 in die Euthanasiemorde der NS-Zeit involviert. Von 1948–1957 leitete er das Max-Planck-Institut für Hirnforschung in Gießen.

279 Sohn Hanna Weissenfels' aus erster Ehe.

280 Gustav Oelsner (1879–1956), Architekt. Baubeauftragter für Städtebau beim Wiederaufbau Hamburgs. Mit Jahnn an der Gründung der Freien Akademie der Künste beteiligt.

281 Im Typoskript: meinter

282 »Frl. Carlsen«, Nachbarin auf Bornholm. Befand sich auf Deutschlandbesuch und bat um Rückzahlung des von Jahnn geliehenen Geldes.

283 Tatsächlich wurde das Drama *Armut, Reichtum, Mensch und Tier* erst am 20. April 1950 im Schauspielhaus Zürich gespielt (Regie: Leonard Steckel).

284 Carl Johan war ein Freund Signe Jahnns auf Bornholm.

285 Lediglich ein Artikel wurde gedruckt: »Gewitter im Norden«, in: Die *Zeit*, Hamburg, 23. März 1950, S. 5. Vorausgegangen war ein Brief vom 2. März des *Zeit*-Redakteurs Ernst Lewalter, der Jahnn um einen Abschnitt aus dem dritten Teil der *Niederschrift* zum Vorabdruck bat, weil die *Zeit* nicht mehr aus bereits erschienenen Werken abdrucken dürfe. Von der Familie Caesar habe er gehört, dass Jahnn augenblicklich an Korrekturen arbeite. Eine weitere Veröffentlichung im Jahre 1950 ist nicht bezeugt. Auch die Novelle »Unser Zirkus«, die Vilma Blagona in Jahnns Auftrag am 16. Juni 1950 an Ernst Lewalter sandte, erschien nicht.

286 Jahnn hatte eine Einladung zu einem Künstlerfest in der Elbschloß-Brauerei erhalten, wollte aber auch seine ungeladenen Begleiter Klaus und Eckart mitbringen. Dort kam es zu einem Handgemenge, über das auch in der Presse berichtet wurde (Freeman, S. 538).

287 Gemeint ist Richard Anders (1928–2012), geb. im ostpreußischen Ortelsburg, Schriftsteller. Studierte Germanistik in Münster und Hamburg. Die erste Begegnung erfolgte tatsächlich im März 1950. Anders besuchte Jahnn mehrmals im Hirschparkhaus. Gemeinsam gingen sie zu Konzert- und Theateraufführungen oder Vorträgen. Briefverkehr auch mit Ellinor. In seiner Examensarbeit von 1959 befasste er sich mit der »Sprache und Szenenführung in den frühen Dramen von Hans Henny Jahnn«. Ausführlich dokumentiert in Richard Anders: Begegnung mit Hans Henny Jahnn. Aufzeichnungen. Mit einer Vorbemerkung von Signe Trede-Jahnn, Aachen 1988.

288 In der Sendung *Gäste Zürichs* las Jahnn am 21. April 1950 aus einem »unveröffentlichten Roman« (DRA).

289 Gunhild Ehrenberg. Nachbarin auf Bornholm. Mit Brief vom 12. März teilte Ehrenberg mit, dass Signe die Stellung im Kontor in Klemensker angenommen und dass sich Ellinor 100 Kronen bei ihr geliehen habe. Dieses Geld erbat sie nun zurück, da sie nach Deutschland reiste.

290 Signe arbeitete in Klemensker in einer Meierei im Verkauf und im Büro.

291 Im Typoskript: bekommen

292 Mit Yngve Trede und Klaus von Spreckelsen hielt sich Jahnn vom 14. August bis zum 11. September 1950 auf Amrum auf.

293 Ellinor schrieb am 12. Juli 1950:

»Mein lieber Henny, Dank für 2 Briefe – ich bin überzeugt dass es mit Yngve zu einer Lösung kommt. Ich möchte so gern einer Deiner hellen E. sein, nachdem ich einst ein dunkler war – –. An dem Besuch des Kr[iminal] B.[eamten] bist Du Schuld. Du hast versprochen den Pass zu schicken und ich hatte schon verschiedene Schwierigkeiten. Das weisst Du auch ganz genau, aber aus Angst, er könnte mir abhanden kommen, schickst Du ihn nicht und verschleierst die Tatsachen. Ich muss wieder nach München. Ich muss versuchen, mir irgendein Ersatzpapier zu verschaffen. Danke Guschi für lieben Brief. Bitte versuche noch soviel wie möglich Hormon v. B. zu bekommen. Es muss welches an Fr[au] Mogensen geschickt werden. / Hast Du wohl irgendetwas für eine Wohnungslösung in Bl.[ankenese] für den Winter gefunden und wie steht es mit dem Geld aus der Schweiz? Entschuldige die Bleistiftkarte – Feder kaputt. Danke für Parfüm – freue mich darauf. Hier viel viel Arbeit. Ta[nte] etwas besser«.

294 Im Typoskript: Existentminimum

295 Das 1950 entstandene Filmexposé mit dem Titel *Die Schuldigen* wurde die Grundlage für den Roman *Jeden ereilt es*; zu einer Realisierung des Planes kam es nicht (Späte Prosa, S. 185–189, 440).

296 Die Premiere am Landestheater Darmstadt (Regie: Herbert Walter) fand schließlich am 22. März 1951 statt.

297 Das Landessteuergericht in Dänemark.

298 Jahnn spielt auf die zuvor mit der Schreibmaschine gestrichene achtstellige Zahl an.

299 Jahnn kam in den Besitz einer Kopie der Originalhandschrift. Clement Janequin (um 1485–1558), frz. Komponist, vor allem berühmt für seine Naturlaute imitierenden Chansons, die im 16. Jahrhundert vielfach von Komponisten bearbeitet wurden. Der *Chant des oiseaux* war für Jahnn von zentraler Bedeutung. In den ersten Teil der *Niederschrift* integrierte er ein Notenbeispiel des Chansons, in der Bearbeitung von Merulo ohne Kenntnis des Originals (Fluß ohne Ufer I, S. 694, 699; Fluß ohne Ufer III, S. 848). Der Erstdruck der Komposition Yngve Jan Tredes erschien 1959: *Le Chant des oiseaux*. Bläserquintett. Hans Henny Jahnn zum 65. Geburtstag, als gemeinsame Ausgabe der Freien Akademie der Künste in Hamburg und der Kulturbehörde der Freien und Hansestadt Hamburg, der Europäischen Verlagsanstalt (Frankfurt a. M.), des Suhrkamp Verlags (Frankfurt a. M.) und des Ugrino Verlags (Hamburg).

300 Der Brief wurde im Schreibabteil diktiert und steht auf vorgedrucktem Briefpapier der Bundesbahn.

301 Helmuth Scheel (1895–1967), Orientalist, Mitbegründer der Akademie der Wissenschaften und der Literatur und deren Generalsekretär seit 1949.

302 Gemeint ist die Kommission zur Gründung einer Notgemeinschaft für Künstler und Neuregelung des Urheberrechts, die am 2. März 1951 gegründet worden war und der Alfred Döblin, Carl A. Emge, Jahnn, Hermann Kasack, Walter von Molo und Karl Willy Wagner angehörten.

303 Karl Willy Wagner (1883–1953), Nachrichtentechniker. 1949–1953 Präsident der Akademie der Wissenschaften und der Literatur.

304 Carl August Emge (1886–1970), Rechtsphilosoph. Mitbegründer der Akademie der Wissenschaften und der Literatur.

305 Irène Giron (1910–1988) war französische Diplomatin. Sie nahm die Stelle des »Directeur-Adjoint« ein, d. h. sie war Stellvertreterin von General Raymond Schmittlein, dem »Directeur de l'éducation publique« der frz. Militärregierung in Baden-Baden. Die Zeitschrift *Das Goldene Tor. Monatszeitschrift für Literatur und Kunst* wurde von Alfred Döblin begründet.

306 Walter von Molo (1880–1958), Schriftsteller. Gründungsmitglied der Akademie der Wissenschaften und der Literatur.

307 Konzertreihe des NWDR für neue Musik.

308 Heinz Werner Hübner (1921–2005), Journalist, seit 1946 war er Leiter der Nachrichten-Hauptredaktion beim NWDR.

309 Ernst Kreuder: Zur literarischen Situation der Gegenwart. Akademie der Wissenschaften und der Literatur, Abhandlungen der Klasse der Literatur, Jg. 1951, Nr. 1, Mainz und Wiesbaden 1951.

310 Der Schriftsteller Horst Lange (1904–1971) war mit Kreuder befreundet. 1950 wurde er Mitglied der Akademie der Wissenschaften und der Literatur.

311 In Göttingen war Jahnn zu Besuch bei der Familie Weissenfels.

312 Im Typoskript: hat

313 Der Journalist und Schriftsteller Jan Herchenröder (1911–1986) war in Waldheim/Sachsen in Haft und offiziell als »Kriegsverlängerer« zu zwölf Jahren Zuchthaus verurteilt. Er kam im Juli 1946 in das sowjetische Lager Mühlberg/Elbe, 1948 nach Buchenwald und 1950 nach Waldheim. Im Oktober 1952 wurde er im Rahmen einer DDR-Amnestie anlässlich des Gründungsjahrestages der DDR wie alle westlichen Journalisten und Schriftsteller entlassen und in der Bundesrepublik offiziell politisch rehabilitiert (Jahnn-Kreuder, S. 252). Jahnns Brief an Johannes R. Becher (1891–1958) vom 2. März und Auszüge aus dessen Antwort vom 17. März 1952 sind veröffentlicht in Briefe II, S. 709–712 und 1303 f.

314 In einem Brief vom 30. Juni 1951 bat Collatz darum, einen seiner Freunde, der an einer Knochenkrankheit litt, mit Hormonen zu behandeln. Jahnn versprach Hilfe (Brief vom 26. Mai 1951). Ein Brief von Collatz vom 17. März 1952 erinnert Jahnn an sein Versprechen und formuliert den Vorwurf, Jahnn sei gleichgültig. Dieser antwortet auf den Angriff: »Soeben habe ich Deinen Brief vom 17[.] März erhalten, habe ihn gelesen und muss Dir leider sagen, dass ich auf den angeschlagenen Ton nicht eingehen kann. Wenn die Behandlung Deines Freundes einfach wäre und in mir nicht grosse Zweifel geweckt hätte, würde ich Dir oder ihm vor meiner Krankheit Nachricht gegeben haben. Es ist indessen so, dass meine Befassung mit Hormonen neue Erkenntnisse gebracht hat, die angetan sind, jedes Chema auszulöschen. Wenn Du mir aus Zögern, das einem Verantwortungsgefühl entspringt, glaubst Vorwürfe machen zu können oder müssen, so ist es Deine Sache. Deinem Freunde werde ich, sobald ich wieder in Hamburg bin, ausführlich schreiben.«

315 »Mein Drama ›Spur des dunklen Engels‹ ist in der Zwischenzeit in der Herstellung begriffen. Die gesamte Herstellung hat die Firma Universitätsdruckerei H. Stürtz AG übernommen. Ich habe nun die erste Rechnung vorliegen, die sich hauptsächlich auf Stichkosten, Plattenmaterial, und Druckpapier bezieht. Ich lege diese Rechnung bei, und bitte Sie, von dem Betrag den bewilligten Druckkostenbeitrag in Höhe von 1500.– DM direkt an die Firma Stürtz in Würzburg überweisen zu lassen. Der Restbetrag von 474,30 DM wird mir einstweilen von der Firma kreditiert werden, bis meine Verhandlungen mit einem Verleger wegen der Veröffentlichung zum Abschluß gebracht sein werden.« (Jahnn an Alfred Döblin, 28. Dezember 1950) Das Drama erschien schließlich im November 1952 mit 64 Notenseiten im Ugrino Verlag Hamburg und im Willi Weismann Verlag München, in einer einmaligen Auflage von 550 nummerierten Exemplaren mit Signaturen des Dichters und des Komponisten. Weismann übernahm und finanzierte davon lediglich 50 Exemplare.

316 Risa Schmeding, siehe Brief Nr. 7. Möglicherweise meinte Jahnn den Journalisten und Amerikanisten Hans-Joachim Lang (1921–2006).

317 Das Manuskript von Yngve Jan Tredes *Fantasia in F* für Orgel, drei Manuale und Pedal. Hamburg (Ugrino Verlag) 1952.

318 Ernst Hüttmann, Addi Harms und Friedel Thoms waren Personen, die Jahnns Ansprüche beim Amt für Wiedergutmachung bezeugen konnten. Ernst Hüttmann war als Orgelbauer 1931 am Einbau des Orgellaboratoriums im Hirschparkhaus beteiligt und sollte Jahnns Rückerstattungsforderungen für beschlagnahmtes Eigentum unterstützen. Hüttmann nahm den Kontakt zu Jahnn mit Brief vom 13. April 1948 aufgrund eines Zeitungsartikels wieder auf: »dass ich mich sehr gefreut habe, diesen Namen einmal wieder zu lesen, und vor allem, dass Sie damals dem Nazi-Regime gut entkommen sind, es ist sicherlich nicht Recht gewesen, nicht wahr? […] es liegt mir auch noch in guter Erinnerung, wo ich bei Ihnen in der Wohnung, im Hirschpark, Ihre neu entworfenen Orgelteile aufgestellt habe. […] bitte nehmen Sie es mir nicht für ungut, dass Sie, von den erwähnten Arbeiten in Ihrer Wohnung, die ich ausführte, noch eine kleine Schuld bei mir haben, denn Sie sagten damals, wenn Sie einmal in der Lage wären, dürfte ich mich gern einmal melden […].« – Arthur Harms, der ein Speditionsunternehmen besaß, sollte berichten, wie er Ellinor und Monna wegen ihres jüdischen Familienhintergrunds in einer Art Rettungsaktion zum Hamburger Hafen transportiert hatte, damit sie nach Bornholm ausreisen konnten. – Friedel Thoms, die aufgrund ihrer politischen Aktivitäten im September 1933 verhaftet worden war und bis Oktober 1935 im Gefängnis saß, sollte aussagen, dass Jahnn sie unterstützte und ihr einen Anwalt vermittelt hatte.

319 Akademie der Wissenschaften und der Literatur in Mainz.

320 *Da das Geld … Tralow.* – Einfügung am Seitenrand. – Johannes Tralow (1882–1968), Schriftsteller und Publizist. Präsident des PEN-Clubs in den Jahren 1951 bis 1960.

321 Gustav Rudolf Sellner (1905–1990), Intendant und Regisseur. 1951–1961 Intendant am Landestheater Darmstadt. Jahnn verhandelte mit ihm über die Uraufführung von *Spur des dunklen Engels.*

322 Auf diesen Vorwurf reagierte Ellinor am 27. März 1952:

> »Lieber Henny, ich danke Dir für Deinen schönen Brief v. 21. Ich allerdings habe im Augenblick nicht die Kraft, für mich an eine Zukunft zu glauben. Die Beunruhigung, die ich durch meine schlechten Nerven u. meine Unstetheit [br]inge, steht in keinem Verhältnis zu dem, was ich zu geben vermag. Auch bin ich, durch meine eigene Schuld, physisch so vereinsamt bei Euch, dass ich mir wirklich ständig wie ein Gespenst vorkomme. Ich bin verdammt, hässlich zu werden wie alle in meiner Familie. […] An Sellner habe ich telephoniert, weil ich ihm den Todentanz u. eventuell die Medea zustellen wollte. Er sagte mir, dass er in der jetzt verflossenen Woche eine Entscheidung über das Repertoir des nächsten Semesters treffen müsse u. darum machte ich den Vorschlag. Ich habe nun nur einen korrigierten Todentanz abgeschickt. (Habe mir 2 Exemplare vom Rundfunk ausliefern lassen.[)]«

323 In Heft 5/1951 ist die erste Szene von *Spur des dunklen Engels* vorabgedruckt. – *Sinn und Form* ist die Zeitschrift der Deutschen Akademie der Künste Berlin (DDR); seit seiner Teilnahme am Ost-West-Schriftstellertreffen in Starnberg und seiner Wahl ins Präsidium des angeblich »ost-dominierten« deutschen PEN-Zentrums bei der Generalversammlung in Düsseldorf sind Jahnns »Ostkontakte« Angriffspunkt heftiger und folgenreicher Attacken.

324 Als »Reise zu den Kuppelkirchen Aquitaniens« im NWDR gesendet am 5., 12. und 19. September 1952. Eine Zeitungsfassung der »Tagebuchblätter aus Frankreich« kommt nicht zustande. Im November 1951 unternahm Jahnn mit Klaus von Spreckelsen eine Reise nach Südfrankreich. Hauptziel war die Stadt Périgueux im Périgord, um die Kathedrale St. Front zu besichtigen. Dieses romanische

Bauwerk verkörperte für Jahnn seit seiner Jugend das Idealbild seines Architekturkanons. Er kannte Beschreibungen nur aus der kunstgeschichtlichen Literatur, verarbeitete aber seine Raumphantasien dazu vielfach in seinem Werk (Fluß ohne Ufer I, S. 683 f., Fluß ohne Ufer II, S. 505–513, und Schriften I, S. 219). Wegen einer plötzlichen Erkrankung musste Jahnn die Reise vorzeitig abbrechen. Das Reise-Tagebuch blieb unvollendet, denn die beabsichtigte Fortsetzung der Reise nach der Genesung erfolgte nicht. (Späte Prosa, S. 330–351, 352–374, 477–484; Briefe II, S. 682–690, 700)

325 Nach Jahnns Plänen wurde 1953–1957 die Rundfunkorgel im Großen Sendesaal 1 des Studiogebäudes für den Deutschlandsender in Berlin (Ost) erbaut. Es ist das größte realisierte Orgelprojekt Jahnns. Letztlich wurde die praktische Ausführung doch von der *VEB Frankfurter Orgelbau Sauer* Frankfurt/Oder übernommen. Die Erteilung des Auftrags erfolgte auf Vermittlung von Anna Seghers (Freeman, S. 596). Ein im Nachlass verwahrter Drehbuch-Entwurf von ca. 1954 für die DEFA – »Arbeitstitel: Berühmte Orgeln. Szenarium von H. H. Jahnn« – zur Geschichte des Orgelbaus beginnt mit der St. Marienorgel im Lübecker Dom und endet mit der Berliner Rundfunkorgel. Szene: »51. Großer Sendesaal des Rundfunkkomitees, Berlin. Der oft widrige Nachhall in den Kirchenräumen hat mit dazu beigetragen, die Orgelkunst bei musisch veranlagten Menschen in Verruf zu bringen. Akustisch günstige Räume, klar gegliederte Frequenzlagen der Register und Typisierung der einzelnen Manuale und des Pedals bei hervorragender handwerklich-künstlerischer Arbeit sind die Voraussetzungen für die Entfaltung des Orgelspiels und der Orgelkomposition. Hier ein großes Werk im Entstehen, das die Absichten einer uneingeschränkten Orgelkunst erfüllen soll: die Orgel im großen Sendesaal des Rundfunkkomitees zu Berlin.« (Typoskript mit handschriftlichen Korrekturen und dem Vermerk »Selbst H. H. J.«, 13 Blätter)

326 Vermutlich handelte es sich um den englischen Komponisten und überzeugten Kommunisten Alan Bush (1900–1995).

327 Jehmlich, Orgelbaufirma in Dresden.

328 Hans Pischner (*1914) war Leiter der Hauptabteilung Musik im Staatlichen Komitee für Rundfunk der DDR.

329 C. F. Peters, Musikverlag in Leipzig.

330 Jahnn verhandelte über die Herstellung der Ugrino-Ausgabe von Samuel Scheidt *Tabulatura nova* (hg. von Christhard Mahrenholz, Hamburg 1954).

331 Nicht ermittelt. Möglicherweise ungebräuchliche Abkürzung Jahnns für das Interzonen-Handelsabkommen.

332 Hinweis auf ein Projekt von Gert Omar Leutner. Mit Brief vom 23. März 1953 schrieb dieser ausführlich von seinem Plan: »Ich muss Sie um Verständnis bitten. Was mich bewog, im November 1950 eine große Beamtenposition bei der HICOG anzunehmen hat während der ganzen Zeit alles Private aufgezehrt: der Plan eines neuen Theater[s]. […] Ich würde gern einmal ausführlich mit Ihnen darüber sprechen, denn es ist zuviel um es im Rahmen eines Briefes hinreichend zu erläutern. […] Dies nur Ihnen: wir sind vier Theaterleute, Heinrich Koch (er inscenierte häufig in Hamburg), Gert Weymann (jetzt Nürnberg), Matteo Lettunich (ehemaliger amerikanischer Theateroffizier) und ich. Wir haben den Plan in der nächsten Spielzeit in Berlin ein neues Theater zu eröffnen. Die Mittel dazu sollen aus privaten amerikanischen und deutschen Quellen kommen. Sie sollen für eine Subventionierung von drei Spielzeiten reichen. Alles weitere möchte ich Ihnen möglichst bald mündlich mitteilen. – Wir brauchen von Ihnen je eine Exemplar der ›Armut‹ […] und ›Die Spur des dunklen Engels‹. Haben Sie noch etwas Neues geschrieben?« Jahnn antwortete am 29. September 1953: »Ich bin Ihnen gegenüber in großer Schuld, dass ich Ihren Brief vom 23.3. dieses Jahres noch nicht beantwortet habe. Er traf hier zu einer Zeit ein, wo ich noch mit den Folgen meiner schweren Krankheit gerungen habe. Gleichzeitig wurde meine Genesung von den Folgen des Boykotts begleitet, jenes Boykotts, der gegen mich wirksam wurde, weil ich gegen Remilitarisierung und für generelle Verständigung bin. […] Ganz anders ist meine Stellungnahme zu Ihren Theaterplänen, denn das ist etwas objektives. Und ich begrüße es sehr, wenn Sie auf diesem Sektor Erfolg haben würden. Da stehe ich auch mit dem, was ich leiste an ihrer Seite. […] Im Augenblick ist das deutsche Theater restaurativ auf der ganzen Linie. Wenn es irgendwo Ausnahmen gibt, so bestätigen sie nur den abgestandenen Su[mp]f. Alles, was am Theater falsch ist, erlebt eine Auferstehung und man hält es, zum wenigsten hier in Hamburg für eine Tugend, wenn man Stücke am laufenden Band aufführt, in denen irgendeine Person vor dem Publikum mit ekstatischen Gebärden niederkniet, die in mir Gefühle des Abscheus erwecken. Doch wozu diese Einzelheiten? Das Ganze ist Lüge, Lüge, Lüge. / Ich schreibe Ihnen also verspätet, rückblickend auf ein schäbiges halbes Jahr, um Ihnen zu sagen, dass ich Ihre Theaterpläne begrüße und unterstützen möchte, sofern ich es kann. 4 Exemplare der ›Armut‹ schicke ich Ihnen mit gleicher Post zu. Es tut mir leid, dass es nicht früher geschehen ist. Freiexemplare der ›Spur‹ kann ich Ihnen leider nicht versprechen, weil ich jeden Pfennig zusammenhalten muss, um die Druckereirechnung begleichen zu können.«

333 Brecht hatte offenbar auf Jahnns Vorschlag nicht reagiert, denn mit Brief vom 22. Dezember 1954 musste Jahnn erinnern: »Dann möchte ich Sie noch einmal auf den ›Neuen Lübecker Totentanz‹ hinweisen, der ja nun in einer sehr schönen Ausgabe bei Rowohlt in Hamburg erschienen ist.« (Briefe II, S. 832)

334 Rudolf Lodders (1901–1978), Architekt, Gründungsmitglied der Freien Akademie der Künste. Hans Grotewohl (1923–1999) war Architekt und Diplomingenieur. Sein Vater Otto Grotewohl war Ministerpräsident der DDR von 1949 bis 1964. Die Identität des »jüngeren Architekten« konnte nicht ermittelt werden.

335 Die Arbeit am Drama *Thomas Chatterton* begann Jahnn im Frühjahr 1953. Der Erstdruck erfolgte im Herbst 1955 im Suhrkamp Verlag. Mangels Überlieferung bleibt offen, in welchem Umfang eine Niederschrift für die Verhandlung mit dem

Theater in Darmstadt erfolgt war. Weitere Anhaltspunkte für eine Darmstädter Aufführung sind nicht belegt. Erst für Herbst 1954 ist eine erste Niederschrift der ersten Fassung dokumentiert (Dramen II, S. 1257–1263). Die Uraufführung erfolgte am 26. April 1956 in Hamburg am Deutschen Schauspielhaus unter der Regie von Gustaf Gründgens.

336 Egon Vietta (1903–1959), Schriftsteller und Dramaturg am Landestheater Darmstadt. Er hatte Jahnn 1948 bei einem Vortrag in Hamburg kennengelernt.

337 Karl Schleifer, Musikwissenschaftler in Berlin.

338 Das im Bau befindliche Studiogebäude des DDR-Funkhauses in der Nalepastraße in Berlin-Oberschöneweide. In den Rohbau wurde die große Rundfunkorgel nach Plänen von Jahnn unter der Leitung der Firma Sauer installiert (siehe Brief Nr. 47).

339 Wolfgang Langhoff (1901–1966), Schauspieler und Theaterleiter. Von 1946 bis 1963 leitete er das Deutsche Theater in Berlin (DDR).

340 Peter Huchel (1903–1981), Schriftsteller, 1948–1962 Chefredakteur der Zeitschrift *Sinn und Form*. Jahnns erste Begegnung mit Huchel fand Ende März 1951 beim Ost-West-Schriftstellertreffen in Starnberg statt. Seitdem standen beide in freundschaftlichem Kontakt.

341 Carl Nielsen (1865–1931) gehörte zu den wenigen Komponisten, die Jahnn vorbehaltlos anerkannte. 1931 dachte er darüber nach, Nielsens Orgelstück *Commotio* bei Ugrino/Abt. Verlag zu publizieren. Es kam zu einem kurzen Briefwechsel in Nielsens Todesjahr (veröff. in »Orgelbauer bin ich auch«, S. 212–216).

342 Die Reise Jahnns nach Moskau und Leningrad auf Einladung des sowjetischen Schriftstellerverbandes fand vom 12. bis zum 23. Februar 1956 statt und hat tatsächlich in den bundesrepublikanischen Medien ein kritisches Echo ausgelöst. Die Frankfurter Allgemeine Zeitung druckte eine erste Pressenotiz am 20. Februar (Späte Prosa. S. 503 f., 516 f.). Am selben Tag sollte die Entscheidung der Lessing-Preis-Kommission zugunsten Jahnns erfolgen. Diese nahm aufgrund der Berichterstattungen davon Abstand.

343 Im Typoskript: Hilfsmaasnahmen

344 Hans Harder Biermann-Ratjen (1901–1969), Schriftsteller und Kommunalpolitiker, 1953–1966 Kultursenator in Hamburg. Die offizielle Unterredung fand am 27. Februar statt. Biermann-Ratjen übermittelte die Missbilligung des Senates. In einem ausführlichen Brief an ihn, verfasst im Anschluss an das Gespräch, erläuterte Jahnn die Hintergründe der Reise: »Eine TASS-Meldung, die vor einigen Tagen verbreitet worden ist, besagte offenbar, dass ich in Gefolgschaft von Herrn Ulbricht in Moskau aufgetreten sei und im Namen der Akademie eine Ansprache gehalten hätte. Beide Mitteilungen sind nicht zutreffend. Ich bin nicht in Gefolgschaft von Herrn Ulbricht in Moskau gewesen. Richtig ist vielmehr, dass Herr Ulbricht überraschenderweise bei der Heine-Feier anwesend war. Ich habe im Saal des

Konservatoriums ein paar Worte gesprochen, weil man mich als Gast darum gebeten hatte. Ich habe nicht im Namen der Freien Akademie gesprochen, ich habe von niemanden einen Gruß oder etwas ähnliches ausgerichtet. Ich habe mich lediglich einer Höflichkeitspflicht nicht entzogen. Auch die Ostpresse enthielt über den Inhalt meiner kurzen Ansprache nichts. Die Rede Kubas aus Berlin freilich war eine anmaßende und unsinnige Inanspruchnahme Heines für den Kommunismus« (Briefe II, S. 884–886). Obwohl Jahnn nicht mehr mit dem Lessing-Preis rechnete, blieb die Kommission bei der ursprünglichen Entscheidung. Die Verleihung fand am 20. Juni 1956 im Hamburger Rathaus statt.

345 Brief vom 2. Februar 1956 an Peter Huchel.

346 Wie geplant erschien die Ausgabe im Mozartjahr 1956: Gärtnerin aus Liebe. La finta giardiniera. Komische Oper in Drei Akten, herausgegeben nach einer in Dresden aufbewahrten Handschrift aus der Bibliothek zu Oels von Karl Schleifer, Text und szenische Neugestaltung nach dem Italienischen von Raniero Calzabigi von Ernst Legal und Hans Henny Jahnn, Partitur, Hamburg Berlin N4, Ugrino Verlag / Henschel Verlag. Die Premiere fand am 8. September 1957 in der Hamburgischen Staatsoper statt.

347 Zum Zeitpunkt des Eklats hatten bereits die Proben für die Uraufführung von *Thomas Chatterton* am 26. April mit Heinz Reincke in der Hauptrolle im Hamburger Schauspielhaus begonnen.

348 Eduard Harms studierte Jura in Hamburg und Heidelberg und beendete sein Studium in der Schweiz.

349 Das Amt für Wiedergutmachung zweifelte an Jahnns Angaben bezüglich seines Status als Verleger. Er hatte zwar tatsächlich den Ugrino Verlag gegründet und von Anfang an, also seit 1921 für ihn gearbeitet, aber namentlich ist er nicht im Handelsregister geführt worden. Aus diesem Grund musste er seine jahrzehntelange Verlagstätigkeit und Verantwortung belegen. Der zweite Einwand der Behörde betraf die Frage, inwieweit Jahnn tatsächlich als vom Nazi-Regime verfolgter Dichter einzustufen sei.

350 Marie und Kalle Olsen, Nachbarn auf Bornholm, die gelegentlich bei der Hofarbeit auf Bondegaard ausgeholfen hatten. Ihr Hof hieß Staalehus.

351 Hildegard – »Hilde« – Weiss. Nachbarin, die zwei Räume im Hirschparkhaus bewohnte, war eine enge Freundin von Signe Jahnn. Weiss lebte seit Anfang des Jahres auf Bornholm. Bereits am 15. Januar war das Verhältnis Thema eines Briefes von Signe an Hilde Weiss: »Marie und Kalle sind für mich in Dänemark Eltern gewesen, und sogar noch mehr, so wie Du es hier für mich im Hirschpark warst und bist. Es würde mich nichts glücklicher machen, als wenn ihr gut mit einander auskommt, Euch gern habt. [...] Ich will noch schnell Marie schreiben. Den Brief lege ich hier bei, Sie weiß ja noch gar nicht, wie wir beide zusammenstehen und zusammenhalten, in Dünn und Dick!«

352 Heinz und Ruth Peter.

353 Irrtum Jahnns: Es ging nicht um ein Dirigat Yngve Tredes, sondern um die Aufführung seiner *Fantasie in D* für Orgel. Das Konzert fand in der Kreuzkirche in Ottensen statt. Bereits in einem gemeinschaftlichen Brief vom 13. Juni 1958, den Jahnn noch nicht erhalten haben konnte, berichteten Signe und Yngve von diesem Konzert: »Heute nur ein kurzer Gruß. Ich lege noch eine Kritik zum Orchesterkonzert bei. – Selten habe ich so gelitten, wie in dem Orgelkonzert am Sonntag. Die heutige Niveaulosigkeit des Orgelspiels (und auch der Orgelkunst im Allgemeinen) lässt sich kaum noch unterbieten. […] Herzlich Dein Yngve / P. S. Prof. Klotz sagte, meine Fantasie in d erinnere ihn in Form und Haltung an Nielsens Commotio.«

354 Jahnn begann die Arbeit an dem Drama *Die Trümmer des Gewissens* im Frühjahr 1955. Der Erstdruck erfolgte postum im Suhrkamp Verlag 1961 unter dem Titel *Der staubige Regenbogen*.

355 Jahnn befand sich vom 1. Juni bis zum 5. Juni 1958 auf einer Rundreise durch Schweden. Die Reise sollte dazu dienen, »Erinnerungsbilder« aufleben zu lassen, um die ins Stocken geratene Arbeit an *Epilog* voranzutreiben. Die aus Schweden geschriebenen Briefe dokumentieren Jahnns Enttäuschung über die Entwicklung des Landes, die er für die anhaltende Schreibblockade verantwortlich machte (Briefe II, S. 958–966; 976–978).

356 Lübb: nicht ermittelt.

357 Mit der Familie Jahnn befreundetes Ehepaar aus Allinge.

358 Nicht ermittelt.

359 Zu Doris Héron siehe Brief Nr. 19. – Die jüdische Familie Silberstein lebte während des Krieges auf Bornholm und wurde nicht evakuiert. Jahnn besuchte die Familie in dieser Zeit häufiger (Briefe II, S. 154–158).

360 Aage Davidsen, Leiter des »Bornholms Museum«. Signe Jahnn bat Davidsen, ihren ehemaligen Lehrer, um ein Gutachten, mit dem er ihr eine Befähigung zum Studium attestieren sollte.

361 Dieser Brief ist nicht überliefert. Jahnn berichtet darüber in einem Brief vom 12. August 1959 an seine Tochter Signe: »Auch Ellinor schulde ich Antwort auf ihren langen schönen Brief. Er füllt 6 Seiten; das ist immerhin eine Leistung bei ihrer Unentschlossenheit, etwas zu Papier zu bringen. Offenbar tut ihr der Aufenthalt in der Schweiz gut.« (Briefe II, S. 1055)

362 Zu *Trümmer des Gewissens* siehe Brief Nr. 53.

363 Hans Werner Claussen, seit 1951 Jahnns Anwalt bei Verhandlungen mit dem Hamburger Amt für Wiedergutmachung. Eine neue Bewertung des Antrages auf Wiedergutmachung seitens der Behörde erfolgte im Juli 1959 im Zuge der von Claussen geforderten Auszahlung der bereits bewilligten Soforthilfe in Höhe von

DM 6000.– für Ellinor Jahnn. Jahnn wurde damals abermals aufgefordert, Dokumente einzureichen, um seine Verlegertätigkeit und die Verfolgung durch das NS-Regime ausreichend zu belegen.

364 Am 9. August 1959 schrieb Werner Helwig: »Mein lieber, herzlich von mir verehrter Henny. Es ist, als ob Bornholmer Boden nötig wäre, um die alte Vertrautheit sofort zwischen uns wieder herzustellen. Danke für Deinen Brief. Entschuldige meine Heftigkeiten und meine Ungeduld. Natürlich hast Du genau einen solchen Packen auf der Schulter wie ich und die Stunden rasen sozusagen von Stunde zu Stunde schneller, je mehr es dem Abschluss entgegengeht. / Alles was Du schreibst, hätte ich mir gewissermassen auch so denken können. Trotzdem ist man vom eigenen Sorgengeräusch bis über den Rand des Begreifens hinaus angefüllt und ist nicht gern bereit, zu dem anderen hinüberzuhorchen. / Was Du über unser Verhältnis von damals sagst, hat mich sehr innig bewegt. Dass ich Dir nicht bereitwilliger entgegenkam, lag ja nur daran, dass meine Erosrichtung mehr nach jungen Menschen aus war, im übrigen aber genau so wie die Deine zu allem bereit war, was sich aus dem Fleisch her schenken wollte und konnte und mochte. Bitte, setze das als Selbstverständlichkeit voraus. Und es tut mir nachträglich direkt leid, dass ich in meiner Konstitution nicht die Möglichkeit fand, Dir stärker entgegenzugehen. Verstehst Du, wie ich das meine? Was die Bücher betrifft, Dein Instinkt war richtig. Ich hatte Dir mal zwei Bände entführt, der Arzt, sein Weib, sein Sohn und noch etwas, das ich nicht besass, habe sie aber später, überwältigt von Deinem Vertrauen, reuevoll wieder zurückgeschmuggelt. Dann befand ich mich nocheinmal in Versuchung angesichts einer Kiste voll ungebundener Perrudjas auf Japanbütten oder so. Wenzel war damals Dein Sekretär. Ich wog das lange auf der Hand. Du warst schon weg. Schliesslich legte ich es wieder zurück. Etwas das ich heute andersrum bereue. Vielleicht besässe ich das schöne Druckwerk heute noch, wenn ichs damals doch stiebitzt hätte. Denn nachher ging ja wohl doch all das im Chaos unter. Dass ich etwas absichtlich-versehentlich zurückbehielt, ist mir, glaube ich, mit »Strassenecke« passiert. Und mit einigen Heften der Glaubensgemeinde Ugrino. Dies meine schonungslose Beichte. Und ein bezauberndes Ugrinosiegel aus Metall mit einem Knaben drauf, nahm ich in der Auflösungszeit mit. Und – aber mit Erlaubnis – den Gipsabguss eines Knaben aus dem Pastor Magnus. Ich glaube aber, den erhielt ich von dem Bildhauer selbst, als ich dort einmal zu besuch war, weiss es aber nicht mehr genau. Also irgendwie alles Reliquien. / Henny, was waren das für merkwürdig reizvolle Zeiten. Ihnen schlossen sich für mich als gleichwertig an mythischer Kraft die Wochen oder Monate auf Bornholm an. Dein wahres Leben, scheint mir, hast Du dort geführt. Trotz all der Konflikte, die Dich umtobten. Mögen Dir die Engel, die sich in der Süssigkeit und Nachgi[e]bigkeit des Menschenfleisches erproben und versuchen, gelingen. Ein wundervoller ganz zu Dir gehörender Einfall. Fühle, wie ich Dir innerlich beistehe. Wie gerne wäre ich jetzt eine Zeit lang mit Dir dort auf der Insel. Unmöglich für mich. Der Erwerbszwang hat mich derartig überwältigt, dass er mir, als Ausflucht, fast schon wieder Lust bereitet. / Ja, ich hatte immer schon gewusst, dass der Hochhauser im Grunde seiner ›Weichheit‹ ein hartgesottener kleiner Schurke ist. Ein Schurke ohne Reiz. Ich habe ihn in meinen Büchern zurechtgelogen, bis er ein reizvoller Schurke war. Das rächt sich jetzt. Er lebt von dem Mythos, den ich ihm spann, und will dafür Geld von mir. So erledigen sich solche absichtlichen Verkennungen. Schon wieder brodelt er Drohungen per Rechtsanwalt Dr. Wehser, Hamburg, den ich für einen Erznazi halte, gegen mich hervor. Ein mir Stunden und Tage und Nächte vergällender Zustand, wobei meine Poesie zum kriminellen Umstand umgefälscht wird. Schauerlich. / Wenzel hat Mascha verlassen, sich und ihr zum Schaden. Beide gehen unter. Wenzel mit Geld, Mascha ohne. Ihre Briefe drücken das letzte an Verzweiflung aus, was ein Mensch überhaupt in Worte bringen kann. Nur noch dem Tod entgegenhoffend. Auch schauerlich. / Was Du von Signe und Yngve schreibst, berührt mich als Deine Qual, mischt sich mit meinen Sohnessorgen, ergänzt sich und verschlägt mir die Worte. Tröstungen gibts da keine. Sie leben uns und das von uns erkundete nicht weiter. Wollen, können es nicht. Darum erklären sie das unsrige als falsch. Sind deswegen nicht schlechter als wir, auch nicht besser, werden, wenn sie mal Kinder haben und alles weitergeht (was ich bezweifle) ähnliches erleben, auch wenn sie sich noch so sehr vornehmen, es nun für ihren Fall ganz und gar richtig zu machen. Wie wenn die Welt ihr Ende durch das Mittel des Menschen suche. Die Selbstsprengung als Schlusspunkt. / Was wir anstrebten, die Neuentdeckung der uralten Liebe, ihre Heiligung, dadurch die Heilung bringend, ist abhanden gekommen. Die Befreiungen nach allen Seiten hin haben Langeweile übriggelassen. Aus dieser Langeweile den Stoff neuer Abenteuer zu gewinnen, ist die Bemühung der heute jungen. Führt zum Motorkult, Gangsterismus, Jazz und Selbstverpulverung in reiner Stoffwechsel-Sexualität. Wahrscheinlich von Radioaktivierung begünstigt. Dazu dann der Eisschrank- und Fernseh-Missionierungsdrang des Ostens: bis jeder Idiot auf Erden die Selbstvergiftung im Hause hat. Ausrottung jeder Eigenständigkeit, bis in Tibet, Mexiko oder Afrika dieselbe Fresse den Bedarf bestimmt, dieselbe Mode, dieselbe Sozialromantik, das selbe Versicherungswesen, der selbe Arbeitszwang vorherrscht. Kein Platz mehr für Dich und mich. Nichtmal für Signe, Yngve, Gerhard. / Untergang aller Extrafreuden im grauen Ordinären. Der Jubel nicht mehr auf die Schöpfung, sondern nur noch auf Atomfabriken beziehbar. Riesenstauwerke, die das Gesicht der Landschaft versauen. Flüsse im Korsett von Beton. Landwirtschaft auf der Grundlage von Penizillinspritzen. Das kranke Vieh wird gesünder als das gesunde. Treibfarmen für Hühner auf der Grundlage von radioaktiver Beeinflussung der Schilddrüsen. / Die Erstickung an der Sauberkeit. Die neue Erlösungsformel von Ost bis West: Friede durch Tod. Tod dem, der nicht zufrieden ist. / Was bleibt uns, Henny, als das Wissen umeinander. Wir legen das unsere ab, ohne zu wissen, ob es je aufgenommen wird. Der Ugrino Verlag, Dein schönstes Werk, wo wäre es einzuwurzeln, um zu überdauern. Ich denke darüber nach.« – Der hier wiedergegebene Wortlaut des Briefes folgt dem von Jahnn erhaltenen Original; eine in Details abweichende Fassung aus Helwigs Nachlass wurde veröffentlicht in: Werner Helwig, *Eine nachgetragene Autobiographie*, S. 374–376.

365 Peter Seeli, Bekannter Jahnns, wohnte im Sommer 1959 im Haus Granly auf Bornholm.

366 Signe Jahnn hatte 1958 ein Architektur-Studium in Berlin begonnen und bei der Friedrich-Ebert-Stiftung ein Stipendium beantragt. Sie schloss ihr Studium aber nicht ab, sondern übernahm weiterhin wesentliche Büro- und Vertriebsarbeiten für den Ugrino Verlag. 1963 heirateten Signe Jahnn und Yngve Jan Trede und siedelten 1966 nach Dänemark über. Signe Trede-Jahnn bewirtschaftete schließlich einen Bauernhof und baute eine Pferdezucht auf.

367 Ellinor schrieb Ende August auf einer Postkarte:

> »Lieber Henny / aus dem Freibad Aarau. Endlich ist die Erkältung soweit abgeklungen, dass ich diese letzten warmen Augusttage, 27° Luftwärme, noch geniessen kann. Deinen Brief erhalten. Die Wiedergutmachung – scheusslich! Es müsste möglich sein, nachzuweisen, dass alle Deine Maassna[h]men nur Versuche waren, Dich, den Verlag vor der Enteignung durch das nationalsoz. Regime zu retten. Du warst schliesslich verfolgt. Ich denke viel darüber nach. Grüter hat nun doch nach Hmbg geschrieben, nach einigen Misserfolgen in der Schweiz. Er arbeitet jetzt für ca 14 Tg in einer Maschinenfabrik. Es geht ihm besser. Aber es geht alles doch schleppend und quälend, ehe etwas entschieden ist. Und wie es auch kommen mag, es wird Schwierigkeiten geben. Ich bin hier auch sehr gebunden, ganz ohne Geld u.s.w. Frl. Hanhart hat mich zu einer nächtl. Schifffahrt m. Sonnenaufgang auf dem Rigi eingeladen – aber schon die Fahrt n. Zürich geht nur durch Anleihe bei Monna. Von meinem letzten Züricher Aufenthalt berichte ich später. – Eben Deinen Brief nochmals gelesen. Diese Karte nur, damit Du Nachricht hast. Ich war hierher mit bitteren Gefühlen über den Verlauf des letzten Jahres gekommen. Ich sah keinen Weg mehr für mich bei Dir. Nun ich ruhiger, Dank, trotz allem, der Athmosphäre hier – und gesunder bin –, denke ich viel an Dich – möchte Dir so gerne beistehen können. Ihr seid für mich die einzigen Menschen – Grüsse an Kalle u. Marie – ich hoffe auf baldige Nachricht von Brandt-Möllers Deine E.«

368 Jahnn vollendete sein Drama *Die Trümmer des Gewissens (Der staubige Regenbogen).*

Zu dieser Ausgabe

Die vorliegende Edition präsentiert eine kleine Auswahl aus Hans Henny Jahnns umfangreicher Familienkorrespondenz, die größtenteils erst 2010 für die Handschriftenabteilung der Hamburger Staats- und Universitätsbibliothek erworben wurde. Insgesamt sind mittlerweile über 500 zum Teil sehr ausführliche Briefe von Jahnn bekannt, die er in den Jahren 1920 bis 1959 an Ellinor und Signe Jahnn, Gottlieb Harms sowie Yngve Trede geschrieben hat. Hinzu kommen die vergleichsweise lückenhaft überlieferten Briefe, die von den Familienmitgliedern an Jahnn geschickt wurden, und die Korrespondenz zwischen Gottlieb Harms und Jahnn aus den frühen Jahren ihrer Beziehung. Die vorliegende Auswahl ist also notwendigerweise subjektiv und auch vorläufig, da eine vollständige, mehrbändige Ausgabe von Jahnns Familienkorrespondenz derzeit nicht hätte realisiert werden können. Deshalb haben sich der Verlag, die Herausgeberin und der Herausgeber dafür entschieden, ein ›Lesebuch‹ zusammenzustellen, das auch zur Einführung in Jahnns Leben und Gedankenwelt dienen kann. Hierfür wurden vor allem solche Briefe ausgewählt, die besonders aussagekräftig für die Beziehung zwischen Hans Henny und Ellinor Jahnn sind, sowie Schreiben, die bislang nur in Auszügen oder vollkommen unbekannt waren. Lediglich vier der hier veröffentlichten Briefe (Nr. 46, 49, 50 und 53) finden sich auch in den beiden umfangreichen Bänden der 1994 im Rahmen der ›Hamburger Ausgabe‹ erschienenen Briefausgabe; sie werden hier abermals publiziert, um auch Jahnns letzte Lebensphase angemessen zur Darstellung zu bringen. Darüber hinaus enthält die 1994 veröffentlichte Briefausgabe 155 weitere Briefe, die Jahnn seiner Frau schrieb. Nicht zuletzt deshalb bleibt sie eines der wichtigsten Referenzwerke für jede Beschäftigung mit Jahnns Leben und Werk.

Alle Briefe werden ungekürzt und getreu den Textzeugen wiedergegeben. Offensichtliche Verschreiber werden in den Anmerkungen nachgewiesen, ebenso Lesungsalternativen. Stillschweigend korrigiert wurden lediglich Tippfehler in Typoskripten; außerdem wurden die Positionen der Briefdaten sowie der Anrede- und Grußformeln vereinheitlicht. Regelwidrigkeiten in Orthografie und Interpunktion sollten daher nicht als Satzfehler angesehen werden, sondern als Ausdruck der individuellen Schreibgewohnheiten Jahnns. Hinzufügungen der Herausgeber stehen in eckigen Klammern [...]. Von Jahnn gestrichene Textpassagen werden nicht wiedergegeben. Nicht eindeutig zu entziffernde Wörter werden durch ein nachgestelltes Fragezeichen in eckigen Klammern markiert [?]; hier sollte die Lesart lediglich als ein Vorschlag angesehen werden. Auf die Transkription der von Jahnn verwendeten Briefköpfe wurde generell verzichtet – Ausnahmen wurden nur dort gemacht, wo die formalen Angaben für die Schreibsituation von Bedeutung waren. Die Stellenkommentare bieten Verständnishilfen sowie biografische, zeit- und literaturgeschichtliche Informationen über die Umstände, unter denen die Briefe entstanden sind. Hauptziel war es, Sachverhalte zu erklären, über die sich Hans Henny und Ellinor Jahnn höchstwahrscheinlich mündlich ausgetauscht haben, wobei ein Anspruch auf Vollständigkeit vermessen gewesen wäre. Überdies finden sich in den Anmerkungen Auszüge aus Briefen von Ellinor Jahnn, sofern diese überliefert sind und zum Verständnis beitragen. Bei längeren Zitaten werden Absätze im Anhang durch einen Schrägstrich wiedergegeben (/).

Annonce in: Der Kreis. Zeitschrift für künstlerische Kultur. Hrsg. von Ludwig Benninghoff und Wilhelm Postulart. Kreis-Verlag Hamburg. Jg. 7. 1930, H. 1, S. 63. Seit 1925 erschienen in der Zeitschrift zahlreiche Beiträge von und über Jahnn. Zu den Herausgebern hatten Ellinor und Hans Henny Jahnn engen Kontakt.

Autobiografische Notiz von Ellinor Jahnn, Typoskript, undatiert, 1955/56

L e b e n s l a u f:

Ellinor Jahnn geb. Philips
z. Zt. ohne Beruf
Geboren am 16. Juni 1893 zu München
Wohnung: Hamburg Blankenese, Elbchaussee 499a
z. Zt.: Schriftstellerheim Friedrich Wolf,
Petzow bei Werder a. d. Havel,
Am Schwielowsee 87–93

Mein Vater war Schriftsteller, Übersetzer des Prometheus von Aeschylos[,] der Ilias, der Odyssee; zeitweise gab er Unterricht in Heidelberg in Griechisch und Hebräisch. Meine Mutter studierte nach der Scheidung Philosophie[,] von 1908–1933 war sie Studienrätin in Hamburg am Paulsenstift. Beide Eltern sind gestorben. Ich habe eine leibliche Schwester, geboren 1894, einen Halbbruder, geb. 1895, der mit uns aufwuchs, eine Halbschwester aus der späteren zweiten Ehe meines Vaters. Seit 1926 verheiratet mit Hans Henny Jahnn: am 28. Juni 1929 kam eine Tochter zur Welt. Meine Schulbildung ist sehr lükkenhaft.
Meinen Vater hielt es nicht lange an einem Ort: Während der Trennung der Eltern lebte ich zeitweise beim Vater und ging nicht zur Schule. Zwei Jahre in Bonn an einer höheren Mädchenschule waren die längste Zeit, die ich an einer Schule verbracht habe. Von dort aus, mit 15 Jahren kam ich in ein Pensionat für höhere Töchter zur Erlernung des Haushaltes (40 Mädchen). Später in Hamburg Ausbildung als Kindergärtnerin und darnach als Turnlehrerin. Während des ersten Weltkrieges unterrichtete ich aushilfsweise an unteren Klassen einer Volksschule, später an einer Knabenvorschule. Nebenbei bereitete ich mich zum Examen für Gymnastikunterricht bei Frau Hagemann 1919 vor. Ich unterrichtete, bis ich zu Jahnn und seinen Freunden ging, Januar 1921, später noch einmal von 1926–1928, als ich einen großen Schülerkreis von einer Kollegin übernahm.
Zur Gymnastik brachte mich der Wunsch, Hemmungen körperlicher und psychischer Art zu überwinden, die sich nach der Pubertät bei mir einstellten. Auch hatte ich von Kind an großes Interesse für Körper und Bewegung. Als ich das erste Mal einem Tanzunterricht bei Gertrud Falke zusah, war ich sehr beeindruckt. Ich arbeitete eine kurze Zeit bei ihr, doch machte der Tanz asiatischer und primitiver Völker, so weit ich

die Möglichkeit hatte, ihn zu sehen, einen viel stärkeren Eindruck auf mich als der europäische.
Ich habe großes Interesse für Musik und es tut mir leid, das[s] ich wenig auf diesem Gebiet gelernt habe: auch deshalb, weil die Musik innerhalb der Kunst Jahnns eine bedeutende Stellung einnimmt und unser Adoptivsohn Yngve ein begabter Komponist ist (er lebt bei uns seit 1950 und ist jetzt 21 Jahre alt).
Seit meiner Kindheit habe ich ein starkes Verhältnis zur Natur, zu Landschaften und Tieren gehabt. Das ist während der schwierigen Verhältnisse in meinem Zusammenleben mit Jahnn und seinen Freunden verloren gegangen. Das Naturerlebnis hat sich umgesetzt in ein malerisches. In den letzten 20 Jahren habe ich starkes Interesse für bildende Kunst, insbesondere Malerei, gefaßt. Literatur hat mir von jeher viel bedeutet, doch habe ich keine Neigung zu Philosophie und besondere Abstraktionen.
Interessen außerhalb des Berufes: Beobachtung vom Verhalten des Menschen, Malerei, Literatur, Musik, soziale Verhältnisse aller Länder, Medizin. Fördernde Erlebnisse waren, für mich (selbst wenn ich sie nicht bewältigte) daß ich in den Bannkreis Jahnns kam – und in der letzten Zeit die sozialen Umwälzungen in der Welt.
Störende Verhältnisse: die Scheidung der Eltern, daß ich als zwölfjähriges Kind meine Mutter trösten mußte, kein richtiges Verhältnis zu ihr hatte, dafür Sehnsucht nach dem Vater. Häufiges arbeitsmäßiges Versagen. Das Versagen der menschlichen Kraft vor dem Nächsten[,] der in Not ist.

Hans Henny Jahnn über Ellinor in: Walter Muschg: Gespräche mit Hans Henny Jahnn [Auszüge, S. 157–162]

14. Dezember [1933]

Die herrliche Schaffenseinheit in Eckel, dieser seltene Zusammenklang dreier auf höchste Leistung abgestimmter Menschen – wie sah es in unserem Hause aus: alles immerzu bedeckt mit Gips und Ton, wie in einer Bauhütte! – hielt nicht stand. Der Zerfall ging von Franz [Buse] aus. Er hatte, ohne daß wir es wußten, in Hamburg eine Geliebte, Senta, und fuhr oft zu ihr, ohne uns etwas zu sagen. So zog eine persönliche Katastrophe herauf, ohne daß wir etwas davon ahnten. Mit dem finanziellen Zusammenbruch bereitete sich der menschliche vor. [...] Die Dinge lagen um diese Zeit sehr schwierig. Franz war mit Senta zerfallen, es war ein wüstes Durcheinander zwischen ihnen, dem wir mit sehr gemischten Gefühlen gegenüberstanden. Schließlich rangen wir uns zu einem Beschluß durch: ich sollte zwischen den beiden die Heirat vermitteln und zu diesem Zweck zu einer Freundin Sentas, Ellinor Philips, nach Hamburg fahren, um die Sache mit ihrer Hilfe ins Reine zu bringen. Ich ging also dorthin. Ellinor wohnte mit ihrer Schwester bei der Mutter in der Rothenbaumchaussee (die Mutter lebt jetzt noch in Hamburg) und unterrichtete privat und, vertretungsweise, an einer Schule in Gymnastik, als geprüfte Gymnastiklehrerin. Sie machte auf mich sofort einen außerordentlichen Eindruck, wie noch nie eine Frau, es war eine Liebe auf den ersten Blick. Senta erklärte sich bereit, zu uns herauszukommen unter der Bedingung, daß Ellinor – als einzige – sie hie und da besuche. Die beiden fürchteten sich richtig vor uns, sie hielten uns für Wundertiere. Ich machte einen Gegenvorschlag: auch Ellinor sollte nach Eckel kommen. Es war eine Teillösung des schwierigen Problems, das sich unter uns erhoben hatte, und

zwar eine zum vornherein etwas schiefe, da sowohl ich wie Ellinor scharfe Gegner der Ehe waren.
Mein Entschluß fand bei Franz heftigen Widerstand. Er liebte in Senta die unbeschwerte Leichtigkeit, das Schmetterlingshafte. Sie war ein spielerisches, amoralisches Wesen, sehr hübsch, aber oberflächlich, nur daß auch ihre Oberflächlichkeit oft als Anmut und lustiger Mutterwitz wirkte. Ellinor war von allem das Gegenteil: ernsthafter und befangener, nicht flatterhaft, und Franz fürchtete wohl, daß sie ihr andersartiges Wesen auf unsern Kreis übertragen werde. Aber ich setzte meinen Willen durch. Ellinor kam auf Weihnachten 1920 zu uns; Harms und Senta holten sie mit unserer großen Chaise (einem »Doktorwagen«) in Harburg ab. Nun stiegen die Gewitterwolken auf. Zwischen mir und Franz war eine Spannung Ellinors wegen entstanden, er stand jetzt zwischen Senta, der er völlig verfallen war, und mir, dem er grenzenlose Verehrung und Zuneigung entgegenbrachte, so daß ich für ihn die absolute Autorität war. Die Spannung übertrug sich natürlich auf das Verhältnis zwischen Senta und mir. Außerdem aber war Senta eifersüchtig auf Ellinor, weil diese mit Harms und mir innig verbunden war und viel tiefer harmonisierte, als Senta dies vorausgesehen hatte. Die Dinge spitzten sich zu […] Senta war schwanger. […] Franz heiratete sie. Er war gänzlich zu ihrem Lakaien herabgesunken. Er hörte auf zu arbeiten, indem er alle möglichen Besorgungen vorschützte. In der ersten Zeit hatte ich die ganze Hausverwaltung besorgt. Franz beklagte sich eines Tages darüber, daß er sich an ihr nicht beteiligen könne, worauf ich erklärte, daß ich sie wahrlich nicht zu meinem Vergnügen besorge, und ihn bat, sie zu übernehmen, aber dann bitte ganz. Er übernahm also diese Arbeiten, besorgte sie aber so grauenhaft unpraktisch und zeitraubend, daß es eine Misere war. Vor allem benützte er sie nun als Vorwand, seine Bildhauerarbeit liegen zu lassen. Die Katastrophe näherte sich

so rasch, daß keiner von uns dreien mehr arbeiten konnte. Ich vermochte keine Zeile mehr zu schreiben, und auch Harms war gelähmt. Darum gingen wir andern vor der Geburt des Kindes von Eckel fort. Ich fuhr nach Süddeutschland mit dem festen Vorsatz, nie mehr dorthin zurückzukehren. Wir ließen uns aber, als wir wieder alle in Hamburg waren, doch breitschlagen und kehrten zurück. Niemand hatte den Mut, die Dinge unvoreingenommen zu sehen und die Konsequenzen zu ziehen.

[…]

Harms' Gesundheit war schwächer als je und das Klima Eckels nicht zuträglich für ihn, dazu der ganze Schauplatz bis zum Unerträglichen belastet. So zog er nach einiger Zeit mit Ellinor auch weg, zunächst nach Großborstel in eine möblierte Wohnung; sie war aber miserabel, und die Leute nahmen Anstoß an dem Verhältnis der beiden. Sie gingen weiter an verschiedene Orte, zu Bekannten usw.; schließlich wurde beschlossen, daß für Harms' Gesundheit etwas getan werden müsse – er litt damals auch an einem rheumatischen Augenleiden –, und im Mai 1925 fuhr er mit Ellinor nach Italien. Sie reisten nach Italien und Sizilien und gingen dann nach Positano, wo Ellinors Vater und Schwester lebten. In der ganzen Zeit ging es Harms gesundheitlich sehr schlecht, dazu fehlte es ihnen an Geld. Ich kam während alldem – es war der Winter 1925/26 – nicht aus Eckel heraus. Ich war fast immer allein. Es war eine furchtbare Einsamkeit. Ich fürchtete mich entsetzlich vor Gespenstern und floh in Ellinors Dachzimmer hinauf, wo ich, mit der Tür vor Augen und im Licht des großen runden farbigen Fensters, jeden Tag lange im Bett liegen blieb. Ich konnte nicht schlafen wegen der tropfenden Dachtraufen und wegen der Nachtgeräusche aus dem Walde. Ich fürchtete mich, wenn ich mit dem letzten Zug von Hamburg heimkam und allein auf dem Waldweg nach Eckel ging. Vor all dem hatte ich Furcht, ich

fürchtete mich vor dem Unbekannten, das vor mir lag, und wußte doch auch, daß dies mein letzter Ort war, wo ich mich unauffällig und geborgen verkriechen konnte. Seitdem ich von Eckel weg bin, habe ich nie mehr das Gefühl des Zuhause gehabt. Ich habe mich auch mit Händen und Füßen gegen den Verkauf gesträubt. Ich habe in den paar Jahren seit Buses Auszug fast nichts getan. […] Ich verfiel einer tiefen Depression, sah nichts als Öde und Zwecklosigkeit. Dazu kam, seit 1925, unsere trostlose finanzielle Lage. Ich schickte alles einlaufende Geld nach Italien – nie genug, daß Harms und Ellinor heimfahren konnten. Dies ist die Zeit, in der ich wirklich gehungert habe. Als ich, von meiner Sekretärin getrieben, die Medea schrieb, tat ich es in der festen Voraussicht, daß ich nachher nie mehr etwas schreiben werde. Es war ein Ende. Ich erhielt mich ausschließlich mit einem furchtbaren Schnaps aus dem Dorfladen und war ganz und gar bereit, auf der schiefen Ebene abzusausen. Auch heute habe ich eigentlich nur noch den Wunsch, die Fortsetzung des »Perrudja« fertig zu schreiben.
Als Ellinor und Harms endlich zurückkamen, fanden sie es in Eckel doch ganz erträglich und wollten auch wieder da wohnen. Sie hielten sich zunächst bei Ellinors Mutter auf. Das Atelier wurde umgebaut. Eine brotlose Familie von Ugrino-Anhängern kam auch noch zu uns heraus, so daß es recht eng wurde. Ellinor brachte uns alle mit Stundengeben ein Jahr lang durch.

[…]

Kehren wir in das Jahr 1926 zurück! In diesem Jahr wurde unser Unterhalt von Ellinor durch Stundengeben bestritten. Wir wohnten anfangs bei meiner Schwiegermutter in der Rothenbaumchaussee. Die ganze Situation (ich war brotlos!) brachte es mit sich, daß Spannungen vieler Art entstanden, weshalb ich mich auf die Wohnungssuche begab und in der gleichen Straße, auf zwei Jahre fest, die teuerste und vornehmste Wohnung mietete, in der wir je gehaust haben! Sie kostete 200 Mark Miete monatlich, hierzu kamen entsetzliche Nebenkosten, die wir noch vermehrten, indem wir sie auf unsere Kosten ausmalten, wobei wir natürlich nur die schönsten und teuersten Farben auswählten usw. Hier haben wir 1927–1929 gewohnt. In dieser Zeit war Harms zur Erholung in Verscio und verlobte sich mit Ellinors Halbschwester, vielmehr er wurde von ihrer Mutter mit ihr verlobt! In dieser Zeit erkrankte auch Ellinor. Nun war die Reihe an mir zu verdienen. Ich tat es in der Weise, daß ich mich in erhöhtem Maß den Dingen des Orgelbaus widmete. Ich erreichte, daß mir von der Firma K.[emper], die zu 50 % mir gehörte, monatlich 300 Mark ausgezahlt wurden. Das funktionierte ein Jahr lang, unter entsetzlichen Qualen. Dieser Abschnitt endete, als sich das Schicksal der Jakobi-Orgel erfüllte und ich bei der zweiten Wiederherstellung verzweifelt davonlief. Ostern 1929 zogen wir aus; die beiden hochschwangeren Frauen besorgten den Umzug, da Harms und ich weg waren.

Ich stand wieder vor dem Nichts. In dieser Situation beschloß ich, den »Perrudja« fertig zu schreiben. Es wurde mir möglich, diesen Plan auszuführen, weil es mir gelang, den Verlag Gebrüder Enoch zu einer Zahlung von 300 Mark monatlich zu bewegen – dafür hatte ich ihnen das Manuskript zu liefern. Unter diesem Druck wurde der zweite Band fertig gemacht. Ich habe z. B. das Kapitel »Der Zirkel« in einem Tag geschrieben, indem ich mich nach Mittag hinsetzte und bis tief in die Nacht sitzen blieb. Als das Ganze abgeliefert war, schickte mir der Verlag eine große Liste der Stellen, die abgeändert oder gestrichen werden sollten – ich habe sie noch, sie ist ein Dokument. Ich kriegte einen Wutanfall und schickte das Manuskript zu allen möglichen Verlegern – da trat eine zweite glückliche Fügung ein: auf Betreiben Benninghoffs von der »Hamburger Bühne«, der von dem Roman begeistert war, wurde die Lichtwarkstif-

tung gegründet, und zwar von vornherein halbwegs in der Absicht, mit ihrer Hilfe die Drucklegung zu finanzieren.
Wir waren also mit Ach und Krach ausgezogen und nunmehr heimatlos. Ich ging mit Ellinor, einer Einladung der Stadt Hamburg folgend, auf die Nordseeinsel Trischen, ein herrliches, fast menschenleeres Vogelschutzgebiet. Ellinor mußte vorzeitig weg, da die Geburt Signes sich ankündigte. Sie verzögerte sich aber, da die Schwangerschaft elf Mondmonate dauerte. Ich ging, als es so weit war, nach Hamburg zurück. Dank der Vermittlung vieler Freunde konnten wir in der Heidburg [recte: Heidberg], einem Vorstadtquartier mit Mietsblöcken, in einem Neubau eine Dreizimmerwohnung beziehen. Es ging in dieser Zeit vieles durcheinander, die Einzelheiten weiß ich selbst nicht mehr genau. Auch bei Lehrer Voß in Ollsen hielt ich mich zuweilen auf. Harms' Kind litt an Magenpförtnerkrampf, ich fand es, als ich nachsah, halb verhungert und nahm es zu uns, wo es von Ellinor miternährt wurde. Harms selbst war in sehr schlechter Verfassung und siedelte auch zu uns über; er holte sich im zugigen Haus Voßens eine Grippe und starb am 24. Februar 1930 [recte: 1931] in einem Sanatorium im Harz. Ellinor pflegte ihn die ganze letzte Zeit. Es folgten die Kämpfe um sein Begräbnis; ich stand gegen seine Familie, die nur von einer gewöhnlichen Bestattung wissen wollte. Im Sommer 1929 wandte sich Ellinor an die Hamburger Behörden – zuerst ohne mein Wissen –, um ein Stipendium für mich anzuregen. Durch verschiedene Vermittler ging die Anregung an den Bürgermeister von Altona, der sich für mich einsetzte. Ich erhielt von der Abraham Lincoln-Stiftung, einem seither aufgelösten Zweig der Carnegie-Stiftung, vom Dezember 1929 an ein Monatsgehalt von 400 Mark. Durch diese Aktion wurde eine andere ausgelöst: die Stadt Altona stellte mir im Hirschpark von Blankenese eine alte Mühle zur Verfügung, die sie nach meinen Angaben umbauen ließ. […]

Zeittafel

	Biografisches	Werke Jahnns
1893	Am 16. Juni wird Eleonore Helene – »Ellinor« – Philips in München geboren. Eltern: Carlo Philips (1868–1936) und Maria Anna – »Marie« – Philips, geb. Steinius (1866–1948).	
1894	Am 17. Dezember wird Hans Henny August Jahn in Stellingen-Langenfelde bei Hamburg geboren. Eltern: Gustav William Jahn (1855–1935) und Elise Marie Charlotte, geb. Petersen (1858–1920).	
1904	Jahn ist Schüler der Realschule St. Pauli (bis 1911).	
1908	1908/1909: Jahn begegnet Gottlieb Friedrich Harms (1893–1931) in der Realschule.	Zwei nicht überlieferte Romanversuche entstehen: *Freunde* und *Großstadtgeschichte*.
1909	Ellinor übersiedelt mit ihrer Mutter und Schwester Marie-Louise – »Mieze« – nach Hamburg.	*Der Tod ist das ewige Leben* (Prosa).
1911	Jahn ist Schüler der Oberrealschule am Kaiser-Friedrich-Ufer in Hamburg (bis 1914).	*Mutter. Eine Liebesgeschichte* (Prosa). *Revolution. Empfindungen und Handlungen* (Drama).

1912	Im Tagebuch erklärt Hans Jahn, dass er sich fortan wie sein Großvater »Jahnn« nennen wird.	
1913	Im März: Jahnn reist nach Föhr und Amrum. Juli: Reise mit Gottlieb Harms zu den Inseln Föhr und Amrum. Der Plan einer Flucht nach Island scheitert.	*Herzblut* (Drama); *Der Auszug* (Drama); *Hans Heinrich* (Drama); *Jesus Christus* (Drama). Juli: *Stellingen-Langenfelde und seine Selbstverwaltung* (Aufsatz) und wahrscheinlich auch einige Gedichte erscheinen im Local-Anzeiger für Stellingen-Langenfelde (nicht nachgewiesen).
1914	März-Mai: Jahnn und Harms reisen ohne Erlaubnis der Eltern nach Rostock, Stralsund, Rügen, Greifswald und Wolgast; Harms erkrankt an Typhus. Beginn der Freundschaft mit dem langjährigen Förderer Lorenz Jürgensen (1878–1934). 5. August: Jahnn und Harms bestehen das Abitur.	*Der Tod und die Liebe* (Drama); *Familie Jakobsen* (Drama).
1915	Frühjahr: erste Treffen in Eckel 7. August: Jahnn und Harms emigrieren nach Norwegen.	Juni: Beginn *Die Mauer* (Drama).
1916		Beginn der Arbeit an *Pastor Ephraim Magnus* (Drama) und *Die Krönung Richards III.* (Drama). August: Beginn der Arbeit an dem Roman *Ugrino und Ingrabanien*.

1918	3. Dezember: Jahnn und Harms kehren nach Hamburg zurück.	
1919	20. Januar: Tod des Bruders Friedrich Jahn. Juni: Übersiedlung nach Eckel (Post: Klecken) in der Lüneburger Heide. Gründung der Glaubensgemeinde Ugrino zusammen mit Harms und Franz Buse (1900–1971). Ellinor wird von Hedwig Hagemann zur Gymnastiklehrerin für die Mensendieck-Methode ausgebildet.	2. Juni: *Approbations-Urkunde-»A«*. *Pastor Ephraim Magnus* erscheint im S. Fischer Verlag, Berlin.
1920	10. März: Jahnns Mutter Elise Jahn stirbt. Aufstellung des von Jahnn entworfenen Familiengrabmals auf dem Stellinger Friedhof (1994 als Jahnn-Denkmal in Hamburg-Altona errichtet). Die Restaurierung der Arp-Schnitger-Orgel in St. Jacobi zu Hamburg wird zusammen mit Harms geplant. Ellinor zieht nach Eckel.	Verleihung des Kleist-Preises durch Oskar Loerke für *Pastor Ephraim Magnus*.
1921	Die Glaubensgemeinschaft Ugrino erhält mit den *Kleinen Veröffentlichungen der Glaubensgemeinde Ugrino* ein offizielles Publikationsorgan. Herbst: Gründung von Ugrino / Abteilung Verlag.	*Verfassung und Satzungen der Glaubensgemeinde Ugrino*, *Einige Elementarsätze der monumentalen Baukunst* und *Die Krönung Richards III.* erscheinen im Konrad Hanf Verlag, Hamburg.

	Gottlieb Harms gibt Vincent Lübecks Werke heraus. Es folgen u. a. die Werke Samuel Scheidts und Dieterich Buxtehudes. Franz Buse verlässt Eckel, zieht nach Hamburg und wohnt vorübergehend in Jahnns Elternhaus in Langenfelde.	
1922	Die Konzertreihe *Alte Meister und Orgel* wird von Jahnn und Harms ins Leben gerufen. Organist: Günther Ramin. Juli: Jahnn tritt anlässlich der Orgeltagung in Freiburg erstmals als Orgelbauer öffentlich in Erscheinung.	5. Februar: Uraufführung *Die Krönung Richards III.* im Schauspielhaus Leipzig. Regie: Hans Rothe. 5. Dezember: Beginn der Arbeit an *Perrudja* (Roman). *Der Arzt / Sein Weib / Sein Sohn* erscheint bei Ugrino / Abteilung Verlag, Klecken.
1923	April: Der Auftrag, die Arp-Schnitger-Orgel in St. Jacobi zu restaurieren, geht an Jahnn und die Lübecker Orgelbaufirma Karl Kemper.	23. August: Uraufführung von *Pastor Ephraim Magnus* in *Das Theater*, Berlin. Regie: Bertolt Brecht und Arnolt Bronnen.
1924	Januar: Norwegenreise Jahnns mit Ernst Eggers.	*Der gestohlene Gott* (Drama) erscheint im Gustav Kiepenheuer Verlag, Potsdam.
1925	Juni-September: Ellinor mit Gottlieb Harms auf Reisen in die Schweiz und nach Italien (Positano). Umfangreiche Zeichenstudien von Harms. In Eckel bemüht sich Jahnn um den Verkauf des Grundstücks.	Juni: *Entstehung und Bedeutung der Kurvenmensur für die Labialstimmen der Orgel* (Vortrag) auf dem 1. Musikwissenschaftlichen Kongress der Deutschen Musikgesellschaft, Leipzig. 6.–8. Juli: *Konstruktionselemente aus Blütezeiten der Orgelbaukunst* (Vortrag) auf der Organistentagung Hamburg / Lübeck.

1926	Umzug nach Hamburg, Rothenbaumchaussee 137. 16. November: Ellinor Philips heiratet Hans Henny Jahnn. Aufnahme in die *Hamburger Gruppe*.	4. Mai: Uraufführung von *Medea* im Berliner Staatstheater. Regie: Jürgen Fehling. Bühnenbild: Hans Poelzig. – Buchveröffentlichung des Dramas im Schauspielverlag, Leipzig. Juli: Vortrag auf der Freiburger Tagung für deutsche Orgelkunst. 30. Oktober: Genehmigung des Baus der Lichtwarkorgel zusammen mit Karl Kemper (Einweihung: 10. September 1931). 12. Dezember: Aufführung der *Krönung Richards III.* im Theater am Schiffbauerdamm durch die Junge Bühne, Berlin.
1927	Januar: Ellinor in St. Peter Ording. Planungen für ihre Arbeit als Gymnastiklehrerin. Februar: Künstlerfest *Die Silbergrüne Dschunke*. Umzug in die Rothenbaumchaussee Nr. 187. Mitgliedschaft im Hansischen Kreis des PEN-Clubs und des Schutzverbandes deutscher Schriftsteller. August: Ellinor auf Erholungsreise im Riesengebirge. 7. Oktober: Ernennung zum Leiter der *Abteilung B – Forschungsarbeit* der Deutschen Kommission für Orgelforschung in Freiberg. Vermutlich erste Begegnung mit Jacques Handschin.	17. Juni 1927: *Orgelbauer bin ich auch*, im Hamburger-Anzeiger. 21. Oktober: Aufführung *Medea* im Deutschen Schauspielhaus Hamburg.

1928	Jahnn verleiht als Vertrauensmann der Kleiststiftung den Kleist-Preis an Anna Seghers. 1. Juli: Heirat von Gottlieb Harms und Sibylle – »Monna« – Philips (1907–1994).	1. April: Uraufführung *Der Arzt / Sein Weib / Sein Sohn* in den Hamburger Kammerspielen; von Jahnn selbst veranstaltet. Regie: Gustaf Gründgens.
1929	20. Februar: Gründung des Kartells Hamburger Künstlerverbände, Jahnn wird Präsident. Mai: Umzug in die Wohnung am Heidberg Nr. 53. Mai/Juni: gemeinsamer Aufenthalt auf der Nordseeinsel Trischen. 28. Juni: Geburt von Signe Jahnn. 11. Juli: Geburt von Eduard Harms.	Herbst: *Perrudja* (Roman) erscheint im Gustav Kiepenheuer Verlag, Potsdam.
1930	August: Aufenthalt auf der Nordseeinsel Trischen. 9. Dezember: Stipendiat der Abraham-Lincoln-Stiftung. Forschungen zur synthetischen Klangerzeugung.	15. März: *Der Dichter und die religiöse Lage der Gegenwart* (Vortrag) in der Schopenhauer-Gesellschaft, Hamburg. September: *Architekt und Orgelarchitekt* (Vortrag) auf der 1. Internationalen Orgelbauversammlung, Budapest. Dezember: Plan einer Novelle mit dem Titel *Das hölzerne Schiff*.
1931	24. Februar: Gottlieb Harms stirbt. 31. März: Ernennung zum Amtlichen Orgelsachberater der Stadt Hamburg.	22. März: *Die neue Linke greift an* (Vortrag) im Curio-Haus, Hamburg, auf einer Veranstaltung der Radikaldemokratischen Partei.

	April: Reisen nach Dänemark und Schweden. Zusammenarbeit mit der Kopenhagener Orgelbaufirma Frobenius. Oktober: Umzug in den Hirschpark in Blankenese. Einrichtung eines Orgellaboratoriums.	April: Ablehnung der im Dezember 1930 begonnenen Auftragsarbeit *Neuer Lübecker Totentanz* (Drama). 5. Oktober: *Die zukünftige Orgel.* (Vortrag) während der Nordisch-Deutschen Orgelwoche, Kiel. Dezember: *Neuer Lübecker Totentanz* erscheint in *Die neue Rundschau*, Berlin. *Der Einfluß der Schleifenwindlade auf die Tonbildung der Orgel* (Essay) erscheint bei Ugrino / Abteilung Verlag. *Straßenecke* (Drama) erscheint bei Gustav Kiepenheuer, Potsdam.
1932	Januar: Künstlerfest *Krawall im All.* Mai, August und September: öffentliche Konzerte mit Orgelmusik und Gesang sowie Vorträgen im Hirschparkhaus. 8.–10. Oktober: In Begleitung von Ellinor auf der Tagung der Berliner Arbeitsgemeinschaft für die Orgelbewegung im Schloss Charlottenburg. 20. November: Erste Begegnung mit dem Literarhistoriker Walter Muschg (1898–1965) in Stans. Danach Besuch bei Carlo Philips in Verscio (Tessin).	22. März: *Aufgabe des Dichters in dieser Zeit* (Vortrag) bei der Goethefeier der *Hamburger Bühne.* 27. April: *Neuer Lübecker Totentanz* in einer Hörspielfassung von der NORAG gesendet. 28. Mai: Einweihung der von Jahnn konstruierten und mensurierten St. Pauli-Orgel (Firma Oscar Walcker). 19. Juli: *Gegen Kulturbarbarei und Faschismus* (Vortrag) im Curio-Haus anlässlich der Kundgebung *Geistesarbeiter gegen Kulturbarbarei und Faschismus.* 10. Oktober: Vorführung der Kammerorgel Walcker/Jahnn auf der Tagung in Berlin.

1933	29. Januar: auf der jährlichen Vereinssitzung der Glaubensgemeinde Ugrino in der Großheidestraße werden Carlo Philips und Ludwig Voß zu neuen Mitgliedern ernannt. 17. März: Erste Haussuchung im Hirschpark. 15. April-3. Juni: Dänemarkaufenthalt bei Theodor Frobenius in Kopenhagen und Karin Michaelis auf der Ostseeinsel Thurø. Ende Juni-Juli: Gemeinsame Reise durch Dänemark und Schweden. Ende Juli: Jahnn erstmals auf Bornholm. *Ugrino/Abteilung Verlag* wird in den *Ugrino Verlag* umgewandelt. Eigentümerin wird Sibylle Harms. Seit September: Aufenthalt in Zürich (Männedorf) auf Einladung von Elli und Walter Muschg. Ende November/Anfang Dezember: Reise nach Südfrankreich. Dezember-Mai: Ellinor bleibt in Männedorf, Besuche beim Vater in Verscio.	April: Arbeit an *Germanische Rundbauten in Dänemark* (Essay) und *Reisebrief aus Kopenhagen* (veröff. als *Kleine Reise durch Kopenhagen* im Hamburger Fremdenblatt am 22. August). Beginn der Arbeit an *Armut, Reichtum, Mensch und Tier* (Drama). Vorarbeiten für die Restaurierung der Silbermann-Orgel in Straßburg.
1934	6. April: Kauf des Hofs Bondegaard auf Bornholm. Eigentümer wird offiziell der minderjährige Eduard Harms. Mai: Umzug der Familie nach Bornholm.	7. Juni: Rede zur Einweihung der Gruftplatte Friedrich Gottlieb Harms'. *Armut, Reichtum, Mensch und Tier* erscheint als Bühnenmanuskript bei S. Fischer, Berlin.

	September: Erste flüchtige Begegnung mit Judit Kárász (1912–1977) im Hirschpark.	21. November: Beginn der Arbeit an den *Bornholmer Aufzeichnungen.*
1935	Mai: Beginn der Liebesbeziehung mit Judit Kárász. 18. Mai: Tod des Vaters Gustav William Jahn. Juni: Löschung der »Vereinigung zur Wahrung der Interessen der Glaubensgemeinde Ugrino e. V.« aus dem Vereinsregister. 20. Juli: Ankunft auf Bornholm mit Judit Kárász.	25. Februar: Vortrag in Bergen: *Aufgabe des Dichters in dieser Zeit.*
1936	Juni/Juli: Beginn des Umbaus des ›Häuslerhauses‹ Granly.	Mai: Die Arbeiten an *Das Holzschiff* werden abgeschlossen. August: Ein »10. Kapitel« als Fortsetzung des *Holzschiffs* wird geplant. Überlegungen zu den Buchprojekten *Abenteurer* und *Strom ohne Ufer.*
1937	Februar: Das Haus im Hirschpark wird Jahnn endgültig gekündigt, in dem seine Schwiegermutter bis dahin lebte.	*Das Holzschiff* soll im Hamburger H. Goverts Verlag erscheinen. Nachdem Jahnn in Hamburg denunziert wird, kommt die Veröffentlichung nicht zustande. Oktober: Beginn der Arbeit an *Die Niederschrift des Gustav Anias Horn* (Roman). Dezember: Frobenius und Jahnn erhalten den Auftrag zum Umbau der Kirchenorgel in Stavanger (Norwegen).

1938	Frühjahr: Zwangsweiser Ausschluss aus der Reichsschrifttumskammer. Weil Jahnn sog. Auslandsdeutscher ist, besteht für ihn aber auch weiterhin prinzipiell die Möglichkeit, in Deutschland zu publizieren. Carlo Philips stirbt.	
1939	März: Sibylle Harms verlässt mit ihrem Sohn Eduard den Hof. Jahnn übernimmt dessen Verwaltung und erwägt, ihn zu kaufen.	März: Frobenius und Jahnn erhalten den Auftrag zur Restaurierung der Orgel in Genarp (Schweden).
1940	April: Dänemark gerät unter deutsche Besatzung. Verpachtung des Hofs an Markus Hjorth-West. Dezember: Umzug in das umgebaute ›Häuslerhaus‹ Granly in der Nähe des Hofs.	14. Juli: Vertrag mit dem A. H. Payne Verlag, Leipzig, über die Herausgabe von *Fluß ohne Ufer*.
1941	18. bis 28. Mai: Deutschlandreise. Verhandlungen mit dem A. H. Payne Verlag in Leipzig.	März: *Ein Königssohn der Sekler* von Áron Tamási erscheint bei A. H. Payne in der Übersetzung von Judit Kárász und Jahnn. *Die Insel Bornholm* (Essay) erscheint in der Zeitschrift *Atlantis*, Berlin und Zürich. November: Genehmigung für den Druck des *Holzschiffs* durch das Propagandaministerium.
1942	30. April: Abschluss des Kaufvertrags für Bondegaard. Jahnn wird Eigentümer des Hofs, den er bis März 1945 verpachtet.	

	20. Dezember: Tod des langjährigen Freundes und Förderers Ernst Eggers (1895–1942).	
1943	Juni/Juli: Evakuierung Bornholms. Aufenthalt in Kopenhagen.	Januar: Vollendung der ersten, handschriftlichen Fassung der *Niederschrift des Gustav Anias Horn*. Plan des dritten Teils von *Fluß ohne Ufer*.
1944		*Das Holzschiff* wird in Leipzig gedruckt, jedoch nicht ausgeliefert.
1945	1. März: Übernahme des Hofs. Besetzung der Insel Bornholm durch sowjetische Truppen. September: Verkauf des Hofs. Beschlagnahmung des Vermögens.	7. März: Der Titel *Epilog* wird zum ersten Mal brieflich erwähnt.
1946	Unabhängig von Jahnn wird in Hamburg der *Bund zur Erneuerung UGRINO e. V.* von ehemaligen Ugrino-Mitgliedern gegründet. August: Ernennung zum Ehrenmitglied des Hamburger Kulturrats. 5. November-20. Dezember: erste Reise nach Deutschland nach Kriegsende. Begegnung mit Yngve Jan Trede (geb. 1933) in Hinterzarten.	6. September: *Mein Freund Heinrich Stegemann* (Nachruf) erscheint in der Tageszeitung Die Welt. 15. November: *Gestrandete Literatur* (Vortrag) im Gästehaus des Hamburger Senats.
1947	April-August: Deutschlandreise. 10. Mai: Mitgründung des PEN-Clubs Hamburg im Hamburger Rathaus.	August: Vertrag mit dem Willi Weismann Verlag, München, über das Gesamtwerk. Als erstes Werk erscheint dort *Armut, Reichtum, Mensch und Tier* im Dezember.

1948	19. Februar: Tod von Marie – »Mama« – Philips. März-Mai und Juni-Juli: Jahnn hält sich in Deutschland und der Schweiz auf. 15.–18. November: Teilnahme am konstituierenden Kongress des PEN in Göttingen.	28. April: *Mein Werden und mein Werk* (Vortrag) an der Universität Hamburg. 25. Juni: Uraufführung von *Armut, Reichtum, Mensch und Tier* im Deutschen Schauspielhaus, Hamburg, und in den Kammerspielen, Wuppertal.
1949	September-November: Ellinor in Bad Heilbrunn. 18.–19. November in Mainz: Aufnahme in die Akademie der Wissenschaften und der Literatur.	Winter: *Das Holzschiff* erscheint bei Willi Weismann. Dezember: der erste Band der *Niederschrift des Gustav Anias Horn, nachdem er neunundvierzig Jahre alt geworden war* erscheint im Willi Weismann Verlag, München.
1950	13. Februar: Gründungsversammlung der Freien Akademie der Künste in Hamburg. Ernennung zum Präsidenten (bis 1959). Ende Februar: Walter Menne porträtiert Jahnn in Bad Nauheim. August-September: Amrum-Reise mit Yngve Trede und Klaus von Spreckelsen. September: Endgültige Rückkehr nach Deutschland. Jahnn wohnt erneut im Hirschparkhaus in Hamburg-Blankenese. Yngve Trede zieht zu Jahnns nach Hamburg und beginnt sein Studium an der Hamburger Musikhochschule.	17. April: *So oder so* (Vortrag) anlässlich der Aufführung von *Armut* im Zürcher Schauspielhaus (Premiere: 20. April). Dezember: der zweite Band der *Niederschrift des Gustav Anias Horn* erscheint im Willi Weismann Verlag, München.

1951	Oktober: Ernennung zum Generalsekretär des deutschen PEN-Zentrums in Düsseldorf. November: Reise nach Frankreich. Abbruch wegen lebensgefährlicher Herzerkrankung. Dezember bis Februar: Aufenthalt im Altonaer Krankenhaus.	Beginn der Arbeit an *Jeden ereilt es* (Roman). 22. März: Aufführung von *Armut* am Landestheater Darmstadt.
1952	März: Rehabilitations-Aufenthalt bei Fritz Weissenfels in Göttingen. September: Planskizzen für Rundfunkorgel, Berlin (Ost).	25. Oktober: *Die Frage nach dem Anlaß* (Vortrag) in Wuppertal. Die *Spur des dunklen Engels* (Drama) erscheint mit der Musik von Yngve Jan Trede im Ugrino Verlag und im Willi Weismann Verlag. November: Beginn der Arbeiten an *Nacht aus Blei* (Novelle).
1953		14. März: *Klopstocks 150. Todestag* (Vortrag) im Altonaer Museum. Baubeginn der Rundfunkorgel für den Deutschlandsender in Berlin (Ost), vollendet 1957.
1954	Tod des Bruders Ludwig Jahn. November: Verleihung des halbierten Niedersächsischen Literaturpreises.	31. Juli: *Das schriftliche Bild der Orgel* (Vortrag) in der Akademie der Wissenschaften und der Literatur, Mainz. *Über den Anlaß* (Essay) erscheint im Willi Weismann Verlag, München. November: das Taschenbuch *13 nicht geheure Geschichten* erscheint im Rowohlt Verlag, Hamburg.

1955	Februar: Ein Feuer auf der Baustelle des Sendesaales zerstört einen Teil der Rundfunkorgel in Berlin. Dezember-Februar: Aufenthalt Ellinors im Schriftstellerheim *Friedrich Wolf* in Petzow.	*Thomas Chatterton* (Drama) erscheint im Suhrkamp Verlag, Frankfurt a. M.
1956	Februar: Reise nach Moskau. Teilnahme an der dortigen Gedenkfeier für Heinrich Heine. Juni: Verleihung des Lessing-Preises der Stadt Hamburg. Oktober-November: Fahrt mit einem Kohledampfer auf der Ostsee von Emden bis nach Gävle in Schweden.	15. März: *Der Mensch im Atomzeitalter / Der Dichter* (Vortrag) in der Hamburger Universität. 26. April: Uraufführung von *Thomas Chatterton* am Deutschen Schauspielhaus, Hamburg. Regie: Gustaf Gründgens. 20. Juni: *Lessings Abschied* (Vortrag) im Hamburger Rathaus. *Die Nacht aus Blei* (Prosa) erscheint im Hamburger Verlag Christian Wegner als zweiter Band der *Mainzer Reihe* der Akademie der Wissenschaften und der Literatur.
1957	August: offizielle Übergabe der Rundfunkorgel in Berlin (Ost). November-Dezember: Herzklappenentzündung, bettlägerig.	10. Mai: Aufführung von *Thomas Chatterton* am Theater in der Werkstatt, Stralsund. 17. Dezember: Aufführung von *Thomas Chatterton* am Berliner Schloßparktheater.
1958	Willi Weismann verkauft die Rechte an Jahnns Werken an die Europäische Verlagsanstalt, Frankfurt a. M. Juni: Reise zu den Åland-Inseln.	

1959	29. November: Nach längerer Krankheit stirbt Jahnn im Krankenhaus Tabea in Hamburg-Blankenese an Herzversagen. Drei Tage später wird er an der Seite von Gottlieb Harms in Hamburg-Nienstedten beigesetzt.	November 1959: Abschluss der Arbeiten an *Der staubige Regenbogen* (Drama).
1970	27. April: Ellinor stirbt in Hamburg und wird neben Jahnn und Harms beigesetzt.	
1974	Im Verlag Hoffmann und Campe erscheint: Werke und Tagebücher in sieben Bänden. Mit einer Einleitung von Hans Mayer. Herausgegeben von Thomas Freeman und Thomas Scheuffelen.	
1985–1994	Im Verlag Hoffmann und Campe erscheint: Werke in Einzelbänden. Hamburger Ausgabe. Herausgegeben von Ulrich Bitz und Uwe Schweikert.	
2010	24. Oktober: Yngve Jan Trede stirbt in Fredensborg, Dänemark.	

Siglen

Anders
Richard Anders: Begegnungen mit Hans Henny Jahnn. Aachen 1988

Briefe I-II
Hans Henny Jahnn: Briefe, Teil I-II. Werke in Einzelbänden. Hamburger Ausgabe. Hamburg 1994

Bürger 2003
Jan Bürger: Der gestrandete Wal. Das maßlose Leben des Hans Henny Jahnn. Berlin 2003

DLA
Deutsches Literaturarchiv Marbach

DRA
Deutsches Rundfunkarchiv

Dramen I
Hans Henny Jahnn: Dramen I. Werke in Einzelbänden. Hamburger Ausgabe. Hamburg 1988

Dramen II
Hans Henny Jahnn: Dramen II. Werke in Einzelbänden. Hamburger Ausgabe. Hamburg 1993

Fluß ohne Ufer I-III
Hans Henny Jahnn: Fluß ohne Ufer, Teil I-III. Werke in Einzelbänden. Hamburger Ausgabe. Hamburg 1986

Freeman
Thomas Freeman: Hans Henny Jahnn. Eine Biographie. Hamburg 1986

Frühe Schriften
Hans Henny Jahnn: Frühe Schriften. Werke in Einzelbänden. Hamburger Ausgabe. Hamburg 1993

Gespräche
Walter Muschg: Gespräche mit Hans Henny Jahnn. Frankfurt a. M. 1967

Hengst/Lewinski
Jochen Hengst und Heinrich Lewinski: Hans Henny Jahnn. Ugrino. Die Geschichte einer Glaubens- und Künstlergemeinschaft. Hannover 1991

Jahnn-Kreuder
Hans Henny Jahnn und Ernst Kreuder: Der Briefwechsel 1948–1959. Mainz 1995

»Orgelbauer bin ich auch«
»Orgelbauer bin ich auch.« Hans Henny Jahnn und die Musik. Paderborn 1994

Perrudja
Hans Henny Jahnn: Perrudja. Werke in Einzelbänden. Hamburger Ausgabe. Hamburg 1985

Schriften I-II
Hans Henny Jahnn: Schriften zur Kunst, Literatur und Politik, Teil I-II. Werke in Einzelbänden. Hamburger Ausgabe. Hamburg 1991

Späte Prosa
Hans Henny Jahnn: Späte Prosa. Werke in Einzelbänden. Hamburger Ausgabe. Hamburg 1987

SUB
Handschriftenabteilung der Staats- und Universitätsbibliothek Carl von Ossietzky in Hamburg – Nachlaß Hans Henny Jahnn

Walitschke
Michael Walitschke: Hans Henny Jahnns Neuer Lübecker Totentanz. Stuttgart 1994

Quellen und Bibliografie

Quellen

Soweit nicht anders angegeben, stammen alle edierten und zitierten Briefe, Abbildungen und Dokumente aus dem Nachlass Hans Henny Jahnn in der Handschriftenabteilung der Staats- und Universitätsbibliothek Carl von Ossietzky in Hamburg. Ferner wurden Dokumente aus dem Deutschen Literaturarchiv Marbach und dem Staatsarchiv Hamburg verwendet.

Werke Hans Henny Jahnns

Werke in Einzelbänden. Hamburger Ausgabe

Briefe I-II. Hrsg. von Ulrich Bitz, Jan Bürger, Sandra Hiemer und Sebastian Schulin. Unter Mitarbeit von Uwe Schweikert. Zwei Bände, Hamburg 1994.

Dramen I 1917–1929. Hrsg. von Ulrich Bitz. Hamburg 1988.

Dramen II 1930–1959. Hrsg. von Uwe Schweikert. Unter Mitarbeit von Ulrich Bitz, Jan Bürger und Sebastian Schulin. Hamburg 1993.

Fluß ohne Ufer. Roman in drei Teilen. Hrsg. von Uwe Schweikert und Ulrich Bitz. Drei Bände, Hamburg[2] 1991/92.

Frühe Schriften. Hrsg. von Ulrich Bitz. Unter Mitarbeit von Jan Bürger und Sebastian Schulin. Hamburg 1993.

Perrudja. Roman. Hrsg. von Gerd Rupprecht. Hamburg 1985.

Schriften zur Kunst, Literatur und Politik I-II. Hrsg. von Ulrich Bitz und Uwe Schweikert. Unter Mitarbeit von Sandra Hiemer und Werner Irro. Zwei Bände, Hamburg 1991.

Späte Prosa. Hrsg. von Uwe Schweikert, Hamburg 1987.

Andere Publikationen

Áron Tamási: Ein Königssohn der Sekler. Roman. Aus dem Ungarischen übertragen von Hans Henny Jahnn. Leipzig 1941.

Hans Henny Jahnn und Peter Huchel: Ein Briefwechsel 1951–1959. Hrsg. von Bernd Goldmann, Mainz 1974.

Hans Henny Jahnn und Ernst Kreuder. Der Briefwechsel 1948–1959. Hrsg. von Jan Bürger, Mainz 1995.

Literatur über Hans Henny Jahnn

Bibliografie

Bitz, Ulrich, Jan *Bürger* und Alexandra *Munz:* Hans Henny Jahnn. Eine Bibliographie. Aachen 1996.

Sammelbände

Archaische Moderne. Der Dichter, Architekt und Orgelbauer Hans Henny Jahnn. Hrsg. von Hartmut Böhme und Uwe Schweikert. Stuttgart 1996.

Hans-Henny-Jahnn-Woche 27. bis 30. Mai 1980. Eine Dokumentation. Hrsg. von Bernd Goldmann, Hedda Kage und Thomas Freeman. Kassel 1981.

Ist der Mensch zu retten? Das Leben und Werk Hans Henny Jahnns. Begleitpublikation zur Ausstellung der Freien Akademie der Künste in Hamburg im Herbst 1984. Hrsg. von Cornelius Steckner und der Seminargruppe Kulturpolitik. Hamburg 1984.

Literatur Magazin Nr. 35. Hans Henny Jahnn. Hrsg. von Martin Lüdke, Delf Schmidt und Uwe Schweikert. Reinbek 1995.

»Orgelbauer bin ich auch.« Hans Henny Jahnn und die Musik. Hrsg. von Uwe Schweikert. Paderborn 1994.

Zeitgenosse Hans Henny Jahnn. Ist der Mensch zu retten? Hamburger Literaturtage 1984. Dokumentation der Hamburger Hans-Henny-Jahnn-Wochen, veranstaltet von der Freien Akademie der Künste in Hamburg. Hamburg 1985.

Weiterführende Literatur (Auswahl)

Anders, Richard: Begegnungen mit Hans Henny Jahnn. Aachen 1988.

Baron, Ulrich: 40 Jahre Freie Akademie der Künste in Hamburg. Hamburg 1990.

Buchholz, Ernst: Hans Henny Jahnn, in: ders., Kunst, Recht und Freiheit. Reden und Aufsätze. München und Esslingen 1966.

Bürger, Jan: Der gestrandete Wal. Das maßlose Leben des Hans Henny Jahnn. Die Jahre 1894–1935. Berlin 2003.

Ders.: Einleitung zum Untergang. Hans Henny Jahnn im Winter 1946 [mit Jahnns Brief an Werner Helwig vom 24. Februar 1946], in: Zeitschrift für Ideengeschichte, Heft VIII/1, Frühjahr 2014, S. 9–22.

»Dann waren die Sieger da«. Studien zur literarischen Kultur in Hamburg 1945–1950. Hrsg. von Ludwig Fischer u. a. Hamburg 1999.

Deschner, Karlheinz: Kitsch, Konvention und Kunst. Eine literarische Streitschrift. München 1957.

Fichte, Hubert: Versuch über die Pubertät. Roman. Frankfurt a. M. 1976 (erstmals 1974).

Fisch, Michael: Gesten und Gespräche. Über Hubert Fichte. Aachen 2005.

Freeman, Thomas: Hans Henny Jahnn. Eine Biographie. Deutsch von Maria Poelchau. Hamburg 1986.

Goebel, Eckart: Konstellation und Existenz. Kritik der Geschichte um 1930. Studien zu Heidegger, Benjamin, Jahnn und Musil. Tübingen 1996.
Goldmann, Bernd: Hans Henny Jahnn. Schriftsteller. Orgelbauer 1894–1959. Eine Ausstellung. Wiesbaden 1973.
Harms, Gottlieb: Tagebuchaufzeichnungen aus dem Nachlaß von Hans Henny Jahnn. Mit einer Vorbemerkung von Uwe Schweikert, in: Forum Homosexualität und Literatur, H. 31/1998, S. 57–73.
Helwig, Werner: Eine nachgetragene Autobiographie. Hrsg. von Ursula Prause. Bremen 2014.
Ders.: Die Parabel vom gestörten Kristall. Mit einem Nachwort von Bernd Goldmann. Mainz 1977.
Hengst, Jochen und Heinrich *Lewinski* (Hrsg.): Hans Henny Jahnn. *Fluß ohne Ufer.* Eine Dokumentation in Bildern und Texten. Hamburg 1994.
Hengst, Jochen und Heinrich *Lewinski*: Hans Henny Jahnn. Ugrino. Die Geschichte einer Glaubens- und Künstlergemeinschaft. Mit einer Bibliographie von Arne Drews. Katalog zur Ausstellung in der Niedersächsischen Landesbibliothek Hannover. Hannover 1991.
Hengst, Jochen: »Er war die Kraft, die meine Bahn veränderte«. Hans Henny Jahnn – Friedrich Gottlieb Harms. In: Forum Homosexualität und Literatur, H. 22/1994, S. 83–105.
Hiemer, Sandra: Architektur und Denkmal. Das Grabmal der Familie Jahn. Ein Beitrag zur Architektur und Sepulkralkunst der 20er Jahre. In: Jahnn-Blätter (Arbeitsstelle Hans Henny Jahnn, Univ. Hamburg), H. 2/1993, S. 18–25.
Dies.: Die Kultstätte Ugrino. Eine stilistische Untersuchung der Architekturentwürfe Hans Henny Jahnns. Magisterarbeit, masch., unveröff. Universität Hamburg 1985.
Dies.: Hans Henny Jahnn, ein »Neuer Lübecker Totentanz« als »Lebenstanz«. In: Hartmut Freytag (Hrsg.): Der Totentanz der Marienkirche in Lübeck und der Nikolaikirche in Reval (Tallinn). Weimar, Köln und Wien 1993, S. 369–375.
Italiaander, Rolf: Hans Henny Jahnn, der barocke Einzelgänger. In: ders.: Akzente eines Lebens. Bremen 1970, S. 11–28.
Lipski, Thomas: Hans Henny Jahnns Einfluß auf den Orgelbau. Hildesheim 1997.
Meyer, Jochen (Hrsg.): Broch, Canetti, Jahnn – Willi Weismann und sein Verlag. Marbacher Magazin 33/1985.
Muschg, Adolf: Hans Henny Jahnn. Eine Rede vom Weißen Wal. Hamburg 1994 [Sonderdruck des Festvortrags am 6. Dezember 1994 im Hamburger Rathaus].
Muschg, Walter: Gespräche mit Hans Henny Jahnn. Frankfurt a. M. 1967.
Niehoff, Reiner: Hans Henny Jahnn. Die Kunst der Überschreitung. Berlin 2001.
Richters, Hans: Begegnungen mit Hans Henny Jahnn. Unveröffentlichtes Manuskript, ca. 1946. SUB, ohne Sign.
Rosenkranz, Bernhard und *Lorenz*, Gottfried: Hamburg auf anderen Wegen. Die Geschichte des schwulen Lebens in der Hansestadt. Hamburg 2005.

Schäfer, Armin: Biopolitik des Wissens. Hans Henny Jahnns literarisches Archiv des Menschen. Würzburg 1996.
Scheuffelen, Thomas: Hans Henny Jahnn im Exil. Exilmotive in seinem Roman »Fluß ohne Ufer« und eine Chronik von Leben und Werk 1933–1945. Diss. phil. München 1972.
Schmitz, Oscar A. H.: Das wilde Leben der Boheme. Tagebücher 1896–1906. Hrsg. von Wolfgang Martynkewicz. Berlin 2006.
Walitschke, Michael: Hans Henny Jahnns Neuer Lübecker Totentanz. Hintergründe – Teilaspekte – Bedeutungsebenen. Stuttgart 1994.
Weissenfels, Fritz: Jahnns Beitrag zur Erkenntnis der Hormone als Wirkstoffe in der Natur. In: Hans Henny Jahnn. Hrsg. von Rolf Italiaander. Hamburg o. J. [1954], S. 55–65.
Wolffheim, Elsbeth: Hans Henny Jahnn. Mit Selbstzeugnissen und Bilddokumenten dargestellt. Reinbek 1989.
Wolffheim, Hans: Hans Henny Jahnn. Der Tragiker der Schöpfung. Beiträge zu seinem Werk. Frankfurt a. M. 1966.

Personenregister

Kursive Zahlen verweisen auf die Abbildungen

Nachweise

Deutsches Literaturarchiv Marbach: 134
Staats- und Universitätsbibliothek Hamburg: Nachlass Hans Henny Jahnn: 10, 12, 13, 20, 21, 30, 52, 60, 62, 63, 71, 119, 144, 174, 176, 177, 184, 185, 191
Staats- und Universitätsbibliothek Hamburg: Nachlass Rolf Italiaander: 144
Nachlass Leonore Mau: 141
Statens Museum for Kunst Kopenhagen: 39
Universitätsbibliothek Basel: Nachlass Walter Muschg: 71

Für die Erlaubnis, Zitate aus den Briefen von Werner Helwig zu veröffentlichen, danken wir Ursula Prause, Barßel.
Leider konnten nicht alle Rechteinhaber ermittelt werden. Berechtigte Ansprüche bitten wir an den Verlag zu richten.

Die Herausgeber

Jan Bürger wurde an der Universität Hamburg über Hans Henny Jahnn promoviert. Er ist Mitherausgeber von Jahnns Briefen und arbeitet als wissenschaftlicher Mitarbeiter am Deutschen Literaturarchiv Marbach, wo er das Siegfried Unseld Archiv leitet. 2003 erschien seine Jahnn-Monografie *Der gestrandete Wal*, 2013 *Der Neckar. Eine literarische Reise*, 2014 der von ihm herausgegebene Briefwechsel zwischen Alfred Andersch und Max Frisch.

Sandra Hiemer schrieb ihre Magisterarbeit über die Architekturentwürfe Hans Henny Jahnns. Ehemalige Mitarbeiterin der »Arbeitsstelle Hans Henny Jahnn« an der Universität Hamburg. Sie arbeitete an der Herausgabe der Schriften mit und ist Mitherausgeberin der Briefe Hans Henny Jahnns im Rahmen der Hamburger Ausgabe. Sandra Hiemer lebt als Kunsthistorikerin und Buchhändlerin in Hamburg.

Danksagung

Für ihre großzügige Hilfe und Unterstützung fühlen wir uns folgenden Personen und Institutionen zu besonderem Dank verpflichtet: Mark Emanuel Amtstätter und Marion Sommer von der Staats- und Universitätsbibliothek Carl von Ossietzky in Hamburg, dem Deutschen Literaturarchiv Marbach, dem Team von »Felix Jud Buchhandel Antiquariat Kunsthandel«. Dank für Hinweise an Dr. Rüdiger Collatz und Marianne Menne, für den Digitalisierungs-Support von Nasser Shafiey sowie an Hanna Vielberg und Rudi Schweikert für ihre Unterstützung bei den Schlusskorrekturen.

Jan Bürger und Sandra Hiemer, im Juli 2014

Inhalt